此防伪页系专门制造

※此防伪页内有多层次固定水印，透光看水印清晰，水印凹凸立体感明显。

※此防伪页上有开天窗安全线，安全线在可见光下改变角度可变色，线上印有“自学考试”激光字。

全国高等教育自学考试指定教材

管理学原理（中级）

［含：管理学原理（中级）自学考试大纲］　课程代码　13683

（2023 年版）

全国高等教育自学考试指导委员会　组编

主　编　白瑷峥

副主编　张晓霞　张小红

中国人民大学出版社

· 北京 ·

中国人民大学出版社自考数字教材配套数字资源使用指南

由全国高等教育自学考试指导委员会组织国内相关领域知名专家，编写了最新版自考教材，并首次配套数字资源。本数字教材有以下特点：

（1）知识点微课贯穿全书，视频扫码随时学。

（2）在线自测题按章分布，边学边练效果好。

（3）支持课程互动和评论，让学习不再孤单。

（4）考试资讯和资源更新，关注公号享服务。

凡是购买正版教材的考生，可凭封面的兑换码免费兑换教材配套数字资源。

数字资源获取方法和使用说明如下：

（1）扫描并关注教材中的“人大社 e 自考”微信公众号。

（2）点击“课程中心”，下拉进入“个人中心”，找到“兑换中心”。

（3）刮开本书所附卡片涂层，获取数字资源兑换码，即可兑换教材配套数字资源。

（4）在“个人中心”—“我的课程”里找到已兑换的课程进行学习。

如兑换码有误或有其他问题，请关注“人大社 e 自考”微信公众号并留言。

组编前言

21 世纪是一个变幻莫测的世纪，是一个催人奋进的时代。科学技术飞速发展，知识更替日新月异。希望、困惑、机遇、挑战，随时随地都有可能出现在每一个社会成员的生活之中。抓住机遇、寻求发展、迎接挑战、适应变化的制胜法宝就是学习——依靠自己学习、终身学习。

作为我国高等教育组成部分的自学考试，其职责就是在高等教育这个水平上倡导自学、鼓励自学、帮助自学、推动自学，为每一个自学者铺就成才之路。组织编写供读者学习的教材就是履行这个职责的重要环节。毫无疑问，这种教材应当适合自学，应当有利于学习者掌握和了解新知识、新信息，有利于学习者增强创新意识，培养实践能力，形成自学能力，也有利于学习者学以致用，解决实际工作中所遇到的问题。具有如此特点的书，我们虽然沿用了“教材”这个概念，但它与那种仅供教师讲、学生听，教师不讲、学生不懂，以“教”为中心的教科书相比，已经在内容安排、编写体例、行文风格等方面都大不相同了。希望读者对此有所了解，以便从一开始就树立起依靠自己学习的坚定信念，不断探索适合自己的学习方法，充分利用自己已有的知识基础和实际工作经验，最大限度地发挥自己的潜能，达到学习的目标。

欢迎读者提出意见和建议。

祝每一位读者自学成功。

全国高等教育自学考试指导委员会

2022 年 8 月

目 录

全国高等教育自学考试

管理学原理（中级）
自学考试大纲

全国高等教育自学考试指导委员会　制定

大纲前言

为了适应社会主义现代化建设事业的需要，鼓励自学成才，我国在20世纪80年代初建立了高等教育自学考试制度。高等教育自学考试是个人自学、社会助学和国家考试相结合的一种高等教育形式。应考者通过规定的专业课程考试并经思想品德鉴定达到毕业要求的，可获得毕业证书；国家承认学历并按照规定享有与普通高等学校毕业生同等的有关待遇。经过40多年的发展，高等教育自学考试为国家培养造就了大批专门人才。

课程自学考试大纲是规范自学者学习范围、要求和考试标准的文件。它是按照专业考试计划的要求，具体指导个人自学、社会助学、国家考试及编写教材的依据。

为更新教育观念，深化教学内容方式、考试制度、质量评价制度改革，更好地提高自学考试人才培养的质量，全国考委各专业委员会按照专业考试计划的要求，组织编写了课程自学考试大纲。

新编写的大纲，在层次上，本科参照一般普通高校本科水平，专科参照一般普通高校专科或高职院校水平；在内容上，及时反映学科的发展变化以及自然科学和社会科学近年来研究的成果，以更好地指导自学者学习使用。

全国高等教育自学考试指导委员会

2023年5月

Ⅰ 课程性质与课程目标

一、课程性质和特点

“管理学原理（中级）”课程是全国高等教育自学考试经济管理类多个专业使用的课程，是为培养考生掌握和运用管理学的基本理论，分析、解决现实管理问题而设置的一门专业基础课程，为各管理类的分支学科提供基本的理论和方法指导。

“管理学原理（中级）”课程是经济管理类专业考生学习管理学其他专业课程的前提基础，有助于考生了解管理、管理者、管理过程、管理目标、管理原则和方法等一系列重要范畴和概念，阐释管理活动的本质特性，掌握管理活动的基本规律、基础知识和一般方法，以便更好地协调人们的活动，为进一步学习管理的其他课程打下良好的基础，并为日后从事实际管理工作奠定基础。

二、课程目标

学习本课程的主要目标是：掌握现代管理的基本理论和基本方法，掌握一定的领导艺术和管理技能，提高分析问题、解决问题的能力，为进一步学习专业课和日后的实际管理工作奠定理论基础。具体目标是：

1. 使考生对管理的基本理论与实践活动有一个概况性的了解与认识，对计划、组织、领导、控制等管理职能有较深刻的理解，并了解各类组织的管理活动。

2. 使考生了解国内外管理的现状，掌握分析管理问题的基本方法和基本技能，培养分析、解决各种管理问题的能力，为进一步学习专业课和以后的实际管理工作奠定基础。

3. 提高考生在经济管理等社会科学方面的素养，提升考生的管理水平。

三、与相关课程的联系与区别

“管理学原理（中级）”课程的内容主要包括管理的基础理论与管理职能。其先修课程是“政治经济学”“西方经济学”，这两门课程将为“管理学原理（中级）”提供经济学的基本理论基础。学好本课程，考生将对管理方面的基本理论与实务有一个概况性的了解与认识，将为经济管理类专业后续课程（如“财务管理学”“战略管理学”“人力资源管理学”等）的学习奠定必要的基础。

四、课程的重点和难点

本课程的学习重点包括管理、管理者、组织环境、组织文化、管理道德与社会责任等基本概念和范畴，以及决策、计划、组织、领导、激励、沟通、控制等管理活动的内容、原理及方法。

本课程的难点包括组织环境、组织文化、管理道德与社会责任等基本概念和范畴，以及决策、计划、控制的方法，领导、激励、沟通的艺术等。

Ⅱ　考核目标

本大纲在考核目标中，按照识记、领会、应用三个层次规定应达到的能力层次要求。三个能力层次是递进关系，各能力层次的含义是：

1. 识记（Ⅰ）：要求考生能够识别和记忆本课程中有关管理、管理理论、管理职能的基本概念、特征、类型、原理等，并能够根据考核的不同要求，做出正确的表述、选择和判断。

2. 领会（Ⅱ）：要求考生在识记的基础上，能够把握管理学中的基本概念、基本原理和基本方法，掌握有关概念、原理、方法的区别与联系，理解相关管理实践与管理理论间的区别和联系。掌握决策、计划、组织、领导、激励、沟通、控制等各项管理职能的基本内容、方法、作用与程序，明确各职能之间的相互联系与区别，并能根据考核的不同要求对相关管理问题进行逻辑推理和论证，做出正确的判断、解释和说明。

3. 应用（Ⅲ）：要求考生在领会的基础上，熟练地掌握管理方法及技能，运用管理学中的基本知识、基本原理和基本方法，对一些现实的管理问题进行较深入的分析、论证，得出合理的结论或做出正确的判断，提出解决问题的合理方案。

Ⅲ　课程内容与考核要求

第一章　管理概论

一、学习目的与要求

通过本章的学习，了解和掌握管理的产生、概念、特性、职能和管理有效性的衡量等基本内容，理解管理原理与方法，掌握管理者的概念与分类、管理者的角色和技能、有效管理者与成功管理者的区别等内容。

二、课程内容

第一节　管理的概念

（一）管理的产生及必要性

（二）管理的定义

（三）管理的特性

第二节　管理的过程

（一）管理过程的理解

（二）管理有效性的衡量

第三节　管理原理与管理方法

（一）管理原理的概念与特性

（二）管理原理的内容

（三）管理方法

第四节　管理者

（一）管理者的概念与分类

（二）管理者的角色

（三）管理者的技能

（四）有效的管理者与成功的管理者

三、考核知识点与考核要求

（一）管理的概念

1. 识记：（1）管理的定义；（2）管理的特性。

2. 领会：管理的产生及必要性。
3. 应用：联系实际说明管理的必要性。
（二）管理的过程
1. 识记：管理过程的含义。
2. 领会：管理职能及其内容。
3. 应用：联系实际说明管理职能的作用过程。
（三）管理原理与管理方法
1. 识记：（1）管理原理的概念与特性；（2）管理方法。
2. 领会：（1）系统原理、人本原理、动态原理、效益原理和创新原理的内容；（2）行政方法、经济方法、法律方法和教育方法的内容。
3. 应用：联系实际说明管理原理与管理方法的应用。
（四）管理者
1. 识记：管理者的概念与分类。
2. 领会：（1）管理者的角色；（2）管理者的技能；（3）有效的管理者与成功的管理者。
3. 应用：（1）不同层次管理者应重点掌握的技能；（2）举例说明管理者扮演的角色。

四、本章重点与难点

本章重点：管理的概念，管理的必要性，管理职能，管理原理，管理方法，管理者的概念，管理者的分类，管理者的角色，管理者的技能。

本章难点：管理职能的作用过程，管理原理，管理方法，管理者的角色，管理者的技能。

第二章　管理思想和管理理论的形成与发展

一、学习目的与要求

通过本章的学习，能够描述管理及管理理论的产生及发展历程，了解古典管理理论、行为科学、现代管理理论、当代管理理论四个发展阶段的主要特点，掌握科学管理理论、一般管理理论、人际关系理论的主要观点，熟悉管理理论的前沿动态及当代管理活动的特点。

二、课程内容

第一节　管理理论产生前的管理实践与管理思想

（一）早期的管理实践与管理思想
（二）管理理论萌芽时期的管理思想

第二节　古典管理理论的形成

（一）古典管理理论形成的背景
（二）古典管理理论的主要学派

（三）古典管理理论的主要特点

第三节　行为科学的兴起

（一）行为科学产生的必然

（二）梅奥的“霍桑实验”与人际关系学的形成

（三）行为科学理论的建立与发展

第四节　现代管理理论的丛林

（一）现代管理理论概述

（二）现代管理理论的各学派

第五节　当代管理理论的发展

（一）当代管理理论的新发展

（二）当代管理理论发展的趋势

三、考核知识点与考核要求

（一）管理理论产生前的管理实践与管理思想

识记：亚当·斯密的管理思想。

（二）古典管理理论的形成

1. 识记：古典管理理论的特点。

2. 领会：（1）科学管理理论的基本观点；（2）一般管理理论的要点；（3）韦伯的行政组织理论的主要观点。

3. 应用：古典管理理论在现代管理中的运用。

（三）行为科学的兴起

1. 领会：（1）霍桑实验的结论；（2）行为科学的建立与发展。

2. 应用：行为科学理论在现代管理中的运用。

（四）现代管理理论的丛林

领会：各管理理论学派的主要特点。

四、本章重点与难点

本章重点：亚当·斯密的管理思想，科学管理理论的基本观点，一般管理理论的要点，行政组织理论的观点，霍桑实验的结论，行为科学的建立与发展。

本章难点：科学管理理论的基本观点，古典管理理论在现代管理中的运用，行为组织理论在现代管理中的运用，各管理理论学派的主要特点。

第三章　组织环境与组织文化

一、学习目的与要求

通过本章的学习，掌握组织环境的基本概念、特点及与组织的关系，区分不同类型的环境因素，熟悉组织环境分析的各种方法，了解组织文化的概念、构成、特征及基本内容，掌握组织文化的功能及塑造过程。

二、课程内容

第一节　组织环境概述

（一）组织环境的概念与重要性

（二）组织环境的分类

（三）组织环境的特点与形式

（四）组织与环境的关系

第二节　组织环境分析

（一）一般环境分析（PEST 分析）

（二）具体环境分析

（三）内部环境分析

（四）组织环境综合分析方法——SWOT 分析法

第三节　组织文化

（一）组织文化的产生与发展

（二）组织文化的概念与特征

（三）组织文化的基本内容

（四）组织文化的功能

（五）组织文化塑造的途径

三、考核知识点与考核要求

（一）组织环境概述

1. 识记：(1) 组织环境的概念；(2) 组织环境的分类；(3) 组织环境的特点。

2. 领会：组织与环境的关系。

（二）组织环境分析

应用：(1) 一般环境分析（PEST 分析）；(2) 具体环境分析；(3) 内部环境分析；(4) SWOT 分析法。

（三）组织文化

1. 识记：(1) 组织文化的概念与特征；(2) 组织文化的基本内容。

2. 领会：组织文化的产生与发展。

3. 应用：(1) 组织文化的功能；(2) 组织文化塑造的途径。

四、本章重点与难点

本章重点：组织环境的概念，组织环境的分类，组织环境的特点，一般环境分析（PEST 分析），具体环境分析，内部环境分析，SWOT 分析法，组织文化的概念，组织文化的特征，组织文化的基本内容，组织文化的功能，组织文化塑造的途径。

本章难点：组织与环境的关系，一般环境分析（PEST 分析），组织文化的产生与发展，组织文化的功能，组织文化塑造的途径。

第四章　管理道德与社会责任

一、学习目的与要求

通过本章的学习，了解道德的概念，以及道德发展的三个层次、六个阶段，掌握管理道德的概念、特征及影响管理道德的因素，理解培育管理道德的途径，了解社会责任的概念及承担社会责任的原因，掌握两种不同的社会责任观，明确社会责任与经营业绩的关系，理解社会责任的具体表现。

二、课程内容

第一节　管理道德概述

（一）管理道德的概念

（二）管理道德的特征

（三）影响管理道德的因素

（四）培育管理道德的途径

第二节　社会责任

（一）社会责任的含义

（二）两种不同的社会责任观

（三）社会责任与经营业绩

（四）社会责任的具体体现

三、考核知识点与考核要求

（一）管理道德概述

1. 识记：管理道德的概念与特征。

2. 领会：管理道德的影响因素。

3. 应用：联系实际分析培育管理道德的途径。

（二）社会责任

1. 识记：（1）社会责任的含义；（2）两种不同的社会责任观。

2. 领会：社会责任与经营业绩。

3. 应用：社会责任的具体体现。

四、本章重点与难点

本章重点：管理道德的概念，管理道德的特征，影响管理道德的因素，培育管理道德的途径，社会责任的含义，两种不同的社会责任观，社会责任与经营业绩的关系，社会责任的具体体现。

本章难点：管理道德的特征，影响管理道德的因素，培育管理道德的途径，社会责任与经营业绩的关系，社会责任的具体体现。

第五章　预测与决策

一、学习目的与要求

通过本章的学习，能概述预测与决策的定义以及在管理过程中的地位和作用；区分不同类型的预测与决策；掌握预测与决策应遵循的原则，了解预测的方法，掌握决策方案优选的标准，理解决策的影响因素；熟悉决策过程的基本步骤；了解并能够应用各种决策的方法。

二、课程内容

第一节　预测

（一）预测概述

（二）预测的内容与步骤

（三）预测的方法

第二节　决策概述

（一）决策及其作用

（二）决策的类型

（三）决策的标准与影响因素

第三节　决策的程序与方法

（一）决策的程序

（二）决策的方法

三、考核知识点与考核要求

（一）预测

1. 识记：（1）预测的概念；（2）预测的依据。

2. 领会：（1）预测的作用；（2）预测的基本内容；（3）定性预测方法；（4）定量预测方法。

3. 应用：预测的步骤。

（二）决策概述

1. 识记：决策的概念。

2. 领会：（1）决策的作用；（2）决策的类型；（3）决策的标准。

3. 应用：决策的影响因素

（三）决策的程序与方法

1. 领会：决策的程序。

2. 应用：运用所学决策方法进行决策。

四、本章重点与难点

本章重点：预测的概念，预测的作用，预测的依据，预测的基本内容，预测的步骤，定性预测方法，定量预测方法，决策的概念，决策的作用，决策的类型，决策的标准，决策的影响因素，决策的程序，决策的方法。

本章难点：定性预测方法，定量预测方法，决策的影响因素，决策的程序，决策的方法及应用。

第六章 计　　划

一、学习目的与要求

通过本章的学习，掌握计划的基本概念、特点、类型，理解计划的作用、工作原理及战略计划的重要性。了解计划制订的程序，熟悉计划的方法与技术并能够熟练运用这些方法。

二、课程内容

第一节 计划概述

（一）计划的含义与特点

（二）计划的作用

（三）计划的类型

（四）计划制订的程序

（五）计划工作的原理

第二节 战略计划

（一）战略计划的重要性

（二）战略计划过程

第三节 计划的方法与技术

（一）目标管理

（二）滚动计划法

（三）甘特图

（四）网络计划法

三、考核知识点与考核要求

（一）计划概述

1. 识记：（1）计划的含义与特点；（2）计划的“5W1H”；（3）计划的类型。

2. 领会：计划的作用。

3. 应用：（1）联系实际分析计划制订的程序；（2）计划工作原理在实际中的应用。

（二）战略计划

1. 识记：愿景与使命。

2. 领会：（1）战略计划的重要性；（2）战略计划与长期计划的区别；（3）战略计划的过程。

3. 应用：联系实际分析企业的基本战略。

（三）计划的方法与技术

1. 识记：（1）目标管理的含义与特点；（2）滚动计划法及其特点、优点；（3）甘特图及其特点。

2. 领会：目标管理的理论基础。

3. 应用：联系实际分析目标管理方法的应用。

四、本章重点与难点

本章重点：计划的含义，计划的作用，计划的特点，计划的类型，计划制订的程序，愿景与使命，战略计划的重要性，战略选择的基本类型，目标管理的含义，目标管理的特点，滚动计划法及其特点，甘特图及其特点，目标管理的理论基础。

本章难点：计划制订的程序，战略选择的基本类型，目标管理的理论基础，计划工作原理在实际中的应用，目标管理方法的应用。

第七章　组　　织

一、学习目的与要求

通过本章的学习，掌握组织的含义、分类、特征、目标；掌握组织设计的含义、影响因素及原则，熟悉组织的部门设计、层级设计的相关内容；掌握集权、分权、授权的内容；熟悉组织结构的各种类型及其优缺点；掌握人员配备的概念、特点及原则，熟悉招聘、甄选、培训和绩效考核的主要内容。

二、课程内容

第一节　组织的基本概念

（一）组织的含义

（二）组织的分类

（三）组织的特征

（四）组织的作用

第二节　组织设计

（一）组织设计的含义和目的

（二）组织设计的内容

（三）组织设计的影响因素与原则

（四）组织设计的部门化

（五）组织设计的层级化

第三节　组织中的职权

（一）职权的概念
（二）职权的分类
（三）集权与分权
（四）授权

第四节　组织结构的基本类型

（一）直线制
（二）直线职能制
（三）事业部制
（四）矩阵制
（五）委员会制
（六）团队结构

第五节　人员配备

（一）人员配备的概念
（二）人员配备的特点
（三）人员配备的原则
（四）人员配备管理

三、考核知识点与考核要求

（一）组织的基本概念

1. 识记：（1）组织的概念与特征；（2）组织的分类。

2. 领会：（1）组织的作用；（2）组织的目标。

（二）组织设计

1. 识记：（1）组织结构及组织设计的含义；（2）管理层次；（3）管理幅度与层次的关系；（4）垂直结构与扁平结构。

2. 领会：管理幅度的影响因素。

3. 应用：（1）组织设计的影响因素与原则；（2）组织设计的部门化和层次化。

（三）组织中的职权

1. 识记：职权的概念及分类。

2. 应用：（1）集权与分权；（2）授权。

（四）组织结构的基本类型

应用：不同类型组织结构的特点、优缺点及在实际中的应用。

（五）人员配备

1. 识记：（1）人员配备的概念与特点；（2）内部招聘与外部招聘的优缺点；（3）甄选的含义；（4）培训的目标；（5）培训的方式；（6）绩效考核的概念。

2. 领会：（1）人员配备的原则；（2）甄选的程序；（3）绩效考核的意义。

四、本章重点与难点

本章重点：组织的概念，组织的特征，组织的分类，组织的作用，组织的目标，组织结构，组织设计，管理层次，管理幅度的影响因素，组织设计的影响因素，组织设计的原则，组织设计的部门化，集权与分权，授权，内部招聘与外部招聘的优缺点。

本章难点：管理幅度的影响因素，组织设计的影响因素，集权与分权，内部招聘与外部招聘的优缺点，不同类型组织结构的优缺点及在实际中的应用，甄选的程序，绩效考核的意义。

第八章　组织变革

一、学习目的与要求

通过本章的学习，了解组织变革的动因、组织变革的方式与内容，掌握组织变革的过程，理解组织变革的阻力来源，熟悉克服组织变革阻力的对策，了解当代组织变革的新举措。

二、课程内容

第一节　组织变革概述

（一）组织变革的含义

（二）组织变革的动因

（三）组织变革的目标

（四）组织变革的方式

（五）组织变革的内容

第二节　组织变革的过程与阻力

（一）组织变革的过程

（二）组织变革的阻力及管理

第三节　当代组织变革新举措

（一）组织结构扁平化

（二）组织运行柔性化

（三）组织协作团队化

（四）组织虚拟化

（五）组织结构多元化

（六）大企业内部“小企业化经营”

三、考核知识点与考核要求

（一）组织变革概述

1. 识记：组织变革的概念。

2. 领会：组织变革的目标与方式。

3. 应用：联系实际分析组织变革的动因与内容。

（二）组织变革的过程与阻力

1. 领会：组织变革的过程。

2. 应用：联系实际分析组织的变革阻力及管理。

（三）当代组织变革新举措

领会：组织结构扁平化、组织运行柔性化、组织协作团队化、组织虚拟化、组织结构多元化、大企业内部“小企业化经营”。

四、本章重点与难点

本章重点：组织变革的方式，组织变革的内容，组织变革的动因，组织变革的目标，组织变革的过程，组织变革的阻力，当代组织变革新举措。

本章难点：组织变革的内容，组织变革的动因，组织变革的过程，组织运行柔性化、组织协作团队化、组织结构多元化。

第九章　领　　导

一、学习目的与要求

通过本章的学习，能概述领导的基本内容、作用，以及与管理的区别；掌握领导的本质及人性假设理论、领导特质理论、领导风格理论、领导权变理论；了解领导艺术在现代管理中的重要性及基本的领导艺术。

二、课程内容

第一节　领导与权力

（一）领导的含义

（二）领导的权力

（三）领导与管理的区别

第二节　人性假设与领导方式

（一）人性假设与领导方式的关系

（二）经济人假设与领导方式

（三）社会人假设与领导方式

（四）自我实现人假设与领导方式

（五）复杂人假设与领导方式

第三节　领导特质理论与领导风格理论

（一）领导特质理论

（二）领导风格理论

第四节　领导权变理论

（一）领导权变理论的理解

（二）菲德勒模式

（三）领导生命周期理论

（四）领导方式连续统一体理论

第五节　领导艺术

（一）领导艺术概述

（二）提高工作效率的艺术

（三）知人善任的艺术

（四）协调人际关系的艺术

三、考核知识点与考核要求

（一）领导与权力

1. 识记：领导的含义。

2. 领会：（1）领导的权力；（2）领导与管理的区别。

3. 应用：联系实际分析领导的作用。

（二）人性假设与领导方式

应用：（1）人性假设与领导方式的关系；（2）经济人假设与领导方式；（3）社会人假设与领导方式；（4）自我实现人假设与领导方式；（5）复杂人假设与领导方式。

（三）领导特质理论与领导风格理论

应用：（1）领导特质理论；（2）领导风格理论。

（四）领导权变理论

1. 领会：领导权变理论。

2. 应用：（1）菲德勒模式；（2）领导生命周期理论；（3）领导方式连续统一体理论。

（五）领导艺术

应用：分析各种领导艺术。

四、本章重点与难点

本章重点：领导的权力，领导与管理的区别，人性假设理论，领导特质理论，领导风格理论，权变理论。

本章难点：领导的权力，领导与管理的区别，人性假设理论与领导方式，权变理论的应用，领导艺术。

第十章　激　　励

一、学习目的与要求

通过本章的学习，能掌握激励的概念，熟悉激励的过程及作用；掌握激励的理论；熟悉激励的原则和激励的方法。

二、课程内容

第一节　激励概述

（一）激励的概念
（二）激励的基本过程
（三）激励的目的及衡量
（四）激励的作用

第二节　内容型激励理论

（一）需要层次理论
（二）双因素理论
（三）成就需要理论

第三节　过程型激励理论

（一）期望理论
（二）公平理论

第四节　行为改造型激励理论

（一）强化理论
（二）归因理论

第五节　激励的原则与方法

（一）激励的原则
（二）激励的方法

三、考核知识点与考核要求

（一）激励概述
1. 识记：（1）激励的概念；（2）激励的基本过程。
2. 领会：激励的目的与作用。
（二）内容型激励理论
应用：（1）需要层次理论；（2）双因素理论；（3）成就需要理论。
（三）过程型激励理论
应用：（1）期望理论；（2）公平理论。
（四）行为改造型激励理论
应用：（1）强化理论；（2）归因理论。
（五）激励的原则与方法
应用：激励的原则与激励的方法在管理实践中的应用。

四、本章重点与难点

本章重点：激励的过程，激励的目的，内容型激励理论，过程型激励理论，行为改造型激励理论。

本章难点：激励的过程，需要层次理论、双因素理论、成就需要理论、期望理论、公平理论、强化理论、归因理论等在管理实践中的应用。

第十一章 沟 通

一、学习目的与要求

通过本章的学习，了解沟通的概念与必要性、要素与特点，明确有效沟通的基本原理与条件，理解沟通在管理中的重要性；掌握沟通的原则与过程，了解人际沟通与组织沟通的类型和形式，了解构成组织信息网络的五种基本结构；理解组织沟通中所特有的障碍及克服沟通障碍的途径；掌握改善人际沟通的技巧。

二、课程内容

第一节 沟通概述

（一）沟通的概念及必要性
（二）沟通的要素与特点
（三）沟通的作用
（四）沟通的原则与过程

第二节 人际沟通与组织沟通

（一）人际沟通及其类型
（二）组织沟通及其类型

第三节 沟通管理

（一）沟通的障碍
（二）如何克服沟通障碍

第四节 有效沟通的技巧

（一）下行沟通的技巧
（二）上行沟通的技巧
（三）非正式沟通的技巧
（四）排除信息噪声干扰的技巧
（五）与人交谈的技巧

三、考核知识点与考核要求

（一）沟通概述
1. 识记：（1）沟通的概念；（2）沟通的要素；（3）沟通的特点。
2. 领会：沟通的过程。
3. 应用：联系实际分析沟通的必要性、作用与原则。

（二）人际沟通与组织沟通

领会：（1）语言沟通与非语言沟通；（2）正式沟通与非正式沟通；（3）下行沟通、上行沟通与平行沟通；（4）单向沟通与双向沟通；（5）沟通网络。

（三）沟通管理

1. 领会：（1）沟通的障碍；（2）沟通障碍的克服。

2. 应用：联系实际分析组织如何进行沟通管理。

（四）有效沟通的技巧

应用：各种沟通的技巧。

四、本章重点与难点

本章重点：沟通的必要性，沟通的要素，沟通的分类，沟通的作用，沟通的原则，沟通的过程，沟通的障碍克服。

本章难点：人际沟通，组织沟通，有效沟通的技巧。

第十二章　控　　制

一、学习目的与要求

通过本章的学习，掌握控制的概念、必要性与类型，了解控制的目的，以及控制与计划、组织和领导之间的关系，熟悉控制的基本内容、过程与方法，理解有效控制的原则。

二、课程内容

第一节　控制概述

（一）控制的概念

（二）控制的必要性

（三）控制的目的

（四）控制与其他管理职能的关系

第二节　控制的过程

（一）确立控制标准

（二）衡量绩效

（三）纠正偏差

第三节　有效控制

（一）有效控制的特征

（二）有效控制的原则

（三）有效控制的方式

第四节　控制的内容与方法

（一）控制的内容

（二）控制的方法

三、考核知识点与考核要求

（一）控制概述
1. 识记：控制的概念。
2. 领会：（1）控制的必要性；（2）控制与其他管理职能的关系；（3）控制的目的。
（二）控制的过程
领会：控制的过程。
（三）有效控制
1. 领会：有效控制的特征。
2. 应用：（1）有效控制的原则；（2）有效控制的方式。
（四）控制的内容与方法
1. 识记：（1）预算及其种类；（2）ABC分类法的含义；（3）经济批量法的含义。
2. 领会：控制的内容。
3. 应用：全面质量管理。

四、本章重点与难点

本章重点：控制的必要性，控制与其他管理职能的关系，控制的过程，有效控制的原则，有效控制的方式，有效控制的特征，控制的内容，控制的方法。

本章难点：控制的必要性，控制与其他管理职能的关系，有效控制的方式及特征，控制的内容，全面质量管理。

Ⅳ 关于大纲的说明与考核实施要求

为使本大纲在个人自学、社会助学和课程考试命题中得到贯彻、落实，现对有关问题做如下说明，并提出具体考核实施要求。

一、自学考试大纲的目的和作用

本大纲根据专业自学考试计划的要求，结合自学考试的特点规定了课程学习的内容、深度和广度、考试范围和标准，其目的是对个人自学、社会助学和课程考试命题进行指导和规定，因此，它是编写自学考试教材和辅导书的依据，是社会助学组织进行自学辅导的依据，是自学者学习教材、掌握课程内容知识范围和程度的依据，也是进行自学考试命题的依据。

二、自学考试大纲与教材的关系

本大纲是进行学习和考核的依据，教材的内容是大纲所规定的课程知识和内容的扩展与发挥。课程内容在教材中可以体现一定的深度或难度，但在大纲中对考核的要求一定要适当。

大纲与教材所体现的课程内容基本一致，大纲规定的课程内容和考核知识点，教材里全部覆盖。但教材中有的内容，大纲里就不一定体现。（注：如果教材是推荐选用的，其中有的内容与大纲要求不一致的地方，应以大纲规定为准。）

三、关于自学考试教材

《管理学原理（中级）》，全国高等教育自学考试指导委员会组编，白瑷峥主编，中国人民大学出版社，2023 年版。

四、关于自学要求与方法的指导

本大纲的课程基本要求是依据专业考试计划和专业培养目标而确定的。课程基本要求明确了课程的基本内容，以及对基本内容掌握的程度。基本要求中的知识点构成了课程内容的主体部分。因此，课程基本内容掌握程度、课程考核知识点是高等教育自学考试考核的主要内容。

为有效地指导个人自学和社会助学，本大纲指明了课程的重点，在章节的基本要求中一般也明确了学习的重点。

考生应依据本大纲规定的考试内容和考核目标，认真学习，在全面了解课程体系的基础上，掌握本大纲规定的基本概念与基本原理。在学习中要紧密联系实际，在理解的基础上记忆，切忌死记硬背。要学会分析案例，解决实际问题，把学科理论的学习融入对经济活动实践的研究和认识之中，切实提高分析问题、解决问题的能力，真正掌握课程的核心内容。

考生在学习本课程时，结合自己学习特点的同时，需注意把握以下学习方法：

一是依据本大纲，学习好本课程。

二是要参加辅导课的学习，并在课后全面系统地复习，将考核要求中识记规定的基本概念、基础知识记忆好、理解透，将考核要求中领会规定的重点内容有机联系起来，切忌孤立地去猜重点、背重点。

三是将所学习的知识和理论与实际工作中的问题联系起来，去发现、分析、解决问题，加深对所学理论的理解。

本课程共 6 学分。

五、对社会助学的要求

1. 社会助学者应根据本大纲规定的考试内容和考核要求，认真钻研指定教材，明确本课程在专业课程体系中的地位和作用，明确本课程有关内容与“管理学原理（初级）”课程的关系，引导考生进行必要的专业知识回顾，为本课程的学习奠定良好的基础。

2. 社会助学者根据自学方法指导的要求，正确引导考生开展自学。助学中应把握重点和难点问题，明确重点，讲透难点，提高考生分析问题和解决问题的能力。

3. 社会助学者应引导考生正确处理学习与考试的关系，避免为应试而辅导，片面押题。助学者应引导考生全面把握课程知识点，不断提高考生的专业能力。

六、对考核内容的说明

1. 本课程要求考生学习和掌握的知识点内容都作为考核的内容。课程中各章的内容均由若干知识点组成，在自学考试中成为考核知识点。因此，课程自学考试大纲中所规定的考试内容是以分解为考核知识点的方式给出的。由于各知识点在课程中的地位、作用以及知识自身的特点不同，自学考试将对各知识点分别按三个认知（或叫能力）层次确定其考核要求。

2. 考试之日前 6 个月，由全国人民代表大会和国务院颁布或修订的法律、法规都将列入相应课程的考试范围。凡大纲、教材内容与现行法律、法规不符的，应以现行法律法规为准。

七、关于考试形式和试卷结构的说明

1. 本课程考核方法采用闭卷笔试形式，满分 100 分，60 分为及格。考试时间为 150 分钟。

2. 本课程在试卷中对不同能力层次要求的分数比例大致为：识记占 30%，领会占 30%，应用占 40%。

3. 要合理安排试题的难易程度，试题的难度可分为易、较易、较难和难四个等级。每份试卷中不同难度试题的分数比例一般为 2∶3∶3∶2。

必须注意试题的难易程度与能力层次有一定的联系，但二者不是等同的概念，在各个能力层次都有不同难度的试题。

4. 课程考试命题的主要题型一般有单项选择题、多项选择题、辨析题、简答题、案例分析题等。各种题型的具体形式可参见本大纲参考样卷。

附录：参考样卷

一、单项选择题：本大题共 15 小题，每小题 1 分，共 15 分。在每小题列出的备选项中只有一项是最符合题目要求的，请将其选出。

1. 对高层管理者来讲，其管理技能顺序排列的要求是

A. 概念技能、技术技能、人际技能　　B. 技术技能、概念技能、人际技能

C. 概念技能、人际技能、技术技能　　D. 人际技能、技术技能、概念技能

2. 通过作用发挥能取得“1＋1＞2”效果的管理原理是

A. 人本原理　　B. 系统原理　　C. 创新原理　　D. 动态原理

3. 在历史上第一次使管理从经验上升为科学的是

A. 科学管理理论　　B. 管理科学理论

C. 一般管理理论　　D. 行为科学理论

4. 在现代管理理论学派中，认为在企业管理中，没有什么一成不变、普遍适用的“最好的”管理理论和方法的学派是

A. 管理过程学派　　B. 行为科学学派

C. 系统管理学派　　D. 权变理论学派

5. 通过市场调查发现，保健品市场的兴起是由人们观念的变化引起的，这一因素属于外部环境因素中的

A. 经济因素　　B. 社会因素　　C. 技术因素　　D. 政治因素

6. 一般而言，非程序化决策的决策者主要是

A. 高层管理者　　B. 中层管理者　　C. 基层管理者　　D. 技术专家

7. 强调在制订计划时要留有余地，不能满打满算的计划工作原理是

A. 限定因素原理　　B. 许诺原理　　C. 改变航道原理　　D. 灵活性原理

8. 一家产品单一的跨国公司在世界许多地区拥有客户和分支机构，该公司的组织结构应考虑按哪种因素进行部门划分？

A. 职能　　B. 地区　　C. 产品　　D. 流程

9. 矩阵结构的组织违背了以下哪个原则？

A. 统一指挥　　B. 精简高效　　C. 责权对等　　D. 专业化分工

10. 某企业多年来生产任务完成得都不太好，员工收入也不算很高，但领导与员工的关系却很好，员工也没有对领导表示不满。该领导很可能是管理方格中所说的

A. 贫乏型　　B. 俱乐部型　　C. 任务型　　D. 中间型

11. 激励双因素理论中的双因素指的是

A. 人和物的因素　　B. 信息与环境的因素
C. 保健因素与激励因素　　D. 自然因素和社会因素

12. 曹雪芹虽食不果腹，但仍然坚持《红楼梦》的创作，这是出于其
A. 自尊需要　　B. 社交需要
C. 自我实现的需要　　D. 以上都不是

13. 人际沟通中会受到各种“噪声干扰”的影响，这里所指的“噪声干扰”可能来自
A. 信息编码过程　　B. 信息传递过程
C. 信息解码过程　　D. 沟通的全过程

14. 下列沟通方式中，有利于集权的沟通方式是
A. 链式沟通　　B. 全通道式沟通
C. 轮式沟通　　D. 环式沟通

15. 质量处李处长在生产现场中发现一个工人没有按照作业规范操作，他立即上前去制止。这种控制方式属于
A. 反馈控制　　B. 现场控制
C. 预先控制　　D. 间接控制

二、多项选择题：本大题共 5 小题，每小题 2 分，共 10 分。在每小题列出的备选项中至少有两项是符合题目要求的，请将其选出，错选、多选或少选均无分。

16. 法约尔提出的管理职能包括
A. 计划　　B. 组织　　C. 指挥　　D. 协调
E. 控制

17. 定性决策方法包括
A. 头脑风暴法　　B. 名义群体法
C. 德尔菲法　　D. 电子会议法
E. 决策树法

18. 企业的基本战略主要包括
A. 一体化战略　　B. 多元化战略
C. 总成本领先战略　　D. 差异化战略
E. 集中战略

19. 内部招聘的优点有
A. 了解全面，准确性高　　B. 可鼓舞士气，激励员工
C. 有利于迅速开展工作　　D. 使组织培训投资得到回报
E. 招聘费用低

20. 勒温以权力定位为基本变量，把领导者在领导过程中表现出来的极端的工作作风分为
A. 独裁式领导　　B. 民主式领导
C. 放任式领导　　D. 工作导向型领导
E. 关系导向型领导

三、辨析题：本大题共 5 小题，每小题 4 分，共 20 分。判断正误，并说明理由。

21. 管理是科学性与艺术性的统一。

22. 管理道德只适合于营利性组织的管理问题。

23. 组织文化的核心是基本信念、价值观和道德观等理念层的内容。

24. 非正式沟通往往以小道消息传播方式进行，易导致信息失真，所以要坚决取缔。

25. 管理者进行控制时要建立标准，标准应该越高越好。

四、简答题：本大题共 5 小题，每小题 5 分，共 25 分。

26. 简述霍桑实验的基本结论。

27. 简述西蒙决策方案选择的标准和原因。

28. 简述期望理论的主要观点。

29. 简述领导者影响力的来源。

30. 阐述有效控制的重点性原则。

五、案例分析题：本大题共 2 小题，每题 15 分，共 30 分。

31. 华强公司是一家电子产品生产企业。随着公司经营业务的快速拓展，公司规模在逐渐扩大，非相关性多元化的业务越来越多，公司渐渐出现了“大企业病”，如运作效率不高、经营业绩重数量轻质量，一些员工思想守旧、安于现状、骄傲自满等问题。上任不久的总经理于健意识到了公司存在的这些问题，同时也深切感受到市场竞争日趋激烈。基于此，于健在进行充分准备后发起了组织变革，推出了一系列变革措施：（1）转变思想观念，倡导建立危机意识；（2）变革目标，明确公司的目标是向一流企业发展；（3）变革组织结构，调整公司内部的机构设置与职权关系；等等。变革涉及公司管理的各个方面，重点是变革组织结构，重组了最高权力机构，调整了原来以秘书室为核心的决策模式，设立了战略规划办公室，形成了由董事长、战略规划办公室、总裁团三者组成的决策机制。华强公司将以崭新的面貌迎接面临的挑战。

问题：

（1）组织变革的动因有哪些？促使华强公司组织变革的动因是什么？

（2）组织变革的内容包括哪些？华强公司组织结构变革的主要内容是什么？

32. 王强是 H 公司的会计部主管，20 年前他刚刚加入公司时，公司会计部就他一个人，他要承担公司的所有会计工作，现在公司会计部已有 8 名员工。王强对公司忠心耿耿，努力肯干，所有事情都会亲自过问，原本可以交给下属完成的工作，王强总是不放心，下属无权做决定，遇到什么事情只能找王强，王强一忙或开会、出差，工作就被耽搁下来了。近来，一些基层主管对会计部的抱怨越来越多，原因是多方面的，如一些部门要获取最新数据时，常被延误，尽管公司对会计部提出了批评，但这类现象仍有增无减，再如，在工资单和会计记录中出现了大量的错误，等等。会计部的工作似乎在僵局中越陷越深。

公司总裁孙林意识到会计部中许多问题的症结与王强有关。孙林有时会督促王强改变工作方式，多听取下属的意见和调动大家的积极性，但王强却不以为然，也没有采取任何改进措施。与此同时，会计部的工作越来越糟糕。

问题：

（1）依据勒温的领导风格理论，王强的领导属于哪种风格？有何优缺点？

（2）假如你是王强，你将采取何种措施改变现状？请阐述你这样做的理由。

参考样卷答案

一、单项选择题：本大题共 15 小题，每小题 1 分，共 15 分。

1. C　2. B　3. A　4. D　5. B　6. A　7. D　8. B　9. A　10. B　11. C
12. C　13. D　14. A　15. B

二、多项选择题：本大题共 5 小题，每小题 2 分，共 10 分。

16. ABCDE　17. ABCD　18. CDE　19. ABCDE　20. ABC

三、辨析题：本大题共 5 小题，每小题 4 分，共 20 分。

21. 判断：正确。

理由：管理工作既要遵循客观规律（即科学性），也要发挥管理者的主观创造（即艺术性），因此，管理是科学性与艺术性的统一。

22. 判断：错误。

理由：管理道德适合于所有组织的管理问题。

23. 判断：正确。

理由：组织文化的理念层也称为精神层，是指组织的领导和员工共同信守的基本信念、价值观和道德观等，它是组织文化的核心和灵魂。

24. 判断：错误。

理由：组织除了正式沟通外，需要并且客观上存在着非正式沟通，它一方面满足了员工的需求，另一方面弥补了正式沟通的不足。

25. 判断：错误。

理由：控制的标准要做到具体化、数字化、客观化、容易测定、便于考核、便于执行，不是越高越好。

四、简答题：本大题共 5 小题，每小题 5 分，共 25 分。

26. （1）工人是“社会人”，不是“经济人”。

（2）生产率的高低主要取决于工人的态度以及他和周围人的关系。

（3）企业中存在着非正式组织。

（4）对领导能力提出新要求。

27. 西蒙决策方案选择的标准是满意标准。这是因为：

（1）信息的有限及利用信息能力的局限。

（2）拟订出数量有限的方案而不是全部可能的方案。

（3）方案在未来实施的过程中，都要受到各种不确定因素的影响和干扰，其实施结果并非完全可以控制。

28. 可以用以下公式表示：激励力＝效价×期望值。

激励力是指激发力量的高低，即调动一个人积极性，激发其内在潜力的强度。

效价是指人们对某一目标的重视程度与评价高低。

期望值是指采取某种行为可能导致的绩效和满足需要的概率。

这个公式说明，管理要收到预期的激励效果，要以激励手段的效价和激励对象获得这种满足的期望值都同时足够高为前提。

29. 领导者影响力的来源由正式权力和个人权力构成，前者包括法定权、奖赏权、强制权；后者包括专长权与个人影响权。

30. 有效控制的重点性原则强调任何组织都不可能对每一个部门、每一个环节的每一个人、每一时刻的工作情况进行全面的控制。这是因为并不是所有成员的每一项工作都具有相同的发生偏差的概率，也不是所有可能发生的偏差都会对组织产生相同程度的影响。全面的控制不仅代价极高，而且也是不必要的。为此，重点性原则要求控制要有重点，抓主要问题，但又不能只从某个局部利益出发，形成“只见树木不见森林”，从而影响全局。

五、案例分析题：本大题共 2 小题，每题 15 分，共 30 分。

31. （1）推动组织变革的动因主要包括：

1）外部变革动因包括政治经济、科技进步、资源变化、竞争观念的改变等。

2）内部变革动因包括战略的调整、设备引进与技术的变化、员工受教育程度的提高、组织规模和范围扩大等。

促使华强公司组织变革的动因：从内部讲，经营业务的快速拓展，公司规模也在逐渐扩大，非相关性多元化的业务越来越多；从外部讲，市场竞争日趋激烈。

（2）组织变革的内容包括：人员变革；结构变革；技术变革；组织文化变革。

华强公司组织结构变革的主要内容是：调整公司内部的机构设置与职权关系，重组了最高权力机构，调整了原来以秘书室为核心的决策模式，设立了战略规划办公室，形成了由董事长、战略规划办公室、总裁团三者组成的决策机制。

32. （1）依据勒温的领导风格理论，王强的领导属于独裁式领导。

独裁式领导的特点是：个人独断专行，领导事先安排一切，主要靠行政命令处罚等方式管理，下级只能服从。

会计部的工作陷入僵局的原因主要与王强的领导方式有关，即事必躬亲，不会授权，不善于调动员工的积极性。

（2）王强需要改变事必躬亲的工作作风，学会授权；加强与下属的沟通，更多地激励员工；提高自身素质与领导艺术。

提示：可结合现代管理理论，从领导者要具备的特质、领导理论、领导艺术（用人、授权、沟通等艺术）等方面提出措施。

大纲后记

《管理学原理（中级）》自学考试大纲是根据《高等教育自学考试专业基本规范（2021年）》的要求，由全国高等教育自学考试指导委员会经济管理类专业委员会组织制定的。

全国考委经济管理类专业委员会对本大纲组织审稿，根据审稿会意见由编者做了修改，最后由经济管理类专业委员会定稿。

本大纲由北京石油化工学院白瑷峥副教授、山西财经大学张晓霞副教授、北京石油化工学院张小红教授共同编写；参加审稿并提出修改意见的有中央民族大学黄锐教授和中央财经大学刘小元教授。

对参与本大纲编写和审稿的各位专家表示感谢。

全国高等教育自学考试指导委员会

经济管理类专业委员会

2023 年 5 月

全国高等教育自学考试指定教材

管理学原理（中级）

全国高等教育自学考试指导委员会　组编

编者的话

科技革命与管理理论的不断革新，极大地推动了人类社会的发展进程，成为推动社会前进的两大车轮。当今，我国正处在经济快速发展时期，发展速度之快，改革力度之大、范围之广史无前例。在这一背景下，提高各类组织的管理水平，重视管理的重要作用，就显得尤为重要。为适应社会发展的需要，培养更多的管理人才，在全国高等教育自学考试指导委员会的指导下，我们编写了《管理学原理（中级）》。

“管理学原理（中级）”课程是全国高等教育自学考试依据专业层次，针对经济管理类本科专业开设的必修课，是为培养自考者掌握和运用管理学的基本理论，分析、解决现实管理问题而设置的一门专业基础课，为各管理类的分支学科提供基本的理论与方法指导。

《管理学原理（中级）》是基于自学考试的学历层次教学要求，进行的一次对应教材编写尝试，是《管理学原理》教材分级编写的一次突破。作为全国高等教育自学考试经济管理类专业本科层次指定教材，其受众面广、影响大。在教材的编写过程中，我们注重贯彻价值引领、知识传授、能力达成“三位一体”的高等教育教学理念，运用理论与实践相结合的方法，在汲取了古今中外大师们在社会经济活动中所积累的管理思想和管理理论精华基础上，系统地阐释了管理的基本原理、职能和方法。本教材的特点体现为：

1. 构架体系的完整性。在编写框架上，以管理职能为主线构建内容体系。同时，结合自学要求，通过设置本章导读、学习目标、关键概念、主要内容、复习思考题、案例分析，构建了完整清晰的学习单元，有利于自考者提高学习兴趣和对知识的理解与掌握，也凸显了服务于自考者的特点。

2. 内容安排的可读性。在各章节中设置了专栏，选取来自实践第一线的实用管理知识、管理故事、管理实验、管理数据、小案例等，用这种形式来诠释相关内容。

3. 难易程度的可接受性。在内容体量与深度的把控上，针对自学考试教材的主要受众，选取了管理学中最基本的知识与理论，基本涵盖了“管理学”课程的主要内容。教材的深度和广度符合自学考试教学大纲的要求，适应自学考试层次的培养目标。

本教材在阐述管理学基本知识与理论的基础上，分析了管理职能的主要内容。全书共分为十二章，其中第一章至第四章主要阐述管理的基本概念、基本原理、基本理论等内容；第五章至第十二章围绕管理过程的特点，重点对管理的决策、计划、组织、领导、激励、沟通和控制等各职能进行阐述。通过各章的学习，自考者能清晰地理解本课程的知识体系，并把各章知识与总体知识架构相结合，最终形成完整的管理学知识框架体系。

管理活动有着很强的实践性，需要管理者创造性地、灵活性地、随机变通地处理各种问题。但同时，管理活动又有很强的规律性，有放之四海皆准的原则与原理，而这些规律、原则、原理是可以上升为科学知识体系并为人们所传授的。为此，管理学就是一门兼具科学性与艺术性的学科。自考者在学习时既要系统掌握管理学的基本理论、基本知识和基本方法，又要学会运用所学的基本理论对企业实践问题进行分析，以提高自己分析问题、解决问题的能力，为进一步学习专业课和日后从事管理工作奠定一定的基础。

本教材由北京石油化工学院白瑗峥副教授任主编，山西财经大学张晓霞副教授、北京石油化工学院张小红教授任副主编。山西财经大学公共管理学院白凤峥教授负责组织完成相应的数字教材编写工作。

在本教材编写过程中，编者借鉴、学习、参考了许多专家、学者和互联网上未署名作者的相关研究成果和观点，在此致以诚挚的感谢。

本教材在策划、编写和出版过程中，得到了全国高等教育自学考试指导委员会经济管理类专业委员会的大力支持和帮助，在此谨表衷心的谢意。对于编审人员付出的辛勤劳动，在此一并表示感谢！

由于时间、精力和水平有限，书中难免会有不妥之处，欢迎各位自考者和广大读者批评指正并提出宝贵意见。

编者

2023 年 5 月

第一章　管理概论

本章导读

人的欲望是无限的，但资源却是有限的。为了协调欲望无限性和资源有限性之间的矛盾，管理应运而生。人类的活动是以群体的形式进行的，为了协调人类群体活动，管理就产生了。

群体活动形成组织，任何组织都需要管理。人类活动可分为两个方面：一是人类为实现自身目的而进行的活动——作业活动；二是使这种作业活动变得更有效的活动——管理活动。管理活动产生于作业活动并为作业活动服务。

管理过程是通过管理职能发挥作用的，一般而言，管理职能包括计划、组织、领导和控制。管理的有效性是由效率和效果来衡量的，管理既追求效率也追求效果，管理是效率和效果的统一。

管理者是管理活动的主体，是在组织中行使管理职能、通过协调他人的活动以实现组织目标的人。组织中的管理者按其所处层次和从事管理活动的领域及专业不同，有不同的划分。作为管理者，必须具备技术技能、人际技能、概念技能。根据亨利·明茨伯格的研究，管理者扮演着十种不同的角色。这十种角色可以进一步组合成三大类：人际关系方面、信息传递方面和决策制定方面。

管理过程中要遵循一定的管理原理，应用一系列管理方法，以便提高管理效率。

学习目标

通过本章的学习，了解管理产生的原因，明确有关管理及管理者的基本内容，掌握管理的定义、管理的职能、管理者的层次、管理者的角色和技能、有效的管理者与成功的管理者的区别，熟悉管理原理及管理方法。

关键概念

管理　管理职能　效率　效果　管理者　管理者角色　技术技能　人际技能　概念技能　管理原理　管理方法

第一节　管理的概念

管理的概念

管理是在协调人类欲望无限性和资源有限性之间矛盾的过程中产生的。管理的历史与组织的历史一样久远。人类群体活动催生了最早的组织后，管理也就产生了。人类群体活动的历史同时就是管理活动的历史。管理与组织如影相随、密不可分。随着人类社会的发展，组织规模越来越大、越来越复杂，管理的重要性也越发显现。管理无时不在、无处不在。

一、管理的产生及必要性

（一）管理的产生

1. 管理产生于欲望无限性和资源有限性之间矛盾的协调

人的欲望是无限的。人总是有很多欲望，不同时期有不同的欲望，人总是在设法不断地去满足这些欲望。人的当前欲望满足后，又会产生新的欲望，但是资源是有限的。从古至今，人类的食物是有限的，土地是有限的，矿产资源是有限的，人类的时间、精力是有限的。总而言之，人类所拥有的资源总是稀缺和有限的。

欲望的无限性和资源的有限性之间的矛盾需要协调。对于如何使有限的资源发挥最大的作用，实现最重要的目标，人类采取了各种不同的方法。如通过生产劳动从自然界获取更多的资源，通过战争掠夺他人的资源，通过贸易活动交换到所需要的资源，通过伦理道德的教化，让人们克制欲望，减少对资源的需要等。而通过管理使有限的资源实现尽可能多的或更高的目标是其中最有效的方式。因此，为了协调欲望无限性和资源有限性之间的矛盾，管理应运而生。

2. 管理是人类群体活动的产物

在人类的发展过程中，最初，由于人类在面对大自然、面对自身的生存发展等诸多难题时，单个个体无法应付，于是人们不得不形成一个个的群体来对抗大自然的威胁，谋求个人无法获得的生存与发展机会及无法实现的目标。有了群体活动，就必须协调群体的活动，以便实现群体的共同目标，进而实现每个人的目标。此时，协调人类群体活动的管理就产生了。

人类的活动可分为两个方面：一是人类为实现自身目的而进行的活动——作业活动；二是使这种作业活动变得更有效的活动——管理活动。管理活动是产生于作业活动并为作业活动服务的一种活动。管理活动和作业活动相伴而生，并使作业活动的水平不断提高。

人类的群体活动形成组织。组织是具有特定使命的人们为了实现共同的目标而组合成的有机整体。从远古的氏族、家庭、家族，到现代的企业、公司都是组织的表现形式。

（二）管理的必要性

管理是组织不可缺少的要素，有组织就需要管理，管理与组织如影相随。管理无时不在、无处不在。随着人类社会的发展，组织的规模越来越大、越来越复杂，组织的形态千变万化，协调的深度和广度都有所加大，而且管理工作的好坏很大程度上决定着每个单位、每个地区甚至每个国家的兴衰成败，因而，管理更显其必要性。

1. 从整个社会的发展来看，管理是社会进步与发展的物质力量

当今社会人们的共识是，管理是社会进步不可忽视的力量，一个国家的强盛通常伴随着采用先进的管理思想，世界各国的发展充分说明了这一点。18 世纪，英国依靠先进技

术首先完成了产业革命，成为当时世界第一强国。然而到了20世纪三四十年代，美国逐渐超过英国成为西方各国的盟主。第二次世界大战以后，许多英国专家小组为学习工业方面的经验去美国访问，小组成员了解到，英国在技术与工艺方面并不比美国落后很多，而生产率水平与美国有显著差距的主要原因是，英国的组织和管理水平比美国要低得多。美国之所以能够取胜，与其说是依靠技术装备，还不如说是依靠较高的管理水平。到20世纪七八十年代，日本的经济发展突飞猛进。据有关资料介绍，1980年日本国民生产总值已跃居世界第三位，外销商品总值比内销多750亿美元，投资率和国民生产总值成长率是美国的2倍。日本横扫英国的摩托业，超过美国和德国的汽车生产量，抢夺瑞士的钟表市场，打击美国在钢铁造船、电子产品上的传统优势。原因是什么？无论是日本还是美国的专家，都一致认为是日本成功地建立了特殊的管理体系。

当前，包括我国在内的发展中国家面临着如何实现现代化的课题。发展中国家普遍面临技术落后、资金短缺的困难。因此，几乎所有的发展中国家都从引进发达国家的技术和资金开始现代化的进程。然而，严酷的现实是，有了大量的资金和先进技术，并不一定能获得预期的发展，人员素质低和管理落后常常成为这些国家实现经济起飞的严重障碍，引进的资金往往被浪费，设备和技术往往得不到有效的利用。因此，美国管理学家孔茨教授告诫说："如果我们不去学会管理人力资源和协调职工生产活动的能力，则把新发现的技术应用于实践时的效率低下与浪费现象将会继续下去。"有人用"三分技术、七分管理"来说明决定一个企业成败的因素，这也强调了管理之于企业的重要性。

2. 管理是组织生存发展的重要条件

对组织而言，管理犹如神经系统。众所周知，离开了神经系统的联络、指挥、控制，生命有机体便无法在复杂、变化的环境中生存和发展。对于整个社会来讲，其道理也一样。以经济管理为例，它所面对的是分工精细、协作广泛、变化节奏快、活动连续并要严格保持资源合理化比例的一个有机整体。显然，如果没有科学的管理，分工协作就难以实现，比例和节奏更无法保证，社会必将陷于一片混乱。因此，美国管理学家彼得·德鲁克总结道："管理是新机构的一种特殊器官，不论这种机构是工商企业，还是大学、医院，或是军队、研究机构，或是政府机关。各种机构要发挥作用，管理必须有效。""没有机构就没有管理，但没有管理也就没有机构。管理是现代机构的特殊器官。正是这种器官的成就决定着机构的成就和生存。"①在1870年到1880年的十年间把德意志银行建设成为欧洲大陆首屈一指的金融机构的乔治·西门子也曾经说过："如果没有管理，一家银行只是一堆废物，只好清算了结。"美国著名的杂志《福布斯》经过多年研究，发现管理得好的美国公司几乎都是有成就的。正如孔茨所说："管理工作是一切有组织的协作所不可缺少的。"

3. 管理活动具有普遍性

任何组织和组织中的任何层次都有必要进行管理，无论是古代的氏族部落，中世纪的庄园、工场，还是现代工商企业；无论是政府、军队，还是宗教组织，管理的必要性是普遍存在的。在一个组织内部，管理不仅仅是最高领导者的职能，而且在组织的各个层次上

① 彼得·德鲁克. 管理：任务、责任与实践. 陈小白，译. 北京：华夏出版社，2007.

都有管理的问题，都需要有人承担管理者的职责。同时，管理的基本原理是普遍适用的。各类组织虽然面临着不同的管理环境，但它们所要解决的管理问题往往是相似的。任何组织都有分工协作的问题，任何组织都有决策和执行的问题，等等。所以，必然存在着说明和解决一般管理问题的科学原理。正因为如此，在管理史上，有许多不同的学者，虽然他们处于不同的组织环境之中，但却能提出极为相似的管理观点。

在当代，“管理”一词得到普遍的应用，在这个词的前面可以加上各种修饰“管理”的限定性形容词，构成数不胜数的有关管理的词组，如生产管理、财务管理、营销管理、决策管理、计划管理、仓库管理、理财管理、家庭管理、个人生活管理等。组织活动的方方面面几乎都离不开管理，从组织的设立、项目的确定、各种资源的配备、生产活动的运行、人员积极性的调动，到最终对整个活动的评价与考核，管理均是推动这些活动正常有效进行的重要手段。

总之，无论是从宏观的国家角度分析还是从微观的组织角度阐述，或是从与我们息息相关的工作、生活、学习方面考虑，管理都有其重要作用，忽视管理就不可能有效率和效果。所以，管理是推动社会进步、国家发展、组织成功的重要力量，管理无处不在。

专栏 1-1

一粒沙子

在一次长跑运动会中，一名运动员觉得自己的鞋子有些不太舒服，因为比赛已经开始，来不及再停下来。但是跑得时间越长，他发现自己的脚越痛，到最后一圈不得不停下来。脱下鞋子一看，原来是里面有一粒沙子，这粒沙子把脚都磨破了，他无法再进行比赛了。他只好眼睁睁地看着奖牌与自己擦肩而过。

启示：这则故事中包含着深刻的管理思想。鞋子中的沙子虽小，但是同样可以在一个时期内影响目标的达成。

二、管理的定义

关于管理的概念，中外学者有各种各样的观点。

美国著名管理学家泰勒给管理下的定义是：“确切地知道你要别人去干什么，并使他用最好的方法去干。”[①] 在泰勒看来，管理就是要事先安排工作，指挥他人用最好的工作方法去工作。

法国管理学家亨利·法约尔是对管理概念有重大影响的人。他在其《工业管理与一般管理》一书中认为：“管理就是实行计划、组织、指挥、协调和控制。”[②] 这一观点强调，当一个人在从事计划、组织、指挥、协调和控制工作时，他便是在做管理工作。

---

① 泰勒. 科学管理原理. 北京：中国社会科学出版社，1980：157.

② 亨利·法约尔. 工业管理与一般管理. 北京：团结出版社，1999：7.

诺贝尔经济学奖获得者赫伯特·西蒙认为："管理就是决策。"① 西蒙强调，决策贯穿于管理的全过程和所有方面，任何工作都必须经过一系列的决策才能完成，管理者的工作归根结底是在做各种各样的决策。

彼得·德鲁克认为：管理就是经由他人的劳动，以完成工作目标的一系列活动。

孔茨等人的观点是：管理就是设计和保持一种良好的环境，使人在群体里高效率地完成既定目标。他们认为，为在集体中工作的人员谋求和保持一个能使他们完成既定目标和任务的工作环境，是各类企业中各级主管人员的一项基本任务。

美国管理学家斯蒂芬·罗宾斯的观点为："管理是指通过其他人或者与其他人一起有效率和有效果地将事情完成的过程。"② 罗宾斯强调管理者离不开被管理者，强调过程、有效率和有效果。

国内的学者们也有各自的观点。

徐国华等人认为："管理是通过计划、组织、控制、激励和领导等环节来协调人力、物力和财力资源，以期更好地达成组织目标的过程。"③

芮明杰认为："管理是对组织的资源进行有效整合以达成组织既定目标与责任的动态创造性活动。"④

周三多等人对管理的定义是："管理是指组织为了达到个人无法实现的目标，通过各项职能活动，合理分配、协调相关资源的过程。"⑤

由以上概念可以看出，对管理的表述可以说是仁者见仁、智者见智。集百家之长，本书认为：管理就是组织为了更有效地实现组织目标而对各种资源进行计划、组织、领导、控制的一系列协调活动的过程。管理的过程如图 1－1 所示。

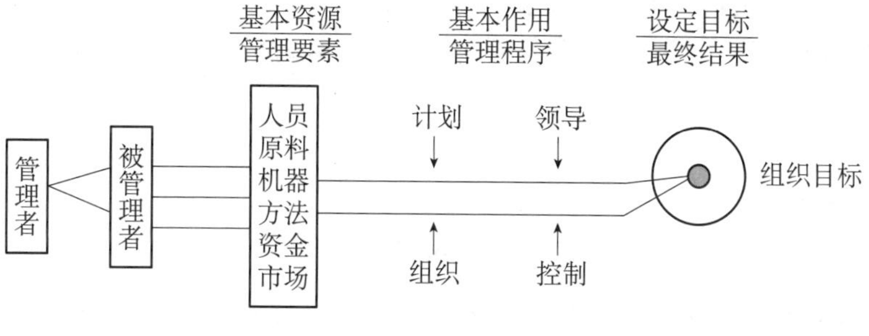

图 1－1 管理的过程

从这一概念中，我们可以看出管理的含义包括以下几个方面。

（一）管理是对组织的管理，组织是管理的载体

组织可分为营利性组织和非营利性组织。无论是营利性组织如工业企业、商业企

① 赫伯特·西蒙．管理决策新科学．北京：中国社会科学出版社，1982：37.
② 斯蒂芬·罗宾斯．管理学．北京：机械工业出版社，2013：5.
③ 徐国华，赵平．管理学．北京：清华大学出版社，1989：2.
④ 芮明杰．管理学：现代的观点．上海：上海人民出版社，2005：15.
⑤ 周三多．管理学．3 版．北京：高等教育出版社，2010：5.

业、交通运输企业、通信企业等，还是非营利性组织如政府、军队、学校、医院等，都需要管理。管理普遍适用于任何类型的组织。彼得·德鲁克认为，工商管理是一种样板。因此，虽然我们研究的是一般管理，但往往以工商企业这种经济组织作为研究的出发点。

（二）管理是一项有目的的活动，管理的目的是实现组织目标

管理的目的不是为管理而管理，而是通过管理实现组织的目标。管理是手段，而不是目标。

（三）管理是由一系列活动构成的

管理活动包括计划、组织、领导、控制等，它们组成管理的基本职能。

（四）管理是一个追求有效的动态过程

管理是为了有效地实现目标。所谓有效，就是既要讲究效率，又要讲究效果。效率是以较少的代价完成活动，涉及活动的方式，表现为组织花费最少的资源投入而取得最大的成果产出。但是，仅有效率是不够的，有效的管理还必须确保组织的产出能切实地符合顾客的需要，即具有好的效果。

（五）管理的实质是协调

所谓协调，就是使表面上似乎相互矛盾的事物有机结合、和谐统一。管理要解决资源的有限性和组织目标不断提升这一对矛盾，因此，就需要进行人与人之间关系的协调、人与组织间关系的协调、组织与组织间关系的协调、人与物关系的协调、物与物关系的协调等。实际上，每一项管理职能的开展，都是为了更好地促进协调。有了协调，组织才能收到个人单独活动所不能收到的良好效果，体现出组织的协同作用。一个好的管理者，并不一定是某一行的专家里手，他不一定是高级工程师、著名科学家、学术权威，但他一定是一位好的协调者。

专栏 1-2

管理的故事

去过寺庙的人都知道，一进庙门，首先看到的是弥勒佛，笑脸迎客，而在他的北面，则是黑脸的韦陀。相传在很久以前，他们并不在同一个庙里，而是分别掌管不同的庙。弥勒佛热情快乐，所以来上香的人非常多，但他什么都不在乎，丢三落四，没有好好地管理账务，所以常常入不敷出。而韦陀虽然管账是一把好手，但成天阴着个脸，太过严肃，搞得上香的人越来越少，最后香火断绝。佛祖在查香火的时候发现了这个问题，就将他俩安排在同一个庙里：弥勒佛笑迎八方客，于是香火很旺；而韦陀铁面无私，锱铢必较，则让他负责财务，严格把关。在两人的分工合作下，庙里一派欣欣向荣景象。

启示：毫无疑问，佛祖就是一个好的协调者。他知道弥勒佛和韦陀各自的长处与短处，也了解他们各自最好的工作能力是什么。通过给他们安排合适的工作，利用了他们的长处，避免了他们的短处，优势互补，皆大欢喜。

三、管理的特性

（一）管理活动不同于作业活动

人类活动可分为两个方面。

1. 作业活动

作业活动是人类为实现自身目的而进行的活动。作业活动是人类物质和文化活动本身，如企业中生产制造产品的活动、流通企业的销售活动、农民的种植活动、医院中的诊治活动、学校中的教学活动等，它们是达成组织目标的基本活动。

2. 管理活动

管理活动是产生于作业活动并为作业活动服务的一种活动，是为了确保作业活动有效进行的手段。

管理活动与作业活动的关系：两者既密切相关，又有明显区别。

（1）管理活动的范围更广，它不仅贯穿于作业活动的始终，而且包括作业活动之前的调研、作业活动之后的经验教训总结等。

（2）管理活动比作业活动承担更多的责任。作业活动一般是作业者自己负责自己的工作，做好本职工作即可。而管理活动中，管理者不仅要对自己的行为负责，还要对作业人员的行为承担一定的责任。

（3）管理人员的本职工作是管理活动而非作业活动。如果管理者参与作业活动，则可以促进与下属的沟通和理解。但是，如果一位管理者把他的绝大部分时间和精力都用于作业活动而不是管理活动，那么他就忘记了自己管理者的角色，本末倒置。由普通员工提升为管理人员时，人们往往不能很好地区分作业活动和管理活动，以至于不能认清自己的角色。

（二）管理工作既具有科学性又具有艺术性

科学性强调了管理过程有其自身的规律、原理、原则，管理活动可成为科学分析的对象，可上升为科学知识体系并为人们传授。但管理活动中又存在着大量无法理性思考、无法上升为一般理论的部分，它需要管理者创造性地、灵活地、随机变通地处理各种问题，而这就是管理的艺术性。科学是客观规律的反映，艺术是主观创造的反映。管理是客观规律和主观创造的统一。所以，管理是科学性与艺术性的有机统一，管理者一方面要学习管理的理论和知识，另一方面又必须在实践中锻炼，积累丰富的经验和技能。

（三）管理的核心是以人为本

在现代社会，人已经取代土地、资本，成为最重要的资源，组织的其他资源都必须靠人才能得以发挥作用。离开人，一切都无从谈起。人是最有积极性和创造性的因素。管理要以人为中心，管理者要创造相应的环境、条件，以个人自我管理为基础，以组织共同愿景为引导。以人为本的管理强调组织是由人组成的，组织为了满足人不断增长的需求，同时也为了提高员工的工作质量和生活质量，必须依靠全体员工的智慧和力量。因此，现代管理强调以人为本，最大限度地发挥人的作用。

第二节 管理的过程

管理的过程

一、管理过程的理解

（一）管理过程的含义

管理是由多个环节组成的过程，每一过程即为管理职能发挥作用的过程，为此，管理过程就是管理职能发挥作用的经过。

管理究竟有哪些职能？管理过程理论的创始人法约尔于1916年提出管理包括计划、组织、指挥、协调和控制五种要素，这也就是管理的五种职能，这五种职能构成了一个完整的管理过程。之后，一些管理学者在此基础上加以修改或补充，英国管理学家厄威克提出管理的三职能，即计划、组织和控制，而预测、协调和指挥是这三个职能的指导原则；美国管理学家古利克把管理描述成计划、组织、人事、指挥、协调、报告、预算的七职能过程；美国管理学家孔茨、奥唐纳等人也对管理过程提出了自己的见解。这些学者对管理职能、管理过程的论述不尽相同，但是他们都是依照法约尔把管理的职能划分为各种因素和各个过程的观点加以考察的，因此他们被称为管理过程学派，也称为管理职能学派。

（二）管理职能的内容

尽管不同的学者对管理职能有不同的归纳，但在管理基本职能的认识上达成了共识，即计划、组织、领导和控制，这四个职能是紧密联系的，每个部分又可以作为一个子过程来加以分析。

1. 计划

计划是对组织未来活动进行的预先筹划和安排，任何活动开始之前，首先要制订计划。所以，对计划的最概括性理解就是设定组织目标和决定如何最有效地实现这些目标。计划工作是各级管理者的首要职能，它先于其他管理职能，并为其奠定了基础。

计划工作通过下列过程达到上述目标：

（1）决定需要什么资源。

（2）明确组织所需要的类型与数量。

（3）提出计划工作所需要的前提条件。

（4）确定比照标准。

2. 组织

组织是为了完成计划而对活动与资源的组合与安排。具体讲就是要创建一个有助于目标达成的结构，其主要工作包括：

（1）对所需的资源加以组合。

（2）设计采用有效分工协作的结构和方法。

3. 领导

领导是指挥和影响下属为实现组织目标而努力工作的过程。从某种意义上讲，管理的过程就是领导的过程。领导过程中的领导是相对而言的，一般泛指各级管理人员积极地与下属共同工作，以实现管理目标。在这个管理过程中，领导的作用主要是沟通与服务，所以，领导的主要工作包括：

（1）指导和激励下属的行为趋向管理的目标。

（2）通过构建良好的人际关系来表达意图。

（3）及时了解和解决计划目标实现过程中出现的矛盾与冲突。

4. 控制

控制是为了保证组织按预定要求运作而进行的一系列监督检查工作。组织在运行过程中可能发生偏离计划的情况，因此，管理者要善于识别偏差，并采取必要的措施，确保目标和计划的实现。

管理过程如图 1－2 所示。

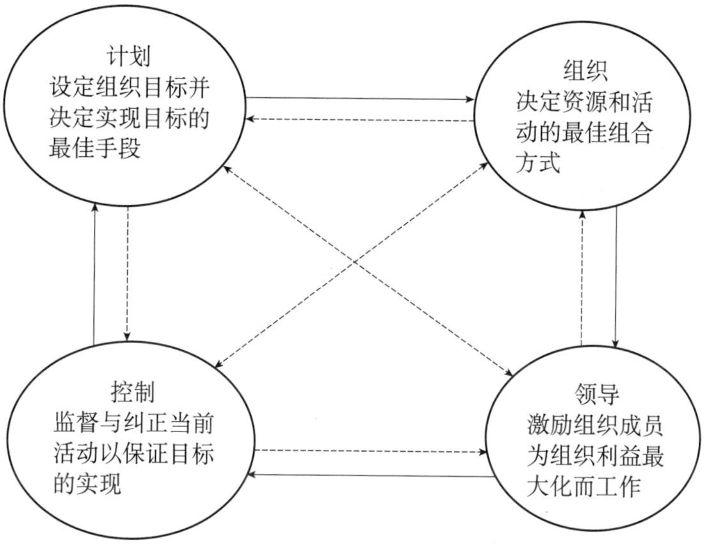

图 1－2　管理过程

注：实线表示管理过程路径，虚线表示信息反馈与信息沟通。

（三）管理职能之间的关系

（1）管理职能之间有内在逻辑上的先后顺序关系：先计划，继而组织，然后领导，最后控制。计划是管理的首要职能，是组织、领导和控制职能的基础和依据；组织、领导和控制职能是有效管理的重要环节和必要手段，是计划及目标得以实现的保障。但由于管理工作过程的复杂性，管理职能实际上并不可能完全按照理论上介绍的某种固定顺序按部就班地进行，而更多的是同时执行这些职能。

（2）管理职能在实际中不可能被完全分割，而是相互融合在一起的。各项管理职能同等重要，只有统一协调这几个方面，使之形成连续一致的管理活动过程，才能保证管理工作的顺利进行和组织目标的实现。

专栏 1－3

木桶效应

木桶效应又称水桶原理或短板理论、水桶短板管理理论，其核心内容为：一只木桶盛水量的多少，并不取决于桶壁上最高的那块木块，而恰恰取决于桶壁上最短的那块。根据这一核心内容，木桶效应有两个推论：其一，只有桶壁上的所有木板都足够高，木桶才能盛满水；其二，只要这个木桶里有一块木板不够高度，木桶里的水就不可能是满的。

启示：木桶效应揭示了任何一个组织可能面临的一个共同问题，即构成组织的各个部分往往是优劣不齐的，而劣势部分往往决定整个组织的水平。

专栏 1－4

败给谁

三人出门，一人带伞，一人带拐杖，一人空手。回来时，拿伞的湿透了，拿拐杖的跌伤了，第三个人却好好的。原来，雨来时有伞的人大胆地走，却被淋湿了；走泥路时，拄拐杖的人莽撞地走，时常跌倒；什么都没有的人，大雨来时躲着走，路不好时小心走，反倒无事。

启示：很多时候，我们不是败给缺陷，而是败给优势。

二、管理有效性的衡量

管理是否有效，管理过程中各管理职能是否充分发挥作用，是通过管理的有效性体现的，而有效性是由效率和效果来衡量的。

（一）效率

效率是指投入与产出的比值。例如设备利用率、工时利用率、劳动生产率、资金周转率以及单位生产成本等，这些是对组织效率的具体衡量。因为资源是有限的，组织要用比较经济的方法来达到预定的目标。对于给定的资源投入，如果组织能够获得更多的成果产出，就有了较高的效率。类似地，对于较少的资源投入，如果组织能够获得同样的甚至更多的成果产出，也具有高效率。

（二）效果

效果是指目标达成度，涉及活动的结果。不同类型的组织，其效果衡量指标是不同的，对营利性组织而言，效果的具体衡量指标有销售收入、利润额、销售利润率、成本利润率、资金利润率等。利润是销售收入与销售成本之间的差额，是衡量效果的一项客观指标。

有效率无效果与有效果无效率都是不可取的。管理的有效性既追求效率又追求效果。

效率意味着“正确地做事”，效果意味着“做正确的事”。因此，管理是效率和效果的统一，即“正确地做正确的事”。比较“正确地做事”与“做正确的事”这两项，“做正确的事”更重要。只有所做的是正确的事，一切才是有意义的。否则，在不正确的事上“正确地做事”，只能在错误的路上越走越远。有效的管理如图 1－3 所示。

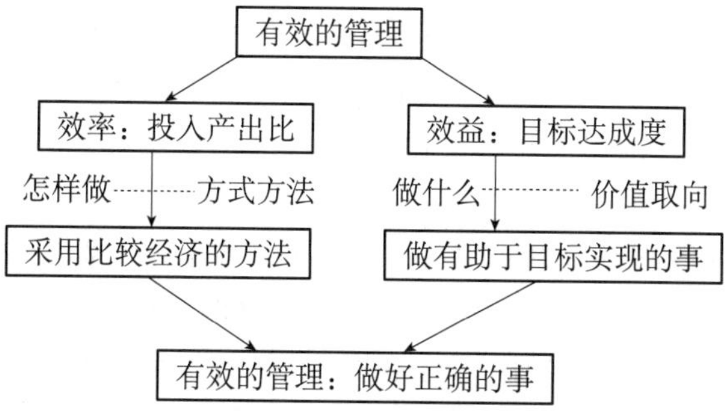

图 1－3　有效的管理

第三节　管理原理与管理方法

管理原理与管理方法

一、管理原理的概念及特性

（一）管理原理的概念

管理原理是在对管理工作的实质内容进行科学分析总结的基础上形成的基本原理，是管理现实形象的抽象表达，也是对各项管理制度和管理方法的高度综合与概括，因而对各项管理活动具有普遍的指导意义。

（二）管理原理的特性

管理原理具有以下特性。

1. 客观性

管理原理反映着事物内部的必然联系和必然发展趋势，是对管理工作客观必然性的刻画。原理之“原”即“源”，原本、根本的意思，原理之“理”即道理、基准、规律。

2. 概括性

管理原理所反映的事物很广泛，包括人与物的关系、物与物的关系以及人与人的关系，它是在总结大量管理活动经验的基础上，舍弃了各组织之间的差别，经过高度综合和概括而得出的，具有普遍性、规律性。所以，管理原理不是一时一地的局部经验，而是对普遍事物、普遍实质的概括、总结。

3. 相对稳定性

管理原理不是一成不变的僵死的教条，它随着社会经济和科学技术的发展而不断发展。当然，它也不是变化多端和摇摆不定的，而是相对稳定的。

二、管理原理的内容

管理原理包括系统原理、人本原理、动态原理、效益原理和创新原理。

（一）系统原理

管理的系统原理是指从组织整体的系统性质出发，按照系统特征的要求，对管理活动进行系统优化，从而实现最优化管理。

所谓系统，就是由若干相互联系、相互制约的要素结合起来的复杂的有机体。现代科学认为系统无处不在，凡是客观上存在由诸要素组成的各种独立事物，都可以看作为一个系统。大到宇宙，小到一个原子、一个细胞，都是一个系统。所以，任何组织都是一个完整的系统，它是由人、财、物、技术、信息等因素构成的，组织的管理必须遵循系统原理。

管理的系统原理为管理者从事管理活动提供了一种正确的思维逻辑，就是从整体的观念出发，全面综合地优化整个管理组织的活动，以取得“1+1>2”的效果。系统优化的核心要求是处理好局部优化和全局优化的关系。这种关系是一种辩证关系，表现为：局部最优，不等于全局最优；局部不优，不等于全局不优。如一个和尚和三个和尚比是不优的，但一个和尚挑水吃却比三个和尚相互推诿无水吃的系统效应要好。

专栏 1-5

群体协作的力量

拿破仑曾描述过一个例子：骑术不精但有纪律的法国骑兵和当时最善于单个格斗但没有纪律的骑兵——马木留克骑兵之间的战斗，在拿破仑看来，2 个马木留克骑兵绝对能打赢 3 个法国骑兵，100 个法国骑兵与 100 个马木留克骑兵势均力敌；300 个法国骑兵大都能战胜 300 个马木留克骑兵；2 000 个法国骑兵则总能打败 1 500 个马木留克骑兵。

启示：为什么随着人数的增加，马木留克骑兵的战斗力递减，而法国骑兵的战斗力却增强了呢？原来，马木留克骑兵是由埃及年轻奴隶组成的军队，他们身强体壮、骑术精湛，但纪律很差，不善于配合作战；法国骑兵则相反，体力和骑术不如对手，但纪律严格，善于配合作战。单打独斗，双方主要是拼体力、搏骑术，所以善于单个搏斗的马木留克骑兵占优势。然而随着参战人数的增多，严密的纪律和配合作战就越显重要。因此，当人数达到一定数量时，骑术相对较弱而有着严密的纪律性、密切配合作战的法国骑兵就打败了骑术精、体力强但形同散沙的马木留克骑兵。这说明群体协作能将单个人的力量汇聚起来，形成“1+1>2”的合力；相反，缺乏群体合作就会出现意志与行动的不一致，形成一个集体内部的冲突和抵耗，出现“1+1<2”的结果。

（二）人本原理

顾名思义，人本原理就是以人为本的原理。它要求人们在管理活动中坚持一切以人为核心，以人的权利为根本，强调人的主观能动性，力求实现人的全面、自由发展，其实质就是充分肯定人在管理活动中的主体地位和作用。

人本原理的三个原则：能级原则、动力原则和行为原则。

1. 能级原则

能级原则是指根据人的能力大小，赋予其相应的权力和责任，使组织的每一个人都各司其职，以此来保持和发挥组织的整体效用。

2. 动力原则

没有动力，事物就不会运动，组织也不会向前发展。在组织中，只有强大的动力才能使管理系统得以持续、有效地运行。

3. 行为原则

需要与动机是决定人的行为的基础。人类的行为规律是：需要决定动机，动机产生行为，行为指向目标。管理者只有对员工行为进行行之有效的管理，才能最大限度地发掘员工的潜能。

人本原理的主要观点是：

(1) 员工是组织的主体。他们既是重大决策的主体又是决策的执行主体。组织要把员工的因素放在显要位置，注重启迪员工实行自我管理的主体性和自觉性。

(2) 员工参与是有效管理的关键。

(3) 使人得到最完美的发展是现代管理的核心。

(4) 服务于人是管理的根本目的。

(三) 动态原理

动态原理是指管理随着管理对象内部因素或外部环境的发展变化而相应变化。在管理活动中，面对瞬息万变的组织环境，只有注意把握管理对象运动、变化的情况，及时调节管理的各个环节和各种关系，才能保证管理活动不偏离预定的目标，在动态管理中实现最佳效益，这就是管理的动态原理。

动态原理反映物质的运动性，表明管理过程就是根据管理对象发展变化的反馈信息进行协调，以有效地实现管理目标的过程。由该原理可导出管理的弹性原则、反馈原则、权变原则等。

(四) 效益原理

效益是管理的主题，任何组织的管理都是为了获得某种效益，效益的高低直接影响着组织的生存与发展。效益原理要求一切管理活动都要以追求效益为其根本目的，用尽可能少的劳动消耗取得更多的劳动成果。

效益是有效产出与投入之间的一种比例关系，可以从社会和经济这两个不同角度去考虑，即社会效益和经济效益。两者既有联系又有区别。经济效益是讲求社会效益的基础，而讲求社会效益又是促进经济效益提高的重要条件。两者的区别主要表现在经济效益可以运用若干经济指标来计算和考核，而社会效益则难以计量，必须借助其他形式来间接考核。管理应把讲求经济效益和社会效益有机结合起来。

效益原理的主要观点是：效益是管理的根本目的，管理就是对效益的不断追求。在这个过程中，要注意局部效益与全局效益、短期效益与长期效益、经济效益与社会效益的协调一致，做到局部服从整体、追求长期稳定的高效益。

（五）创新原理

创新原理即管理者根据企业内外环境变化的实际，以科学的态度，不断否定自己，创造出具有自身特色的新思想、新思路、新经验、新技术，并加以组织实施。

创新原理是对现有事物构成要素进行新的组合或分解，是在现有事物基础上的进步、发展、发明或创造。创新原理是人们从事创新实践的理论基础和行动指南。创新虽有大小、高低层次之分，但无领域、范围之限，只要能科学地掌握和运用创新的原理、规律和方法，人人都能创新，事事都能创新，处处都能创新，时时都能创新。

三、管理方法

管理方法是在管理活动中为保证实现组织目标和保证管理活动顺利进行所采取的手段和方法的总和。管理活动常用的方法有行政方法、经济方法、法律方法和教育方法等。

（一）行政方法

行政方法就是依靠行政组织的权威，运用命令、规定指标、条例等行政手段进行管理的方法。它的实质是通过组织以及组织所赋予管理者的职权来进行管理。这种管理方法具有以下特征。

1. 权威性

行政方法依托行政组织和领导者的权威，权威越高，被领导者的信息接收率就越高。

2. 强制性

行政方法通过发布命令、规定指标、下达指令等进行管理，对管理对象具有程度不同的强制性和约束力。行政方法就是通过这种强制性来达到指挥与控制的目的。

3. 层次性

行政方法是通过行政层次指挥来实施管理的一种方法。行政指令一般都是自上而下，通过纵向直接下达的，切忌通过横向传达命令。

（二）经济方法

经济方法是指根据客观经济规律，运用各种经济手段，调节各种不同的经济利益主体之间的关系，以获得较高的经济效益与社会效益的管理方法。这里所说的各种经济手段，主要包括价格、税收、信贷、利润、工资、奖励、罚款以及经济合同等。运用经济方法进行管理的实质就是运用经济规律与物质利益原则来引导人们的行为，正确处理好国家、集体、个人之间的经济关系，最大限度地调动各方面的积极性、主动性、创造性和责任感，以更好地实现管理目标。

经济方法的特点有：

（1）利益性。经济方法是通过物质利益来引导人们的行为的方法。

（2）关联性。经济方法之间的关系错综复杂，每一种经济方法的变化都会造成社会多方面经济关系的连锁反应，产生一些难以预料的后果。

（3）灵活性。一是针对不同的管理对象要采用不同的手段与方法；二是对同一对象在不同的条件下要采用不同的方法进行管理。

(4) 平等性。即要求按照统一的价值尺度来计算和分配经济成果；各种经济手段的运用对于情况相同的被管理者具有同样的效力，不允许有特殊性。

(三) 法律方法

法律方法是国家根据广大人民群众的根本利益，通过各种法律、法令、条例和司法、仲裁工作，调整社会经济的总体活动和各企业、单位在微观经济中所发生的各种关系，以保证和促进社会经济发展的管理方法。

法律方法的特点有：

(1) 公开性。法律方法的基本特点之一就是公开性，它要求把法律法规向社会、组织完全公开，并且要求公开立法和公开执行，不像有些文件、政策那样只有少部分人掌握和执行，从而可以避免一些营私舞弊行为。

(2) 规范性。法律和法规是所有组织和个人行动的统一准则，对其具有同等的约束力。法律和法规都是用极严格的语言，准确阐明一定的含义，并且只允许对它做出一种意义的解释，法律与法规之间不允许互相冲突，法规应服从法律，法律应服从宪法。

(3) 严肃性。法律和法规的制定必须严格按照法律规定的程序和规定进行，一旦制定和颁布后，就具有相对稳定性，不能随意废止。司法工作更是严肃的行为，它必须通过严格的执法活动来维护法律的尊严。

(4) 强制性。法律和法规都是统治阶级或公众意志的体现，一经颁布就要强制执行，各个企业、单位以及每个公民都必须毫无例外地遵守。否则，要受到国家强制力量的惩处。

(四) 教育方法

教育方法是通过传授、宣传、启发诱导等方式，提高人们的思想政治素质和业务水平，以发挥人的主观能动作用。通过教育，不断提高人们的道德思想素质、文化知识素质、专业水平素质，这是管理工作的重要任务。

教育方法是其他方法的前提，不仅其他方法离不开教育，而且教育可以解决其他方法不能解决的问题，如思想认识、业务水平的提高等。教育方法是提高人的素质的重要手段，人的素质在管理中起着十分重要的作用。管理必须通过教育方法大力提高人的素质，使人在组织中发挥更大的作用。

教育方法的特点有：

(1) 启发性。教育工作的重点在于启发人的觉悟，唤醒其理智与良知。如果组织能通过教育方法把组织的任务、目标、要求转换为组织全体成员的共识与自觉行动，则管理就会变得较容易，也会更有效率。

(2) 灵活多样性。教育方法没有统一固定的模式，组织要因时、因地、因人、因事采取灵活多样的有效形式。

(3) 长期性。人的培养教育是一个漫长的过程，既不能急功近利，更不能立竿见影。采取教育方法要有长期观念，要潜移默化，从长计议。

第四节 管理者

一、管理者的概念与分类

（一）管理者的概念

管理者

管理者是指在组织中行使管理职能、通过协调他人的活动以实现组织目标的人。简单地说，管理者是组织中从事管理工作的人员，是管理活动的筹划者、执行者。离开了管理者，也就不存在管理。管理者工作绩效的好坏直接关系着组织的成败兴衰。

（二）管理者的分类

1. 按组织的不同层次进行划分

管理者可以按其所处层次的不同进行划分，尽管许多大型组织的管理层次比较多，但通常只考虑三个基本层次：高层、中层和基层，因此，管理者也相应地划分为高层管理者、中层管理者和基层管理者。

（1）高层管理者。

高层管理者是指对整个组织负有全面责任的管理人员。他们负责制定组织的总目标、总战略，掌握大政方针，有权分配组织中的一切资源，对组织的生存和发展具有特别重要的作用，对于组织的成败负有最终责任。高层管理者包括董事长、首席执行官、总裁或总经理及其他高级经理人员等。

（2）中层管理者。

中层管理者负责制订具体的计划，是对某一部门或某一方面负有责任的管理人员。他们在高层与基层之间起着桥梁和纽带作用，贯彻执行高层管理者所制定的重大决策并传达到基层，同时将基层的意见和要求反映到高层。中层管理者通常拥有部门主任、科室主管、项目经理、地区经理、产品经理或分公司经理等头衔。

（3）基层管理者。

基层管理者又称一线管理者，是管理作业人员的管理者。他们的主要职责是传达上级指示和计划，给作业人员分派具体的工作任务，指导和协调下属的活动，控制工作进度。基层管理者工作得好坏，直接关系到任务的完成和目标的实现。基层管理者所关心的主要是具体的战术性工作。基层管理者如汽车厂生产车间的一个班组长、医院妇产科的护士长等。

不同层次管理者所负责的工作不同，其在具体管理工作中所用的时间也不同，如表1-1所示。

表1-1 不同层次管理者的时间分布

层次	计划	组织	领导	控制
高层管理者	28%	36%	22%	14%
中层管理者	18%	33%	36%	13%
基层管理者	15%	24%	51%	10%

2. 按管理工作的领域及专业不同进行划分

同一组织不同层次的管理者可按不同的工作领域及专业加以分类。在组织的各级管理层次中，都可能有一些不同的专业职能部门或业务部门。按照他们所从事的工作的不同，可把管理者分为综合管理者和专业管理者。

（1）综合管理者。

综合管理者是指负责管理整个组织或组织中某个事业部全部活动的管理者。综合管理者应当是管理的全才，是全能管理者。例如，一个公司的总经理应当具有生产管理、营销管理、财务管理、人力资源管理、技术管理等多方面的才能。

（2）专业管理者。

专业管理者是指仅仅负责管理组织中某一类活动（或职能）的管理者，如人力资源管理者、财务管理者、营销管理者、行政管理者等。专业管理者应当是某一方面的专家，具有某一方面的专长。也就是说，财务管理者就应当是财务管理方面的行家里手，营销管理者就应当精通于营销管理。

总之，尽管管理者有上述划分，但是管理者之所以成为管理者，完全在于他们所具有的共同之处，即：

（1）从组织地位来看，他们都是一定组织的领导。

（2）从组织责任来看，他们负责推动其他人取得工作效果，以实现组织的目标。

（3）从工作重点来看，在他们所有的工作中，管理工作比其他工作更重要。

组织中不同层次、不同部门的管理者如图 1－4 所示。

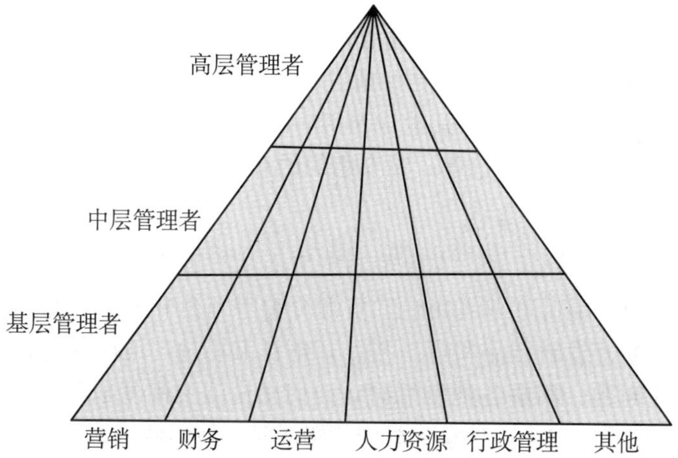

图 1－4　组织中不同层次、不同部门的管理者

二、管理者的角色

所谓角色，就是处于组织中某一位置的人所需要做的一系列特定的任务。加拿大管理学家亨利·明茨伯格（Henry Mintzberg）研究发现，管理者扮演着十种不同的角色，管理者通过这些角色的履行影响组织内外个人和群体的行为。这十种角色可以进一步组合成三大类，即人际关系方面、信息传递方面和决策制定方面的角色。管理者的角色如图 1－5 所示。

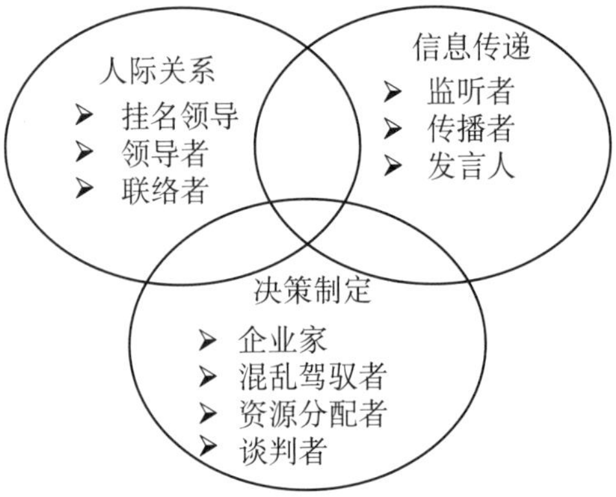

图 1－5　管理者的角色

（一）人际关系方面的角色

管理者在处理与人的关系时便扮演这种角色，具体又包括挂名领导角色、领导者角色和联络者角色。当管理者参与礼仪性和象征性的业务时，如参加社会活动、宴请重要客户、带领有关领导参观企业等，他们扮演着挂名领导角色；当管理者激励、指导员工时，他们扮演着领导者角色；当管理者与内部人员进行沟通、与利益相关者建立良好关系时，他们扮演着联络者角色。

（二）信息传递方面的角色

管理者是所在组织的信息中心，他们不断从内外部获得各种信息，同时又向内外部传递信息。信息传递方面的角色具体又包括监听者角色、传播者角色和发言人角色。当管理者通过各种媒介寻求和获取信息以便更好地了解组织和环境时，他们便扮演监听者角色；当管理者将获得的信息传递给组织其他成员时，他们便扮演传播者角色；当管理者向外界，如股东、消费者、公众、政府等，发布组织的有关信息时，他们便扮演发言人角色。

（三）决策制定方面的角色

管理者是组织重要的决策者，在决策制定方面承担重要角色。决策制定方面的角色具体包括企业家角色、混乱驾驭者角色、资源分配者角色和谈判者角色。当管理者积极利用外部机会，不断开发新产品和新工艺、开拓新市场时，他们便扮演企业家角色；当管理者处理冲突或问题、调解各种争端时，他们便扮演混乱驾驭者角色；当管理者合理分配组织的人力、物力、财力、信息、时间等资源时，他们便扮演资源分配者角色；当管理者为了组织的利益与其他组织或个人进行讨价还价、商定成交条件时，他们便扮演谈判者角色。

十种基本的管理角色及其典型活动如表 1－2 所示。

表 1－2　十种基本的管理角色及其典型活动

角色类别	角色	典型活动
人际关系	挂名领导，领导者，联络者	参加新工厂落成剪彩；鼓励员工提高生产率；协调两个项目组的活动

续表

角色类别	角色	典型活动
信息传递	监听者，传播者，发言人	审读产业报告，对产业发展了然于心；发布新的组织行动的信息；发言讨论增长计划
决策制定	企业家，混乱驾驭者，资源分配者，谈判者	提出创新的观念；解决下属部门的冲突；审查和修改预算；同关键供应商或工会达成协议

三、管理者的技能

根据美国管理学家罗伯特·卡茨（Robert Katz）的研究，管理者要具备技术技能、人际技能、概念技能。

（一）技术技能

技术技能（Technical Skills）是指使用某一专业领域内的程序、技术、知识和方法完成组织任务的能力。例如，生产技能、财务技能、营销技能等都属于技术能力的范畴。管理者要想有效工作，须具备一系列相应的技术能力。例如，饭店的管理者需要具备烹调技能以便更好地管理食品质量，还需要会计技能以掌控收入、成本和员工的薪资支出。当然，强调管理者具备技术技能并不是要求其成为技术专家，而是需要了解并初步掌握与其管理的专业领域相关的基本技能。

（二）人际技能

人际技能（Human Skills）是指与处理人际关系有关的技能，即理解、激励他人并与他人共事的能力。有效管理者的突出特征之一就是具有良好的沟通、协调能力，能够激励员工使其融合为一个团结一致的团队。为了有效管理好人际互动性活动，组织中的每一个人都需要学习如何和他人交流，如何理解别人的观点及他们所面临的问题。

（三）概念技能

概念技能（Conceptual Skills）是指纵观全局、洞察组织与环境要素间相互影响和作用的能力。具有概念技能的管理者往往能感知和发现环境中的机会与威胁，理解事物的相互关系并找出关键影响因素，权衡不同方案的优劣和内在风险。

要想成为有效的管理者，就必须具备上述三种技能，缺乏其中任何一种技能，都可能导致管理工作的失败。但处于不同层次的管理者，掌握三种技能的侧重点不同。一般来说，高层管理者更强调概念技能，中层管理者的人际技能较重要，而基层管理者的技术技能更突出。不同层次管理者须具备的技能区别如图 1-6 所示。

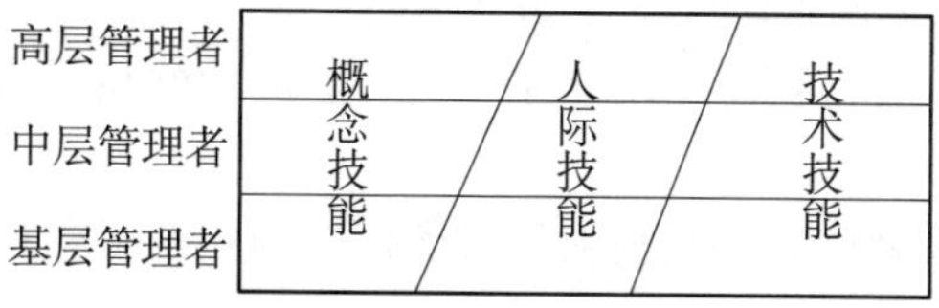

图 1-6　不同层次管理者须具备的技能区别

专栏 1-6

人际技能的重要性

某旅行公司刘总经理在总体市场不景气的情况下，以独特的眼光发现了惊险性旅游项目与 40～45 岁男性消费者之间的相关性，在此基础上设计了具有针对性的旅游路线与项目，并进行了前期宣传。但因为该项目涉及与交通管理、保险、环保等多个部门的协调，所以项目得到正式批准的时间比预期晚了整整一年，由此丧失了大量的市场机会。

启示：刘总经理具有较强的概念技能和技术技能，但由于其缺乏一定的人际技能，与交通管理、保险、环保等部门的协调不力，导致项目审批滞后，失去了市场机会。

四、有效的管理者与成功的管理者

美国组织行为学专家弗雷德·卢森斯（Fred Luthans）对 450 多位管理者进行研究后，发现这些管理者都从事以下四种活动：传统管理（包括决策、计划和控制）、沟通（包括交流例行信息和处理文书工作）、人力资源管理（包括激励、惩戒、调解冲突、人员配备和培训）、网络联系（包括社交活动、政治活动和与外界交往）。但是，不同的管理者在这四项活动上花费的时间和精力显著不同（见表 1-3）。由此，他把工作数量多、质量好以及下级对其满意程度高的管理者称为有效的管理者；把在组织中晋升速度快的管理者称为成功的管理者。

表 1-3　不同类型管理者四种活动的时间分布

类型	传统管理	沟通	人力资源管理	网络联系
一般的管理者	32%	29%	20%	19%
成功的管理者	13%	28%	11%	48%
有效的管理者	19%	44%	26%	11%

从表 1-3 可以看出，一般的管理者在传统管理、沟通、人力资源管理和网络联系这四项活动中的每一项上花费 19%～32%的时间；成功的管理者十分重视网络联系，他们用掉近一半时间（48%）来维护网络关系；有效的管理者则将大部分时间（合计达 70%）用在沟通和人力资源管理上，其用于网络联系的时间仅为 11%，这一比例尚不及成功的管理者的 1/4。卢森斯根据以上调查研究得出如下结论：

（1）对于成功的管理者而言，网络联系对管理者成功的相对贡献最大；人力资源管理活动的相对贡献最小。

（2）对于有效的管理者而言，沟通对管理者成功的相对贡献最大；网络联系的相对贡献最小。

（3）社交和施展政治技巧对于在组织中获得更快的晋升起着重要作用。

专栏 1-7

有效的管理者与成功的管理者

曾有一个集团公司在选择副总裁时非常典型地体现了有效的管理者与成功的管理者的现象。该集团副总裁的人选欲从集团公司的 9 个分厂厂长中选拔。其中，选拔一分厂的甲厂长呼声最高。甲厂长工作勤恳，几乎总是第一个上班，最后一个离厂，细心过问厂内的大小事情，对待下属总是和蔼可亲，并且这位技术出身的厂长还通过亲自带领实施技术改造而使一分厂的效益一直保持在各分厂的中上水平。但经过集团领导的研究，最终选定的是二分厂的乙厂长。结果一公布，便有反对意见反馈上来。反对的理由大致有三方面：一是认为乙厂长不务正业，不关心本职工作，而是热衷于“拉关系”；二是尽管二分厂的效益一直名列前茅，但这与乙厂长的特殊背景有关，并非其本人的能力所致；三是二分厂的大部分工作是由乙厂长委派下属完成的，效益是下属创造的，因此功劳不能记在乙厂长身上。

启示：从这个案例中我们可以清楚地看到，甲厂长是有效的管理者的典型代表，而乙厂长则是成功的管理者的典型代表。卢森斯的研究不仅向我们揭示了有效的管理者往往不是成功的管理者的现实，同时也归纳出成功的管理者与有效的管理者所体现出的不同行为特征。

卢森斯从实证角度证明了管理实践中普遍存在的现象。在组织中不能简单地讲是需要成功的管理者还是有效的管理者，两类管理者各自有其重要作用。有效的管理者决定了组织的效率，而成功的管理者决定了组织的效果。鉴于此，在一个组织中，管理者的类型也应该体现管理学能级原理的要求，将适合的人放在适合的岗位；同时，管理者之间形成互补，在纵向层面与横向层面上均能形成合理的素质结构。

复习思考题

1. 如何理解管理的必要性？
2. 对于管理的概念，为什么不存在唯一的定义？你对管理是怎样理解的？
3. 管理的基本职能有哪些？它们之间的关系是怎样的？
4. 你如何理解管理工作的科学性和艺术性？
5. 管理的有效性如何衡量？
6. 有人说：“管理就是正确地做正确的事。”你是怎样认为的？正确地做事与做正确的事，哪个更重要？为什么？
7. 一个有效的管理者需要扮演哪些角色？需要具备哪些技能？
8. 举例说明管理者的概念技能、人际技能和技术技能。
9. 举例分析有效的管理者与成功的管理者的不同。

案例分析

案例 1：张帆被提升是对是错

张帆最近从基层主任被提拔至公司的计划部门经理，他是大家公认的最好的基层领导，而且仅在公司中工作了四年就得到了提升。许多管理者认为这是公司中最合意的提升之一。

张帆领导的部门生产率极高，开支总是符合预算，是该公司中效率最高的部门。此外，在其他部门发生大量员工不满的情况下，在张帆的任期内，他的部门却没有发生此类问题。

张帆的下属和上级对他的评价都很高，说他是一个对员工的思想、目标、未来计划关心的人，张帆的名声传遍整个公司。但是，张帆本人对提升感到不知所措，因为他喜欢在一线工作，而现在不得不以经理人员的身份工作。

张帆接管计划部门三个月后，开始出现一些问题。他原来部门的生产率下降，出现了员工抱怨和纠纷，而且有三名员工辞职了，张帆对新岗位也不满意，也想辞职。他感到经理人员的工作不适合他，他不能胜任该工作，且没有动力，无法完成任务。

分析与讨论：

1. 管理者的技能有哪些？张帆具有哪种类型的管理技能？
2. 公司管理部门是否应考虑张帆提升后出现的问题？你认为应该如何解决？

案例 2：福特汽车公司的发展

美国福特汽车公司的兴起、衰落和复兴，是一个反映管理重要性的典型案例。福特汽车公司的创始人亨利·福特有着精明强干的头脑和丰富的技术经验。自从 1889 年《科学美国》报道了有关德国奔驰汽车的结构和制造，许多美国人从事汽车制造后，第一辆福特汽车于 1896 年被制造出来了。1903 年，福特汽车公司成立，开始生产从“A”型到“R”型和“S”型汽车，并参与几十家汽车公司的竞争，当时还没有什么优势。1908 年，福特“T”型汽车的生产标志着福特汽车公司垄断局面的开始。“T”型汽车的特点是结构紧凑、设计简单、坚固、驾驶容易、价格较低。1913 年，福特汽车公司采用了汽车装配流水生产法并实行汽车零件的标准化，当年产量增加到 13 万辆，1914 年增加到 26 万辆，1923 年增加到 204 万辆，在美国汽车生产中形成垄断局面，福特从而建立起一个当时世界上最大和盈利最多的制造业企业。可是，福特坚信公司组织只是一种“形式”，不需要管理人员和管理。

随着环境变化，汽车市场出现了层次化、多样化的需求趋势，竞争者出现并快速崛起。到 1927 年，福特汽车公司已丧失了市场领先的地位。在后来的 20 年里，福特汽车公司逐年亏本，直到第二次世界大战期间都无法进行有力的竞争。当时福特汽车公司的强劲对手通用汽车公司，从 20 世纪 20 年代开始走了一条与福特经验相反的路子。通用汽车公司是由一些小公司拼凑起来的，在建立之初，这些小公司作为通用的一部分各自为政，通用汽车公司组织机构不健全，公司的许多工作集中在少数几个人身上，不仅使这些领导者忙于事务性工作，无暇考虑公司的方针政策，而且限制了各级人员的积极性。

1920年后，新任的通用汽车公司总裁艾尔弗雷德·斯隆在大整顿、大改组过程中建立起一套新的组织结构，确立了解决问题的方法，并针对汽车市场的发展和不同层次顾客的需要，确定产品方向，加强专业化协作，谋求大规模生产。在内部管理方面，按照分散经营和协调控制的原则建立管理体制，组织领导班子，强化科研工作，保证了技术产品的持续先进。同时，加强产供销管理，做好工资福利和人事管理，建立起财务管理，等等。通过一系列的改革，大大提高了组织管理水平，从而于1926年至1927年使通用汽车的市场占有率从10%一跃达到43%，此后多年均占50%以上，而福特汽车公司则每况愈下，到1944年，福特的孙子——福特二世接管该公司时公司已濒于破产。当时26岁的福特二世向他的对手通用汽车公司学习，创建了一套管理组织和领导班子，5年后，福特汽车公司就在国内外重新获得了发展和获利的力量，成为通用汽车公司的主要竞争者。

分析与讨论：

结合福特汽车公司的复兴和通用汽车公司的兴起，分析管理人员和管理的重要作用。

在线自测

扫一扫 练一练

第二章 管理思想和管理理论的形成与发展

本章导读

管理是共同劳动的产物。从有人类社会以来，人们的劳动组织形式就主要采用集体劳动，因此，管理实践同人类社会实践活动的历史一样悠久。在长期的管理实践中逐渐形成了一些管理思想，这些管理思想对管理实践起着指导和促进作用，使管理活动更加有效率。管理活动反过来又进一步丰富和发展了管理思想，如此往复，共同推动着人类社会的不断进步和发展。到 19 世纪末 20 世纪初，人们对管理活动的研究达到了一个新的高峰，美国学者泰勒在对前人的管理思想进行总结、探索的基础上，提出了科学管理理论，形成了系统化的管理思想，管理的发展由经验上升为科学阶段。

管理理论产生后，对人类的管理活动产生了极大的影响，并得到迅猛发展，至今已形成了众多学派。我们可以把管理理论的发展划分为四个阶段。第一个阶段是古典管理理论阶段，主要由泰勒的科学管理理论、法约尔的一般管理理论和韦伯的行政组织理论构成。这三个理论力图打破传统的经验管理办法，实现对作业与组织的科学的、理性的管理，进而提高管理效率。但这些思想都忽视了人的因素和环境因素的影响。第二个阶段开始于 20 世纪 20 年代中期，梅奥在霍桑工厂进行的实验，宣告了另一种管理思想的诞生，使人们看到了人的因素的重要性与特殊性，从而激发了行为管理思想的蓬勃发展，管理学家们把管理研究的重点由“物”转向了“人”，行为科学由此产生。第三个阶段是现代管理理论阶段。第二次世界大战结束后，管理理论进入快速发展阶段，出现了管理理论的丛林，形成了众多的观点。这一阶段管理理论的突出特点就是强调了环境对组织的影响，把管理的研究从封闭状态推向开放状态，冲破了以往着重于组织内部并倾向于寻找普遍适用的最佳管理模式的做法，使人们对组织与管理问题的思考和行动发生了巨大变化。世界经济的不断发展，尤其是当今信息工业的发展，带给组织一系列变化，管理理论又有了新的发展，形成了管理理论发展的第四个阶段，即当代管理理论阶段。

学习目标

通过本章的学习，能够描述管理及管理理论的产生与发展历程，了解古典管理理论、行为科学、现代管理理论、当代管理理论四个发展阶段的主要特点，掌握科学管理理论、一般管理理论、人际关系理论的主要观点，熟悉管理理论的前沿动态及当代管理活动的特点。

关键概念

管理思想与管理理论　科学管理理论　一般管理理论　行为科学　现代管理丛林

第一节　管理理论产生前的管理实践与管理思想

19 世纪末管理理论产生之前，人类在漫长的社会实践中形成了对管理实践产生影响的一系列思想，它散见于政治、军事、社会、文学等各种著作中。这些思想为后来管理理论的形成奠定了坚实基础，成为人类灿烂文化的重要组成部分。按照时间先后，我们把它分为两大阶段，即早期的管理实践与管理思想和管理理论萌芽时期的管理思想。

管理理论产生前的管理实践与管理思想

一、早期的管理实践与管理思想

（一）早期的管理实践

管理实践同人类社会实践活动的历史一样悠久，当一个人不能脱离集体而独立生存的时候，就已产生了管理活动。自古以来，人们组合在一起去完成共同的生存和发展目的，这种组合就形成了各种集团，相应的也就出现了管理。一开始，管理出现在氏族、家庭、部落中，后来，国家、军队、政党等团体中均需要管理。由此可见，人类进行管理的历史，可能已超过 6 000 年。素以世界奇迹著称的中国万里长城、埃及金字塔，其宏伟的建设规模就是当时人们管理和组织能力的生动见证。

早在原始社会，人类为了抵御来自大自然中动物、恶劣气候和饥饿的侵袭，创立了氏族组织，共同劳动和生活。在氏族组织中，人们有着一定的分工，被推选出来的首领负责安排活动，协调人们分工劳动，这构成了原始的管理活动，奠定了人类管理的最基本形态。氏族内部的分工、协作、指挥、分配等管理实践活动一直延续到以后的各种组织中，并随着管理实践的发展而得到进一步的补充与完善。

在人类早期的发展过程中，四大文明古国的灿烂文化对管理活动也有着重大的贡献。古埃及最伟大的管理实践体现在金字塔的修建中，其中有些技术至今仍是不解之谜。据说，建造大金字塔所耗的劳力是 10 万余人耗时 20 年以上。可以想象，在当时的生产力水平下建造完成如此宏大的工程难度有多大。如果没有有效的管理，不能对众多奴隶在劳作、生活中所涉及的实物分配、运输做出合理安排，这样的工程是不可能完成的。

古代管理实践的另一伟大奇迹是我国的万里长城。它建造于公元前 200 多年，服役者约 40 万人，总长 6 700 千米，蜿蜒于崇山峻岭和荒凉的戈壁滩上，雄伟壮观。长城的建筑工程十分浩大，采用分区、分片、分段包修负责制，工程计划很严密，也是伟大管理实践的成果。

古代管理实践的发展，突出反映在社会组织和行政管理方面。在原始社会，最初是处理部落事务、组织狩猎、进行生产、指挥战争、分配劳动成果和战利品等，管理方式主要是简单低级的民主管理。后来，随着生产力的发展及私有制和国家的出现，人类管理实践得到进一步发展。

古代的军事组织和战争，也体现了当时人们出色的管理能力，如我国春秋战国时期以来爆发的大规模战争，古罗马的斯巴达克奴隶起义，等等。古代的许多宗教组织也有各种成功的管理实践。

在生产管理方面，我国古代的行业管理比较发达，如陶瓷业管理、丝绸业管理、矿冶业管理、建筑业管理、造纸业管理、印刷业管理、食盐产销管理、茶叶专卖管理、酒类专卖管理和海外贸易管理等。我国封建时代还设“三监”作为官府手工业管理机构，其管理的主要特点是封建统治，一般是无偿劳役，同时采取若干经济手段。

总体来讲，古代管理实践偏重于宏观行政组织管理，这是由当时生产力和生产关系的发展状况所决定的，对早期的管理观念形成具有重要影响。

（二）早期的管理思想

在人类早期的发展中，形成了灿烂的古代文化，孕育出了诸多的管理思想，出现了众多的管理思想家，他们在不同的方面提出了自己的管理主张。我们可以从中外两个角度对这些思想进行概述。

1. 中国古代的管理思想

中国是世界著名的文明古国，灿烂的中国古代文化包含了丰富的管理思想，也产生了许多对管理有贡献的古代政治家、军事家和思想家。近年来，世界管理学界尤其是日本的管理学者和企业家，竞相研究与运用我国古代的一些管理思想。反映我国古代管理思想的主要著作有《尧典》《孙子兵法》《周礼》《管子》《货殖列传》《梦溪笔谈》《天工开物》等。在这些文献中，包含了国家管理、市场管理、经营理论、用人之道、领导艺术等各种管理思想。

春秋战国时期，孙武所著的《孙子兵法》蕴含了丰富深邃的战略管理思想。《孙子兵法》中“知彼知己，百战不殆”的战略思想、“因敌变化而取胜”的应变策略以及三十六计的具体谋略，已成为当今企业在竞争中取胜的法宝。曾有学者评价，详细具体介绍管理谋略的著作，莫过于《孙子兵法》。

儒家思想是中国传统文化的主流，着重于对人类精神文明的研究。孔子是儒家文化的主要代表，《论语》一书记载了他对人性的看法及建立在此基础上的管理观点。孔子主张用“道之以德，齐之以礼”的方法来进行管理，运用仁爱心、自尊心、自信心、自觉心来发挥人的内在动力，以求达到社会的平衡与协调。这最终成为贯穿于儒家管理思想的一条主线，也成为儒家管理思想的主要特征。《论语》也成为人与人之间关系的维护、管理者和被管理者的自我修养方面的重要作品。

法家理论对人性的假设与儒家正好相反。法家是战国时期主张以“法”治国的重要学派，其主要代表人是荀子、韩非子。法治思想是建立在人性恶的基础之上的，认为人的本性是“好利恶害”，人与人的关系纯粹是利害关系，人是好利自私的动物。为此，韩非子提出了要依循人好利的本性来进行治理，从而达到社会治理或管理的有序。

中国古代还有一位在经营和财政管理方面做出突出贡献的人物，他就是春秋末期的政治家兼巨商范蠡。范蠡提出了很多经营原则，这些原则在今天仍然具有非常大的启示作用。如“务完物，无息币。以物相贸易，腐败而食之货勿留，无敢居贵。论其有余不足，则知贵贱。贵上极则反贱，贱下极则反贵。贵出如粪土，贱取如珠玉。财币欲其行如流水。”这强调了物价高低的变化是因为供求关系的变化，建议谷贱时由官府收购，谷贵时平价售出。再如，范蠡还强调了“财政乃国家经济之本”。这些主张为封建集权统一的财政管理制度奠定了基础。

总之，我国古代管理思想虽未形成独立的理论体系，但其丰富多彩、博大精深，成为全人类文化宝库中的重要组成部分。

2. 外国古代的管理思想

西方文化起源于古希腊、古罗马、古埃及、古巴比伦等文明古国，它们在公元前6世纪左右建立了高度发达的奴隶制国家，在文化、艺术、哲学、数学、物理学、天文学、建筑学等方面为人类做出了辉煌贡献。古埃及在建造金字塔的实践中，形成了计划、组织和控制的观念。古巴比伦人对管理思想的最重大贡献可以说是《汉穆拉比法典》，其形成于公元前2000年至公元前1700年，其中谈到责任、奖金制、最低工资制、交易控制等。

400多年前，意大利人马基亚维利的著作《君主论》对领导能力做了较为透彻的论述，其目的是协助年轻的国王获取领导能力。该书中所有关于领导与权力的原理，也适用于其他组织的管理者。

古希腊人则在发展民主政治及处理繁杂事务时所必需的管理技能方面有所专长。古希腊人提出为市政府成立“波立斯”制，即自由交换意见、公开研讨的政策，还提出用音乐控制大批量生产的管理观念。古希腊著名学者柏拉图在其《理想国》一书中提出专业化和分工原理。另一著名学者苏格拉底深刻而生动地提出了管理的普遍性和管理者的互换性原理。

可以看出，上述国家、地区和人民在国家、部队、组织、领导、法律管理等方面都有光辉成就。

二、管理理论萌芽时期的管理思想

18世纪中到19世纪末、20世纪初的100多年是西方资本主义工厂制度兴起到资本主义自由竞争发展的时期，此时，人们已朦胧地意识到管理的重要性，并力图摆脱传统管理的桎梏，寻求资本主义企业的生存发展之道，出现了一些有代表性的人物及管理思想。

（一）亚当·斯密

亚当·斯密（Adam Smith），资本主义古典政治经济学的创始人，1776年他发表了代表作《国富论》。该著作在论述资本主义“自由经济”的同时，也提出了对管理发展有重大影响的管理见解，包括：

（1）提出了“分工协作原理”和“生产合理化”的概念，认为对经济效益的追求主要依靠提高效率来完成，而效率的提高依靠分工，有了分工，同样数量的劳动者就能完成比过去多得多的工作。所以，只有分工协作才能提高劳动生产率。斯密还举了制针厂的例子：一个熟练工单独干一天做不出20枚针，而10个工人分工合作，每天可制针4 800枚，分工的效率至少是单干的240倍。

（2）提出了“经济人”假设的观点，即经济活动是产生于个人利益基础上的共同利益，认为个人在追求个人利益最大化的同时，必须兼顾他人利益，在此基础上，产生了共同利益，形成总的社会利益。个人追求利益的动机和行为有利于发展生产、调动积极性，会自然而然地达成社会的共同利益目标。斯密“经济人”的观点后来成为资本主义管理理论的重要依据之一。

（二）查尔斯·巴贝奇

查尔斯·巴贝奇（Charles Babbage），英国剑桥大学教授，他的代表作是1832年出版的《论机器和制造业的经济》。他在开创与发展把科学方法应用到管理研究方面有过突出贡献。作为一名技术发明家，他接触了制造业的管理问题，并以极大的兴趣进行研究，提出了自己的观点：一是深化劳动分工原理，认为分工除提高效率外，还可节省工资支出。若不分工，工厂主要按全部工序中技术要求最高、体力要求最高的标准支付工资；分工后，则可依不同工序的复杂程度、劳动强度雇用不同的工人，支付不同的工资。二是边际熟练原则，即对劳动强度进行界定，将其作为付酬的依据，同时还对比工人的效益与企业的成功，按比例付给工人奖金。三是管理的机械原则，即以科学的方法分析工人工作量、原材料及其利用情况，以提高工作的效率。这些都是巴贝奇对管理思想所做出的重大贡献，也为以后古典管理理论的形成提供了一定的思想依据。

（三）罗伯特·欧文

罗伯特·欧文（Robert Owen），英国空想社会主义代表人物，也是一名企业管理改革家。欧文提出了著名的“人是环境的产物”管理思想，认为有什么样的环境就会产生什么样的人。他把这种思想应用到企业中，并对此进行了管理实验。实验的结果如欧文所预测，即当企业为工人提供了一个好的生活和工作环境时，工人始终处在一个争做优秀工人的激励当中。为此，他认为只要对工人加以训练与指挥，企业就可以取得50%～100%的报酬。欧文在人事管理方面的理论与实践，对后来的行为科学理论产生了很大影响。

第二节　古典管理理论的形成

古典管理理论的形成

虽然古代有许多杰出的管理观念，但管理成为一门科学，是由资本主义生产力和生产关系的发展而导致的社会化大生产所引发的。

一、古典管理理论形成的背景

资本主义生产方式的发展，推动了管理实践在企业生产组织方面的发展。18世纪下半叶始于英国的“工业革命”确立了工厂制度，发展了专业化协作。这种变化迫切需要管理跟上来。但是，在工业革命后的相当长一段时间里，绝大多数企业的管理仍是停滞在手工业时代的经验式传统管理上，它是以作坊所有者为中心，凭个人经验和单纯依靠计件工资刺激工人的生产积极性，这种管理状况已不能适应工业革命后工厂制度所代表的大工业生产力发展的要求，因此，科学管理的思想和理论开始萌芽。

另外，由于管理落后，生产率不高，存在着大量人、财、物浪费的现象。以美国企业为例，生产率能达到60%的企业为数甚少。当时的美国总统西奥多·罗斯福要求工业界提出新方法以提高生产率，有人主张使用优良机器以节省劳动等，而另一些人认为，真正的解决办法是改进管理，改进生产的程序、方法和体制。

当时有一事件可说明这一问题。1841年10月5日，在美国马萨诸塞州至纽约的西部铁路上，两列火车相撞，造成近20人的伤亡。美国社会舆论哗然，公众对这一事件议论纷纷，对铁路公司老板低劣的管理进行了严厉抨击。为了改变这种群情激愤的局面，在马萨诸塞州议会的推动下，这家铁路公司不得不进行管理改革，资本家交出了管理权，只拿红利，另聘具有管理才能的人担任企业领导。这也成为美国历史上第一家由领薪金的经理人员通过正式机构进行管理的企业。

该事件虽属偶然，但两权分离却是生产发展的客观要求。两权分离后，越来越需要管理职能专业化，要求有专职的管理人员，建立专门的管理机构，用科学的管理制度和方法进行管理。同时，也要求对过去积累的管理经验进行总结提高，使之系统化、科学化并上升为理论。基于这一切，一些管理人员与工程技术人员开始致力于总结经验，进行各种实验研究，并把当时的科技成果应用于企业管理，出现了一系列管理理论与方法，著名的有科学管理理论、一般管理理论、行政组织理论等。

二、古典管理理论的主要学派

（一）科学管理理论

科学管理理论形成于19世纪末20世纪初，以美国学者泰勒1911年出版的《科学管理原理》为其正式形成的标志，也标志着人类历史上管理理论的形成。

弗雷德里克·温斯洛·泰勒（Fraderick Winslow Taylor）出生在美国一个富裕的律师家庭，他年幼时就爱好科学研究、调查与实验，在考入哈佛大学法学院不久因得了眼疾而被迫辍学，从而放弃了子承父业的理想。1875—1878年，泰勒在费城一家小钢铁机械制造厂当学徒工，1878年就职于米德维尔钢铁厂，不久升任车间管理员，而后又升至技师、工长、总工程师等职。这种自下而上的晋升经历，决定了他较注重基层生产技术等方面的现场管理以及处理定额标准、时间动作分析等具体管理业务等问题，并在此基础上形成了以劳动管理为主的科学管理理论。

科学管理的主要思想就是抛弃了根据经验和习惯或主观想象与假设来管理的做法，用科学的观点分析工作，制定各种标准操作方法和制度，并用此方法对工人进行指导训练来提高劳动生产率。

科学管理制度又被称为泰勒制，其目标是提高劳动生产率，把“经济大饼”做大，使追求利益的劳资双方所占份额同时增加，避免一方多得而另一方少得。为此，泰勒特别强调劳资双方要来一场“心理革命”，把目光从争夺盈余转向提高盈余，通过共同协作来提高生产率，泰勒认为这场“心理革命”构成科学管理的实质。

科学管理理论的主要内容包括以下几点。

1. 工作定额原理

该理论认为必须通过工时和动作研究制定出工人的“合理日工作量”，其方法是选择合适而技术熟练的工人，把他们的每一项动作、每一道工序所使用的时间记录下来，加上必要的休息时间和其他延误时间，就得出完成该项工作所需要的总时间，以此来确定工人的工作定额，实行定额管理。

2. 标准化原理

要使工人完成较高的工作定额，就要使工人掌握标准化的操作方法，使用标准化的工具、机器和材料，并使作业环境标准化，消除各种不合理因素，把各种最好的因素结合起来，形成一种标准化的作业条件。

3. 科学地挑选工人并使之成为“第一流工人”

这里的“第一流工人”是指适合于所干工作而又有进取心的工人。泰勒认为管理人员的责任在于按照生产的需要，对工人进行选择、分工、培训，使之完成最适合他能力的、最有趣的和最有利的工作。

4. 实行差别计件工资制

差别计件工资制以有科学依据的定额为标准，根据工人是否完成定额而采取不同的工资率，以刺激工人的工作积极性，因此又称为刺激性付酬制度。如果工人没有完成定额，就按低工资率付酬，即正常工资率的80%；如果超过定额，全部都按高工资率给付，即正常工资率的125%。

5. 管理工作专业化原理

该理论提出把计划职能同执行（实施操作）职能分开，管理人员也要进行专业化分工。泰勒设想了“职能工长制”，建议对每个工人的监督至少要有八个职能工长，或者说一个班组的工长要有八种管理职能，而这些职能又可分为计划和执行两部分，并由两个管理部门分别承担。例如，工作流程管理、指示卡管理、工时成本管理、车间纪律管理属于计划部门的职能，而工作分派、速度管理、检查、维修保养属于执行部门的职能。

6. 管理控制的例外原理

该理论认为规模较大的企业，不能只依据职能原则来组织管理，还必须应用例外原则，即企业的高级管理人员把例行的一般日常事务授权给下级管理人员去处理，自己只保留对例外事项（或重要事项）的决定权。

泰勒的思想在大西洋两岸引起了轰动，受到许多人的追捧，拥有了一大批追随者。如亨利·甘特的“人的因素最重要”的思想，吉尔布雷思的动作与疲劳研究，吉尔布雷思夫人对劳动者心理的研究，福特的福利刺激计划，福莱特的利益结合论，埃默森的效率原则，等等，这些都对科学管理理论的形成与完善做出了卓越的贡献。

专栏 2-1

泰勒的三大实验

1. 搬运铁块的实验

1898年，泰勒在伯利恒钢铁厂开始他的实验。这个工厂的原材料是由一组计日工搬运的，工人每天有1.15美元的收入，每天能够搬运铁块12～13吨，惩罚工人的方法是找工人谈话或者开除。如果做得好，工人可能被选中到车间做等级工，得到略高的工资。在这种情况下，泰勒研究了工人的动作并进行了重新设计，用科学的方法合理安排工作程序、操作方法，避免多余的无效动作，减少不必要的体力消耗。泰勒挑选了一个叫施密特的工人按照新的要求工作，并且每天给他1.85美元的报酬。第一天，施密特很早就搬完了47.5吨，拿到了1.85美元的工资。于是，其他工人也渐渐按照这种方法来搬运，每天搬运量达到47吨以后拿到1.85美元的工资，劳动生产率大幅提高，同时工人不会感觉太疲劳。

2. 铁砂和煤炭的挖掘实验

开始，工厂里工人都是自带铁铲，铲子大小各异，而且不管劳动对象是什么都用相同的工具，如果工具重量适合铲煤砂，那么铲铁砂就过重了。泰勒研究发现，每个工人的平均负荷是 21 磅，后来他就不让工人自己带工具了，而是准备了一些不同的铲子，每种铲子只适合铲特定的物料。这不仅使工人的每铲负荷都达到了 21 磅，也使不同的铲子适用于不同的情况。为此，他还建立了一间大库房，里面存放各种规格的工具，利用这些工具，每个工人每铲的负重都是 21 磅。同时，他还设计了一种有两种标号的卡片，一张说明工人在工具房所领到的工具和干活地点，另一张说明他前一天的工作情况，上面记录着干活的收入。工人取得白色纸卡片时，说明工作良好；取得黄色纸卡片时，意味着要加油了，否则就有被调离的可能。要将不同的工具分给不同的工人，就要事先进行计划，需要专人对这项工作负责，需要增加管理人员。尽管这样，工厂依然受益很大，仅这一项变革每年就可为工厂节约 8 万美元。

3. 钢铁切削实验

1880 年，泰勒在米德维尔钢铁厂进行了一系列实验，以确定钢铁切削时的最佳进刀深度、车刀刃口角度以及车床转速等。进行这项实验，泰勒起初预计不会超过 6 个月，但结果却大大出乎他的预料，实验一直持续进行了 26 年，直到在伯利恒钢铁公司才最终完成。其间进行的各项实验共超过 3 万次，耗费 80 万磅的钢材，总耗费约 15 万美元。实验结果发现了能大大提高金属切削产量的高速钢，并取得了各种机床适当的转速和进刀深度，以及切削用量标准等资料。

（二）一般管理理论

古典管理理论的另一派别是法约尔提出的一般管理理论，有人也称之为经营组织理论。其特点是从企业管理的整体出发，着重研究管理的职能作用、企业内部的协调等问题，探求管理组织结构合理化、管理人员职责分工合理化等。

亨利·法约尔（Henri Fayol）出生于法国，他长期担任一家煤矿大企业的总经理，这使他得以从最高层次探索企业及其他组织的管理问题。所以，人们称他对管理理论的研究是从“办公桌的总经理”开始的，这也是他与泰勒研究管理视角不同的主要原因。法约尔的思想主要体现在其代表作《一般管理与工业管理》一书中，主要包括以下几方面。

1. 经营与管理的区别

法约尔认为，经营与管理是不同的概念。经营是指导或引导一个组织趋向某一既定目标，它的内涵比管理更为广泛，管理仅仅是经营的一项活动。企业的经营活动可以概括为六大类：

（1）技术活动——生产、制造、加工。

（2）商业活动——购买、销售、交换。

（3）财务活动——资金的筹集和运用。

（4）安全活动——设备和人员的安全。

（5）会计活动——存货盘点、资产负债表编制、成本核算、统计。

（6）管理活动——计划、组织、指挥、协调、控制。

在不同的企业工作中，六大活动所占比例不同。高层人员的工作中，管理活动所占比重较大，而在直接的生产工作和事务性活动中，管理活动所占的比重较小。

这六种活动需要六种不同的能力。企业中各个层次的人员都应具备这六种能力，只是侧重点不同。管理能力的重要性是随着层次的提高而增强的。

2. 管理的五大职能

法约尔第一次提出了管理的组成要素，即计划、组织、指挥、协调、控制五大职能，并对这五大职能进行了详细的分析和讨论。他认为，计划是探索未来和制定行动方案；组织是建立企业的物质和社会双重结构；指挥是使企业人员发挥作用；协调是连接、联合、调和所有的活动和力量；控制是注意一切是否按照已制定的规章和下达的命令进行。

企业管理的各种经营活动如图 2－1 所示。

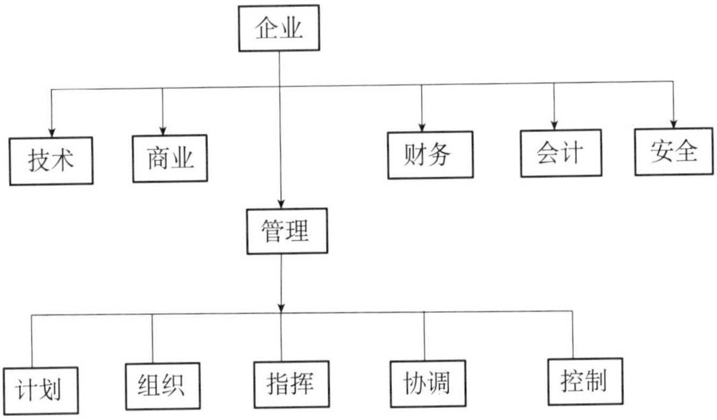

图 2－1　企业的经营活动

3. 管理的十四条原则

为了进行有效的管理，法约尔提出了管理应遵循的十四条原则。

（1）劳动分工。法约尔认为，劳动分工的目的是用同样的努力生产出更多、更好的产品。工人总是制造同一部件，领导经常处理同一事务，就可以达到熟练程度，有自信心，从而提高效率。

（2）权力与责任。法约尔认为，如果要一个人对某项工作的结果负责，就应当赋予他确保工作成功的应有的权力，因为权责是互相对应的。

（3）纪律。纪律的实质就是遵守组织各方达成的协议。严明的纪律是组织顺利经营的保障。

（4）统一指挥。统一指挥强调一个下属只能听命于一个领导者。违背这个原则，就会使权力和纪律受到严重的破坏。

（5）统一领导。这一条与统一指挥不同，统一领导是指一个集团为了同样目的而进行的各种活动，要由一位领导根据计划开展，这是统一行动、协调配合、集中力量的重要条件。

（6）个人利益服从整体利益。法约尔认为，整体利益大于个人利益的总和。一个组织谋求实现总目标比实现个人目标更为重要。协调这两方面利益的关键是领导层要有坚定性和做出良好榜样。协调要尽可能公正，并经常进行监督。

（7）人员的报酬要公正。法约尔以“经济人”假设为前提指出人员的报酬是其服务的价格，所以，应该制定公平合理的报酬制度，尽量使雇主与雇员都满意。

（8）集中与分散。合理的集中与分散可以使组织各部分运作起来，尽可能发挥所有才能，集中与分散的程度应当视组织的规模、环境、人员素质等情况而定。

（9）等级链。法约尔认为，为了保证统一指挥，那种从最高权威者到最低管理者的等级系列是必要的，但在紧急情况下，平级之间跨越权力而进行的横向沟通也是非常必要的。为此，法约尔设计了一种把等级制度与横向信息沟通结合起来的“跳板”，即“法约尔跳板”，亦称“法约尔桥”（见图 2－2）。

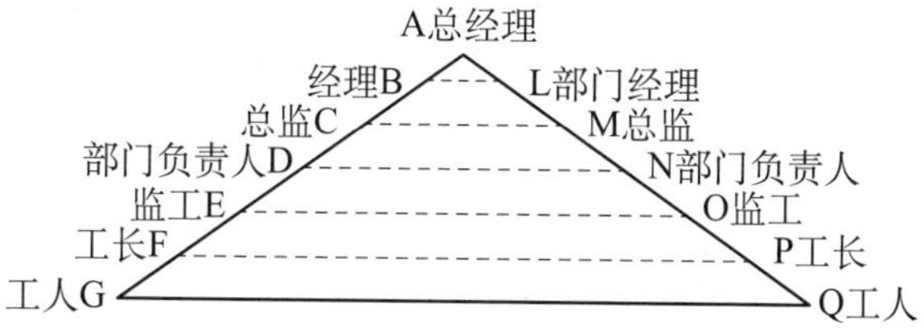

图 2－2 法约尔跳板

（10）秩序。秩序即人和物必须各尽所能、各尽其用。理想的秩序是指有地方安置每件东西，而每件东西都放在了该放的地方；有职位安排每个人，而每个人都被安排在了应该安排的职位上。只有这样才能做到人尽其才、物尽其用。

（11）公平。即以亲切、友好、公正的态度严格执行规章制度。员工们受到公平的对待后，会以忠诚和献身的精神去完成他们的任务。

（12）人员稳定。法约尔认为，成功的组织需要有一个稳定的员工队伍，因此，高层管理者应采取措施，鼓励员工尤其是管理人员长期为组织服务。

（13）首创精神。一个组织的成功，不仅其领导要富有首创精神，其全体人员都需要具有首创精神。

（14）集体精神。员工的团结可以使组织产生巨大的力量。为此，要保持与维护集体中团结、协作、融洽的关系。

法约尔的经营组织理论是西方管理思想和管理理论发展史上的一个里程碑，它为以后管理理论的发展建立了基本的理论框架，它跳出了泰勒以实践研究管理原理的局限，在理论上努力将管理的要素和原则系统地加以概括，使管理具有了一般科学性，为以后推广管理学教育奠定了基础；同时，这些原则也曾给实际管理人员巨大的帮助，至今仍然为许多人所推崇。其不足之处是管理原则缺乏弹性，以致有时实际管理工作者无法完全遵守。

（三）行政组织理论

行政组织理论是古典管理理论的又一个流派，它的主要代表人物是马克斯·韦伯（Max Weber）。韦伯出生于德国，对社会学、宗教学、经济学和政治学有广泛的兴趣，他在管理思想方面的贡献是在《社会组织和经济组织理论》一书中提出了理想行政组织体系理论。

韦伯提出的“理想的行政集权制”又被译为“官僚集权模式”，它是通过职位或职务来实现管理职能的一套管理体系。在这套体系中，韦伯主要从三方面进行了阐述，即理想的组织形态、理想组织形态的管理制度、理想组织形态的组织结构。

1. 理想的组织形态

韦伯认为，任何组织都必须有某种形式的权力作基础，组织才会始终朝着目标前进并实现目标。韦伯在其管理理论中指出，世上有三种权力，与之对应的有三种组织形态。

（1）超凡权力——神秘化组织。超凡权力即个别“超凡人物”具有超自然、超人的权力，所谓的救世主、先知、政治领袖就属于这类人物。建立在这种权力基础上的组织一旦出现超凡人物死亡，组织往往就会走向分裂或死亡。可见，这种神秘化组织的基础是不稳固的。

（2）传统权力——传统组织。传统权力即是按照传统或继承沿袭而拥有的权力，领导者不是按能力来挑选的，其管理也就相对比较单纯。因此，其运行效率在三种组织形态中也是最差的。

（3）法定权力——法律化组织。法定权力即领导者是按技术资格或其他既定的标准挑选出来的，其权力是组织赋予的。建立在该种权力基础上的组织是一个按规则或程序来行使正式职能的持续性组织，组织中的决定、规则都以制度形式规定与记载。其优点是能有效地实现组织目标，组织形态是建立在法理、理性基础上的最有效率的形态。这是韦伯所极力推崇的理想的组织形态。

2. 理想组织形态的管理制度

韦伯对理想组织形态的管理制度进行了一系列的构想，提出了如下十条准则：

（1）组织中的领导者在人身上是自由的，只是在官方职责方面从属于上级的权力。

（2）领导者按职务等级系列进行组织。

（3）每一职务均有明确的职权范围。

（4）职务通过自由契约关系来承担。

（5）领导者以技术资格为标准从候选人中被挑选出来。

（6）领导者有固定的薪金报酬，并享有养老金。

（7）职务是任职者唯一的或者是主要的工作。

（8）职务已形成一种职业，有较完善的法理化升迁制度。

（9）领导者没有组织财产的所有权，并且不能滥用职权。

（10）领导者在司职时，受严格而系统的纪律约束与监督。

3. 理想组织形态的组织结构

在理想的行政集权制理论中，韦伯把理想组织的结构分为三个层次，如图 2－3 所示。

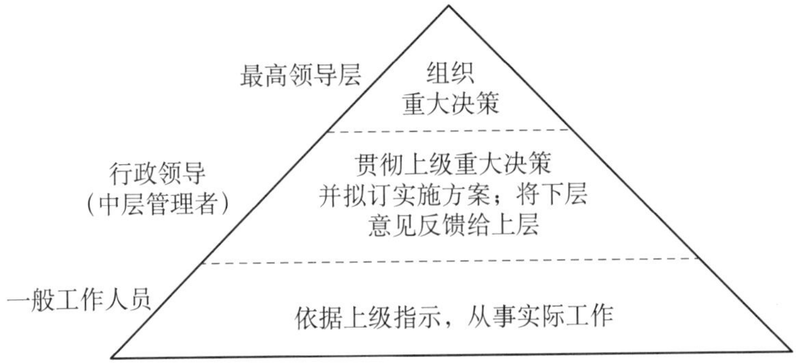

图 2－3 理想组织的结构

韦伯的理想行政集权制理论总结了大型组织中的实践经验，为资本主义的发展提供了一种稳定、严密、高效、合乎理性的管理体系理论；同时，也为管理理论的创新做出了贡献。

三、古典管理理论的主要特点

综合古典管理理论阶段的管理理论与实践，可看出其主要具有以下几个特点。

（一）以提高生产率为主要目标

因为这一时期制约企业管理最主要的问题就是效率低下，所以管理理论主要解决的就是效率问题。泰勒等人从事的一系列科学研究，都是以提高生产效率为目标的。

（二）以科学求实的态度进行调查研究

无论是泰勒、法约尔还是其他管理学者，都是在大量实践基础上以科学的态度进行调查研究，最后形成自己的理论体系。如泰勒进行了著名的“搬运铁块实验”“钢铁切削实验”等。

（三）强调以个人为研究对象，重视个人积极性的发挥

泰勒认为生产效率的提高主要取决于工人的积极性和潜力的发挥，所以，泰勒对提高劳动生产率的实验和研究，都是以个人为对象的，这必然存在一定的局限性。

（四）强调规章制度的作用

泰勒等人在企业管理实践中，通过大量调查研究总结出一套科学管理方法，如劳动定额、操作规程、作业标准化、奖励工资、职能分工等，主张把科学管理的方法纳入企业规章制度，要求职工在生产经营活动中必须遵守，并根据执行得好与坏给予一定的赏罚。强调企业中上下的关系不能被破坏，规章制度不能违反，把组织机构与规章制度作为重要的管理工具。法约尔的管理十四条原则和韦伯的理想行政集权制都突出了制度的作用。

第三节 行为科学的兴起

行为科学的兴起

一、行为科学产生的必然

泰勒等人倡导的古典管理理论，完成了使管理由经验上升为科学的转变，在提高劳动生产率方面取得了显著成绩，促进了资本主义生产力的发展。但是，由于资本主义生产资料私有制决定了劳资间存在着不可调和的根本矛盾，因此，泰勒以“劳资合作互利”为基础的科学管理必然受到极大的限制。资本家运用科学管理，加重了对工人的残酷剥削，激起了工人特别是工会的反抗，使怠工、罢工现象大量涌现。另外，资本主义生产力有了进一步的发展，随着自动化流水线生产方式的普遍推广，古典理论的重要支柱——时间动作研究的效益下降，无潜力可挖。由于操作大为简化，使得劳动单调乏味，工人变成了机器的附属品，以致工人的工作兴趣下降，因此，许多企业家和管理学者感到，单纯用提倡金钱刺激的管理手段已不能有效地管理工人。另外，人们通过实践古典管理理论所倡导的管理职能专业化，也逐渐意识到管理是必须“通过别人来做工作”，因此，如何了解人群中人与人之间的关系，如何调动人的积极性等，

日益成为管理实践所迫切需要解决的理论问题。社会学、心理学、人类学等理论的发展，为管理行为科学理论的形成奠定了理论基础和方法基础。

二、梅奥的霍桑实验与人际关系学的形成

乔治·埃尔顿·梅奥（George Elton Mayo），美国管理学家，曾获逻辑学和哲学硕士学位。后又学习医学，进行精神病理学研究。1926年任哈佛大学工商管理研究院工业研究室副教授，1929年后任教授。作为一名心理学家和管理学家，梅奥参与并领导了著名的霍桑实验。

20世纪20年代中后期至30年代初期，在美国芝加哥西屋电气公司所属的霍桑工厂，为测定有关因素对生产效率的影响程度而进行了长达9年（1924—1932年）的一系列的实验，这就是著名的霍桑实验，具体包括以下几个实验。

（一）1924—1927年的照明实验

该实验从变换车间的照明开始，计划研究工作条件与生产效率之间的关系。实验分两个组进行：一组为实验组，先后改变车间的照明强度；另一组为控制组，照明始终不变。研究人员希望由此推测出照明条件变化对产量的影响。但实验的结果是两组产量都在增加，而且增加的数量几乎是相等的。研究的结论是：车间照明只是影响产量的因素之一，而且是不太重要的因素。生产效率还受其他因素影响，由于牵涉的因素太多，难以控制，无法测出照明对产量的影响。从表面看这个实验失败了，但梅奥与他的同事们却发现两组工人士气之所以都得到提高，是因为参与实验的工人对实验本身也产生了莫大的兴趣。为了进一步验证这个结论，实验继续进行。

（二）1927—1932年的继电器装配室实验

为了更有效地控制影响效果的因素，研究人员决定从工人中选择一小部分人来研究他们的行为。于是选定了6位女工在一间专门的继电器装配室中工作，以研究新环境的影响。在实验中，研究人员分期改善工作条件，引入了各种变化因素，如改变工间休息时间、缩短工作日、缩短工作周、增加休息时的茶点供应、实行集体计件工资制，女工们在工作时间可以自由交谈，监督者的态度也很和蔼。结果，如事先所料，产量上升了。但一年半后，取消了这些变化，恢复了一周工作六天，产量仍然保持在高水平上。经过研究，发现其他因素对产量无多大影响，而督导方式与指导方式的改善能促使工人改变工作态度，进而使生产率提高。为了掌握更多的信息，管理部门决定通过一个访谈计划来调查职工态度和可能影响工人工作态度的其他因素。

（三）1928—1931年的访问员工实验

在上述实验基础上，梅奥等人又进行了为期两年的大规模访谈调查，涉及的对象约2万人次。最初他们采用直接提问式的调查，也就是列表调查员工对公司、监督、保险计划以及工资等的态度，结果发现员工对此不感兴趣，答非所问。后来，他们改变了提问方式，允许员工自由选择话题，结果得到大量有关员工态度的第一手资料。研究人员认识到，人们的工作绩效、职位和在公司中的地位不仅仅取决于员工自身，还取决于群体成员，任何一个员工的工作效率都要受同事影响。这一看法又导致了进一步系统研究员工在

工作中的群体行为实验。

（四）1931—1932 年的布线观察室实验

研究人员选择了接线板小组做实验，以研究员工在工作中的群体行为，即了解非正式组织的存在对工作绩效的影响。实验在选定的 14 名工人中进行，研究人员发现，尽管实行刺激性的计件工资制，但工人并不追求最高产量，而是有意识地限制自己的产量，保持在中等水平上，以保证其他同伴不会因产量低而失业，工人有一种默契、一种无形的压力，有自己的行为规范和非正式领袖，这些左右着工人的行为。

专栏 2－2

霍桑实验中的“螃蟹心理”

20 世纪 20 年代，霍桑工厂管理者让 14 名男性工作者在工厂里的一个单间中进行电话线圈的装配工作。其中 9 人是装配工，3 人是焊工，2 人是检验工。管理者把 9 名装配工和 3 名焊工分成 3 个小组，然后让 2 名检验工一起承担 3 个小组的检验工作，工资标准则是按照小组总产量来进行制定的。

管理者原以为工人相互之间会进行比较，然后更努力工作，提升总产量，但事实却恰好相反。工人的工作效率不但没有提升，而且每个工人的日产量差不多，甚至还不如实上报产量。

管理者百思不得其解，不知道为什么会这样。

经过调查，管理者发现在这个小团体中，如果某一位工人表现得很优秀，那么他就会被他人讽刺、嘲笑，承受团队带来的无形压力。因此，为了避免承受这种压力，他们就会采取各种办法，降低自己的工作效率，尽量与大家保持一致。

可能很多人觉得奇怪，怎么会有人跟钱过不去？

这其实是因为“螃蟹心理”。螃蟹心理，是指自己没有，也不允许别人有的心理。它的诞生源于一场实验：动物学家将一只螃蟹放在水桶里，这只螃蟹很容易就可以爬出来，但如果把多只螃蟹一起放在水桶里，它们就很难爬出来。这是因为底下的螃蟹总会拼命地扯上面螃蟹的腿，到最后，没有一只螃蟹可以成功爬出去。

钓螃蟹的人从不给桶盖上盖子，也是因为这个道理。每当有一只螃蟹爬得够高，快要爬出去时，其他螃蟹注意到后，就会把这只往上爬的螃蟹扯回桶里。

启示：“螃蟹心理”对组织管理的负面影响客观存在，会造成组织的内耗，不仅会削弱组织的战斗力，而且会使组织成员之间的关系变得脆弱而紧张。管理者对该现象必须采取措施加以解决。

根据霍桑实验，梅奥于 1933 年出版了《工业文明中人的问题》等著作，在对人的看法以及对待人群关系方面，提出了与古典管理理论不同的新观点。

霍桑实验主要有以下几方面的结论：

第一，工人是“社会人”，而非单纯追求金钱收入的“经济人”，作为复杂的社会系统的成员，金钱并非刺激其积极性的唯一动力，社会和心理因素等方面所构成的动力，对劳动生产率有极大的影响。

第二，认为生产率的高低主要取决于工人的态度，即所谓“士气”，而这又是由个人家庭和社会生活以及企业中人与人的关系所决定的。古典管理理论则认为“士气”只是受工作方法和工作条件所影响的。

第三，企业中存在“非正式组织”，这种无形组织有它特殊的规范和倾向，非正式组织左右成员行为。在感情与理智之间，人们的思想会更多地受感情支配。企业正式组织与非正式组织的关系是否协调，对生产率提高有很大的影响，古典管理理论仅注意正式组织的作用是不够的。

第四，新型的领导能力就是要在正式组织的经济需求和工人的非正式组织的社会需求之间保持平衡，通过对员工满意度的提高来激励员工的士气，从而达到提高生产率的目的。

在霍桑实验的基础上产生了人际关系学，实验的结论构成人际关系学的主要观念，由此，也开辟了管理学研究的新方向，为后期行为科学的发展奠定了基础。

专栏 2-3

管理小实验

给两人 100 元，由甲决定自己拿多少，乙决定自己是否接受甲的分配方案。如果乙接受甲的分配方案，则双方按照方案各拿各的钱；若乙不同意甲的分配方案，则两人都一无所获。现在要问：甲会提出什么样的方案？

如果按照传统经济学的解释，甲利益最大化的选择应该是 99：1，而且乙也应该接受这个方案，毕竟得到 1 块钱比没有要好，尽管少了一点，但也增加了福利。

但现实的情况是，这样的方案往往会遭到乙的反对，而使两人什么也得不到，乙宁可自己得不到这 1 元也不能让甲得 99 元。因为乙觉得这种分配方案虽然能够给自己带来 1 元钱，但太不公平，所以宁可不要。乙这样做不仅考虑了利益问题，还着重考虑了公平问题。

在这个实验里，双方都能够得到钱而且能接受的方案是甲提出平分，但多数人的方案都是 70：30 或 60：40，很少有人提出 99：1。这说明，作为甲的一方，除了考虑自己的福利外，还慎重考虑了公平问题，也就是权衡了对方能够接受的不公平程度。

启示：要真正实现自己的利益最大化，仅有自利是不够的，还必须利他。

三、行为科学理论的建立与发展

继霍桑实验后，西方国家从事人际关系研究的学者大量涌现。1949 年在美国芝加哥大学一次跨学科的科学讨论会上正式提出“行为科学”的名称后，该理论便受到社会广泛重视并快速发展，其研究主要集中在四个领域。

（一）关于动机激励的理论

这是行为科学最基本的理论核心：人的行为都是由一定的动机驱使的，动机又是由需要决定的。因此，动机激励理论实质上是研究如何根据各种人所具有的各种不同需要去激发人们的动机，从而产生符合组织需要的行为。其具有代表性的理论主要有马斯洛的人类需要层次论、赫茨伯格的双因素论、麦克利兰的成就需要论、斯金纳的强化理论和弗鲁姆的期望理论等。

（二）关于企业管理中的人性理论

这是行为科学的理论基础，即如何看待职场中员工的人性。人性假设直接影响着管理者的管理方式，而对人性的不同解释与人的需要相关。人性理论的主要代表理论有麦格雷戈的X理论与Y理论、阿吉里斯的不成熟-成熟理论及约翰·莫尔斯和杰伊·洛希的超Y理论等。

（三）关于领导方式的理论

领导方式是行为科学理论的一个重要方面，它以动机激励和人性理论为基础，强调对人的激励和对人性的看法最终是要通过一定的领导方式来体现的。领导方式理论包括众多的观点，具有代表性的理论包括坦南鲍姆和施密特的领导方式连续统一理论、利克特的支持关系理论、斯托格第和沙特尔等人的双因素模式、布莱克和莫顿的管理方格理论等。

（四）关于组织与冲突的理论

前面三个方面是将个体行为作为研究重点，但是管理者面对的是组织、群体，个体行为与群体行为之间存在密切联系。个体行为是群体行为的基础，群体行为又对个体行为产生重大的影响。管理者不仅要重视对个体行为的研究，还要重视对群体行为的研究。因此，群体行为构成了行为科学研究的又一个重要方面。其理论主要有卢因的团体力学理论、莱维特和利克特等人的意见沟通理论、布雷福德的敏感性训练理论和勃朗的群体冲突理论等。

四、行为科学理论的特点

（1）强调对人性的全面关注，把人的因素作为管理的首要因素，强调以人为中心的管理，重视员工多种需要的满足。

（2）强调人的感情和社会因素，用各种方法探讨人的行为之间的因果关系及改进行为的办法。

（3）重视非正式组织，把正式组织和非正式组织、管理者和被管理者作为一个整体来把握。

（4）重视组织内部的信息流通和反馈，用沟通代替指挥和监督，注重参与式管理和职工的自我管理，主张在管理方式上由监督制裁转向人性激发。

第四节　现代管理理论的丛林

一、现代管理理论概述

现代管理理论的丛林

第二次世界大战结束后，随着社会生产力的进一步发展和系统科学、电子计算机技术在管理领域中日益广泛的应用，管理理论进入了一个新的发展时期。欧美许多心理学家、社会学家、人类学家、经济学家、政治学家、数学家、物理家、生物学家、工商管理学家以至实际管理人员都提出各种各样的管理观点，形成了许多学派。1961年，美国著名管理学家哈罗德·孔茨发表了《管理理论的丛林》，成为西方现代管理理论形成的标志。孔茨使用“丛林”一词来形容管理理论发展的主要特征，说明这些理论与学派在历史渊源和理论内容上互相影响和联系，形成“一片各种管理理论和流派盘根错节的丛林”。1980 年，他又发表了《再论管理理论的丛林》，指出 20 年来管理理论的学派增加了近一倍，已由原来的 6 个增加到 11 个，形成了行为科学学派、管理过程学派、社会系统学派、决策理论学派、系统管理学派、经理角色学派等多个学派。这些理论从不同的角度对管理问题进行了研究，为管理实践的发展提供了更加坚实的理论基础。

二、现代管理理论的各学派

（一）管理过程学派

管理过程学派又叫管理职能学派。一般认为，这一学派基本理论的提出源于古典管理时期的亨利·法约尔，他早在 1916 年就提出了管理的五种要素，即五项职能，这五项职能构成了一个完整的管理过程。当代管理过程学派的主要代表是哈罗德·孔茨。

管理过程学派的特点是：以管理的职能及其发挥作用的过程为研究对象，认为管理是通过别人或同别人一起完成工作的过程。管理过程与管理职能是分不开的，管理的过程就是管理的各种职能发挥作用的过程。以这一认识为出发点，管理过程学派试图通过对管理过程或管理职能的研究，把管理的概念、原则、理论和方法加以理性概括，从而形成一种一般性的管理理论。管理职能的划分如表 2-1 所示。

表 2-1　管理职能的划分

年份	管理学家	计划	组织	指挥	协调	控制	激励	人事	调集资源	沟通	决策	创新
1916	法约尔	△	△	△	△	△						
1934	戴维斯	△	△				△					
1937	古利克	△	△	△	△	△		△			△	
1947	布朗	△	△	△			△				△	
1947	布莱克	△				△	△	△				
1949	厄威克	△	△			△						
1951	纽曼	△	△	△	△	△			△			
1955	孔茨、奥唐纳	△	△		△		△					
1964	艾伦	△			△		△			△		
1964	梅西	△	△			△		△			△	
1964	米	△	△		△	△			△	△		
1966	希克斯	△			△	△			△		△	
1970	海曼、卡斯特	△	△			△	△	△				
1972	特里	△			△	△						

注：在管理职能中，计划包括预测，指挥包括命令、指导，控制包括预算，激励包括鼓励、促进，沟通包括报告。

（二）社会系统学派

社会系统学派是当代西方国家较早出现的一个管理理论学派，其创始人及最重要的代表人物是美国的切斯特·巴纳德（Chester Barnard），他在代表作《经理人员的职能》中阐述了他的观点，大体包括以下几点。

1. 协作系统的性质

巴纳德认为，个人在体力和生理方面的局限性导致他们需要进行协作和在集体内工作，这种协作行为导致协作系统的建立。而组织本身也是一种协作系统，是两个或两个以上的人有意识的协调活动或效力的系统。所以，就这种意义而言，组织也可用作协作系统的同义语。

2. 协作系统的基本要素

巴纳德认为任何协作系统都包含以下三个普遍要素：

（1）协作意愿。这是所有组织不可缺少的、第一个普遍要素。巴纳德认为，协作意愿就是组织成员参加协作后的贡献与报酬比较的净效果。效果越大，则协作意愿也越大；反之就小，有时甚至会导致成员退出这一组织。所以，就一个组织来说，为了加强成员的协作意愿，可向其提供金钱、威望、权力等各种刺激；同时，还需要通过说服来影响其主观态度，培养协作精神。

（2）共同目标。这是协作系统的第二个普遍要素，也是协作意愿的必要前提。它的意思是任何一个组织都必须有一个目标，这个目标也必须是组织成员的共同目标。否则，个人不知道他应为组织提供什么样的努力或得到什么样的满足，协作意愿也就很难引导出来。

（3）信息联系。信息联系是沟通上述两个普遍要素的基础。有了信息联系，才能使组织成员对共同目标有所了解，从而产生协作意愿并合理行动。

3. 效力与效率

巴纳德认为，人们协作是为了做那些他们单独去做办不到的事情，如果协作途径是成功的，达到了组织的目标，这个协作系统就是有效力的。效率则是指系统内成员个人目标的满足程度。如果一个系统是无效率的，它就不可能是有效力的，因而不能继续存在。这是组织理论的一条普遍原则，且至今仍为许多人所信奉。

4. 正式组织与非正式组织之间的关系及相互作用

非正式组织常常为正式组织创造条件，并会形成一些有利和不利影响。

5. 经理人员的职能

（1）建立和维持一个信息联系的系统。

（2）从组织成员那里获得必要的服务。

（3）制定组织目标。

（三）决策理论学派

该学派的主要代表人物是美国的赫伯特·A. 西蒙和詹姆斯·马奇。西蒙第一次提出了程序化决策和非程序化决策的概念，并对两类决策的传统技术和现代技术做了总结和比较。由于第二次世界大战后经济和科技的大发展，企业竞争空前激烈，生产管理越来越需要把注意力集中于经营环境的前景预测上，并据此做出正确的经营决策，特别是高层的战略决策。为此，以西蒙为代表的决策理论学派应运而生。西蒙由于对经济组织内的决策程序进行了开创性的研究，获得了1978年诺贝尔经济学奖。

决策理论学派主要着眼于合理的决策，即研究如何从各种可能的决策方案中选择一种令人满意的行动方案。其主要思想包括：

（1）强调了决策在管理中的重要性，决策贯穿于管理活动的全过程。

（2）提出了决策的标准。

西蒙认为，管理中不可能按照最优准则进行决策，在大多数情况下，只能取得“满意的”或“足够好的”决策结果。为此，西蒙用“令人满意的准则”代替传统决策理论的“最优化原则”。

西蒙认为决策包括四个主要阶段：

（1）找出制定决策的理由，即搜集信息。

（2）拟订出各种可供选择的方案。

（3）从各个备选方案中进行抉择。

（4）对已进行的抉择进行评价。

这四个阶段是相互交织的，在循环中大圈套小圈，小圈之中还有圈。

（四）系统管理学派

系统管理学派的代表人是美国的约翰逊、卡斯特、罗森茨韦克等。他们三人在1963年合著的《系统理论与管理》以及卡斯特和罗森茨韦克两人合写的《组织与管理——一种系统学说》是系统管理理论的代表作。主要观点包括：

（1）企业是一个人造的开放系统，它同外部环境之间存在着动态的相互作用并具有内部和外部的信息反馈网络，能够不断地自行调节，以适应环境和企业本身的需要。

（2）企业内部包括各种子系统（要素），它们是目标子系统、技术子系统、工作子系统、结构子系统、人际社会子系统以及外界因素子系统。

（3）从系统的观点考察企业管理的具体职能，认识企业系统在更大系统中的地位和作用，以使管理的各个职能围绕企业的总目标而发挥作用。企业开放系统如图2-4所示。

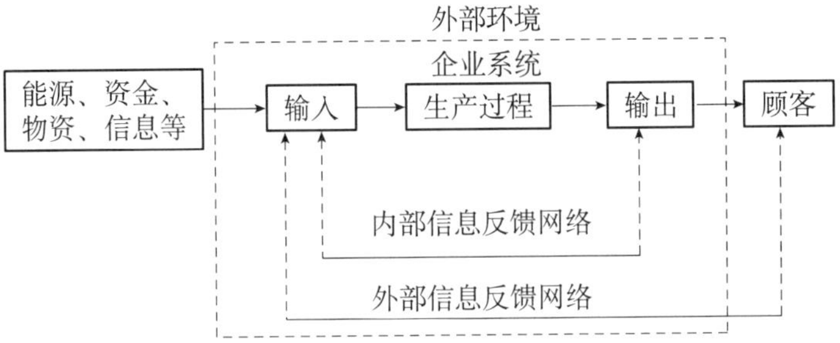

图2-4　企业开放系统

（五）社会-技术系统学派

创立这一学派的是美国学者特里司特及其在美国维斯托克研究所中的同事。该理论是从研究美国煤矿由手工采煤到机械采煤的技术变化所引起的问题着手，在社会系统学派的基础上发展起来的。它从系统观点出发，认为要解决社会问题，不能只看社会系统，而把与社会系统相适应的技术系统（机器设备和采掘方法）排除在外。只有既满足社会系统的需要，又满足技术系统的需要的组织才是最好的组织。因为技术系统对社会系统有很大的影响，所以，应把社会系统与技术系统结合起来考虑。而管理者的一项主要任务就是要确保这两个系统的相互协调。社会-技术系统学派填补了管理的一项空白，对管理实践有着重要贡献。

（六）经验主义学派

经验主义学派简称经验学派，是以向企业的经理提供管理企业的成功经验和科学方法为目标，是通过研究一个组织或管理人员的实践经验来分析管理的。它的特点是：从企业管理的实际出发，通过分析一大批组织或管理人员的成功和失败的实例，以便在一定的情况下把这些成功、失败实例的经验教训加以概括和总结，建立起一套完整的管理理论，然后把这些经验和理论传授给企业实际管理者，用来指导企业管理人员的思想和行动。该学派认为不存在管理原则的普遍性，而只侧重于管理者亲身实践经验的总结。

在西方，可以划归为经验学派的人有很多，包括管理学家、经济学家、社会学家、心理学家，以及大型企业的董事长、总经理和管理咨询人员等，其中较为有名的代表人物有彼得·德鲁克、艾尔弗雷德·斯隆、亨利·福特等人。

经验学派的贡献在于提出管理理论来自实践并为实践服务的观点，因而往往能提出有价值的实际建议，但其不足之处在于过分偏重经验而难免有局限性。

（七）权变理论学派

权变理论学派（又称为管理情景论或因地制宜理论）是于20世纪60年代末、70年代初在经验主义学派基础上发展而来的，该学派认为没有一成不变、普遍适用的“最好的”管理理论和方法，权变管理就是依托环境因素和管理思想及管理技术因素之间的变数关系来研究的一种最有效的管理方式。①

权变理论的创始人是美国的劳伦斯和洛希，他们在二人合著的代表作《组织和环境》中，深入地研究了组织与环境问题。其后，卢桑斯和赫尔瑞格先后出版了《管理导论——权变学派》和《管理学——权变学派》等著作。这些著作的出版，标志着权变理论学派的正式产生。

权变理论的内容，主要集中在企业的组织结构和领导方式两个方面：

(1) 关于组织结构的观点。权变理论认为，企业是一个开放性系统，它的组织结构应按照环境特点来设计，并分成不同的结构模式。

(2) 关于领导方式的观点。权变理论认为，不存在一种普遍适用的“最好的”或普遍不适用的“不好的”领导方式，领导方式应依据企业的任务、个人和小组的行为特点、领导者的职位权力及领导者与下属的关系而定。

---

① 郭咸纲. 西方管理思想史. 北京：世界图书出版公司，2010.

除了上述两方面外，权变理论还提出了关于人的激励和管理的权变观点，即超 Y 理论。

权变理论学派出现后，受到了西方国家一些管理学者的高度重视，并获得了较高的评价。一些管理学者认为，它比其他管理理论有更光明的前景，有广泛的适用性，是解决企业在环境变化不定情况下出现问题的一种有效的方法，能使管理理论走出“丛林”。

（八）经理角色学派

经理角色学派的主要代表人物是美国管理学教授亨利·明茨伯格，他的代表作是 1973 年出版的《管理工作的本质》。经理角色学派以经理所担任的角色为中心来分析和研究经理工作性质，提出了有关经理工作的性质、经理人员担任的角色和提高经理工作效率等理论。经理角色学派对经理实际活动的观察和分析受到管理学者和经理们的重视。但是，经理工作并不等于全部管理工作，管理中许多重大问题，如组织机构的建立和改进、战略的确定以及各部门的具体管理等，该学派都没有论及。

（九）管理科学学派

管理科学学派又称数学学派，它基本上由运筹学家组成。早在第二次世界大战期间，管理科学就开始萌芽，战后受到企业管理者和管理学者的重视，发展较为迅速。

管理科学学派的创始人是英国物理学家布莱克特，主要代表人物有美国的伯法、莫尔斯和金希尔等人。他们认为，管理就是用数学模式与程序来表示计划、组织、控制、决策等合乎逻辑的程序，求出最优解答，进而达到企业的目标。管理科学就是制定管理决策的数学模式与程序的系统，并通过电子计算机使它们应用于企业管理。所以，该学派的主要特点就是形成以运筹学和计算机应用为主体的管理定量方法。20 世纪 70 年代，管理科学的发展重点开始转向实际应用。这一学派的理论对管理的科学化有重要意义，但也有局限性。

第五节　当代管理理论的发展

当代管理
理论的发展

一、当代管理理论的新发展

20 世纪 70 年代后期到 80 年代初，整个世界处于一种极度动荡的过程中，国际政治动荡起伏，世界经济变幻莫测，科学技术日新月异，各种文化相互渗透、交融，市场竞争日益白热化，管理学者对新的环境下企业的生存与发展进行了深入的思考，形成了一些新的管理思想与理论。

（一）战略管理理论

战略管理理论起源于 20 世纪的美国，它萌芽于 20 年代，形成于 60 年代，在 70 年代得到大发展，80 年代受到冷落，90 年代又重新受到重视，其主要原因是环境发生了很大变化，特别是进入 21 世纪以来，信息革命给社会带来了翻天覆地的变化，尤其是石油危机对国际环境产生了重要的影响，导致西方国家长时期的经济衰退。世界市场上的竞争日趋激烈，在这种新的竞争环境下，企业管理者深切地感到，以前那种低价必胜的策略已经不适应新情况的发展了。要想获得生存和持续的发展，必须从战略的高度思考问题。由此，战略管理成为人们关注的主要问题。

战略管理注重研究企业与外部环境之间的关系，研究企业如何适应充满危机和动荡的环境的不断变化。迈克尔·波特（M. E. Porter）所著的《竞争战略》把战略管理的理论推向了高峰，他强调通过对产业演进的说明和各种基本产业环境的分析，得出不同的战略决策。

（二）业务流程再造理论

业务流程再造（Business Process Reengineering，BPR）理论，是20世纪90年代初于美国发展起来的一种企业组织转型的新理论和新方法。20世纪80年代，由于许多企业经过一个世纪的发展，已具有相当大的规模，企业的业务流程越来越复杂。复杂的业务流程越来越不能适应不断变化的消费者的需要，企业必须以为顾客创造价值的视角来重新设计组织的结构，以实现企业对外界市场环境的快速反应，提高企业竞争力。企业再造理论应运而生，该理论的创始人是美国麻省理工学院教授迈克尔·哈默（M. Hammer）与詹姆斯·钱皮（J. Champy）。他们认为企业应以工作流程为中心，重新设计企业的经营、管理及运作方式，进行“再造工程”。美国企业从20世纪80年代起开始了大规模的企业重组革命，日本企业也于90年代开始进行第二次管理革命。这十几年间，企业管理经历着前所未有的、脱胎换骨的变革。

再造理论对管理学最突出的贡献是彻底地改变了两百年来遵循亚当·斯密的劳动分工思想能够提高效率的观念，认为企业管理的核心是“流程”，即一套完整的、贯彻始终的、共同为顾客创造价值的活动，而不是一个个专门化的“任务”。

（三）学习型组织理论

学习型组织理论是当今最前沿的管理理论之一。人类社会正处在从工业经济时代进入知识经济时代的转型期，与农业经济、工业经济相比，知识经济的繁荣不是直接依赖于资本、资源、硬件的数量、规模和增量，而是直接依赖于知识的创新、传播和运用，知识成为第一生产要素，管理的核心就是对知识的管理。正是在这样的时代背景下，学习型组织理论应运而生。

彼得·圣吉是学习型组织理论的奠基人，他于1990年完成其代表作《第五项修炼——学习型组织的艺术与实践》，强调未来最成功的企业将是学习型企业，企业唯一持久的竞争优势源于比竞争对手学得更快更好的能力，学习型组织正是人们从工作中获得生命意义，实现共同愿景和获取竞争优势的组织蓝图。学习型组织理论的提出和随后的《第五项修炼——实践篇》《变革之舞》的问世，标志着学习型组织理论框架的基本形成。

二、当代管理理论发展的趋势

管理思想与理论的演变是一个漫长的历程，它受到来自组织内部与外部各种因素变化的影响。管理理论在演变与发展中，曾经受到工艺技术、人性假设学说以及经济、社会和政治价值动态变化的影响，所有这些综合作用促进了管理思想和理论的创新，这就是管理理论发展的一般规律。依据这一规律，未来管理的发展趋势包括以下方面。

（一）人本管理趋势

人本管理是指一切管理活动以人为根本出发点，调动人的积极性，以充分发挥人的主观能动性。随着信息时代的到来，组织中最缺乏的不是资金和机器，而是高素质的人才。人在组织中越来越显出重要作用，人成为管理的中心，管理的中心必然从物本管理向人本管理转变。

管理的这一特征，要求管理理论研究也要坚持以人为中心，把对人的研究作为管理理论研究的重要内容。事实上，在管理理论的研究中，差不多所有的管理理论都建立在人性假设的基础上。许多管理理论的不同，主要是由于对人的本性认识不同。20 世纪之初泰勒的科学管理是基于“经济人”这一假设的，20 世纪 30 年代梅奥等人的行为管理是基于“社会人”这一假设的，至 50 年代又有了基于“自我实现人”假设的马斯洛的人性管理，80 年代以来出现的文化管理，同样强调了实现自我的人性观。管理研究发展史表明，管理理论的发展越来越明显地强调着“以人为本”的管理思想。可以得出，未来的管理趋势必定在科学管理基础上，突出科学管理理论与人本管理的有机结合，达到“既见人又见物”的管理。

（二）跨文化管理趋势

20 世纪 90 年代以来，经济全球化已达到前所未有的水平，跨国公司作为全球化的主体发挥着日益突出的作用。世界各个国家和地区之间在经济生活各方面形成日益密切的相互依存关系，它们都作为世界经济这一有机整体不可分割的一部分而存在。世界经济全球化和统一市场的形成，意味着全球范围内各个国家和地区的商品生产和消费都要受价值规律的支配，资金、技术、劳动力等生产要素的配置，产业结构与进出口商品结构的调整都必须面向全球市场。

随着经济全球化向纵深发展，管理也不再局限于国家的边界。作为对这种现实和趋势的回应，20 世纪 70 年代后期在美国逐渐形成和发展起来的跨文化管理必将得到进一步发展，它对企业在跨文化条件下如何克服异质文化的冲突，如何在不同形态的文化氛围中设计出切实可行的组织机构和管理机制，最合理地配置企业资源，特别是最大限度地挖掘和使用企业人力资源的潜力和价值，从而最大化地提高企业的综合效益方面也将起到切实的指导作用。

（三）参与式管理趋势

所谓参与式管理，就是包括员工在内的集体决策、集体责任、集体思考，重视创造力的开发，重视人及其所构成的集体的才智。

在现在西方国家的企业中，参与式管理正发展成一种管理思潮。员工不仅参加企业管理，甚至分享股份和红利，与资方共同经营企业，共担风险。出现这种参与式管理思潮的原因是多方面的。首先是劳资双方共同的需要。面对激烈的竞争，企业必须进行改革，如提高企业员工素质，生产出优质、低成本的产品。而基层员工处于企业第一线，他们往往最先嗅到征兆，企业如能取得其合作，则必能激励士气。其次，知识型员工已成为当今许多企业的主力军，在这种以知识型员工为基础的组织里，以前那种视经理为“上司”、其他人为“部属”的传统观念已远远不适用了，强调平等、尊重员工、强化沟通、听取意见、参与管理已经成为管理的重要方式。而且，这种方式正在带来实际的效益。据美国公司统计，实施参与式管理可以大大提高经济效益，一般可以提高50%以上，有的甚至可以提高一倍至几倍。增加的效益一般有1/3作为奖励返还给员工，2/3作为企业增加的效益资产。所以，可以肯定的是，随着企业的发展与员工素质的不断提高，参与式管理必然成为未来主流。

专栏2-4

求道

有一个年轻人经过千山万水跋涉来到森林中的寺院，请求寺院里德高望重的住持收他为徒。住持郑重地告诉他：“如果你真要拜我为师追求真道，必须履行一些义务和责任。”“我必须履行哪些义务和责任呢？”年轻人急切地问。“你必须每天扫地、劈柴、打水、扛东西、洗菜、做饭……”“我拜师是为了习艺真道，而不是来做琐碎的杂工、无聊的粗活的。”年轻人一脸不悦地丢下这句话，就悻悻然离开了寺院。

启示：真道不是高不可攀或高深莫测的理论，它隐藏在日常的工作琐事及生活细节中；同样，管理的道理随处可得，只要认真去做事、用心去体验，工作过程中自可深刻体悟管理的奥妙及意义。

复习思考题

1. 亚当·斯密、罗伯特·欧文对管理的贡献主要是什么？
2. 泰勒科学管理理论的实质是什么？主要内容有哪些？
3. 法约尔提出了哪些管理职能？其十四条管理原则的内容是什么？
4. 韦伯行政组织理论的主要内容是什么？
5. 什么是霍桑实验？
6. 人际关系学说的主要观点有哪些？
7. 管理理论丛林的主要管理流派有哪些？
8. 有人认为只有定量分析管理问题才谈得上科学管理，你同意吗？为什么？
9. 你如何看待管理理论的发展趋势？

案例分析

案例1：科学管理造就“福特王国”

福特公司成立于1903年，至今已走过100多年的历史。这个汽车王国的兴起，受益于科学管理这一伟大思想。

1. 10秒钟生产一辆车

福特的理想是“造人民的车”，他要让汽车成为寻常百姓家的交通工具。要实现这一理想，就必须让汽车的造价降下来。落后的手工制造技术，小批量的生产，显然是达不到目的的，必须彻底改变生产模式。

据报道，福特受芝加哥一家屠宰场分解牛的流水线的启示，获得了创造流水线的灵感，并于1913年开始实施他的流水线作业，原来由数名工人“包干”的汽车，其生产被改成若干个工序，每个工人只负责一个工序上的操作，并无须来回跑动。原来，组装一台电机需要20分钟，通过流水线作业，只需5分钟了；生产一个T型车底盘需要12小时，使用流水线后，仅需要90分钟了。

为了进一步提高生产效率，福特请来了科学管理理论的提出者泰勒对工序进行改进，将汽车生产分解为84道工序。最终，将曾经需要12小时的下线速度缩短为惊人的10秒钟，使福特汽车的生产效率大大提高，售价也从825美元降为300美元，一举打败了竞争对手。

2. 5美元工作日

流水线生产方式改变了福特公司传统的工作方法，工人也由全能型技工向单一工种发展。加之工序细化后，动作标准化、工具标准化使得工作越来越单调，工人的积极性受到打击。

1914年1月，福特公司对外宣布，计划将普通工种的工资提高100%，公司将实行“5美元工作日”，涵盖所有合格的福特工人，包括最低工种的人和车间清洁工。除了“5美元工作日”外，还将9小时工作时间改为8小时。福特公司的这一举措吸引了大量的海员、农民、矿工、职员等，他们从美国各地赶来，参加福特公司的招工，福特公司招收到了第一流的工人，这为福特的发展又创造了有利条件。

分析与讨论：

用泰勒的科学管理理论对福特公司的管理进行分析。

案例2：回到管理学的第一个原则

A公司的利润在过去一年里一直下降，但是在同一时期，同行的利润却在不断上升。公司总裁非常关注这一问题。为了找出影响利润下降的原因，他花了几周的时间考察公司的各个方面。接着，他决定召开各部门经理人员会议，把他的调查结果和他得出的结论，连同一些可能的解决方案告诉他们。

总裁说：“公司的利润一直在下降，我们正在进行的大多数工作看来也是正确的。比方说，推销策略帮助公司保持住了在同行中应有的份额。我们的产品和竞争对手的一样好，价格也不高，公司的推销工作看来是有成效的，我认为还没必要改进什么。”他继续说道：“公司有健全的组织结构、良好的产品研究和发展规划，生产工艺在同行中也居领先地位。可以说，我们的处境良好。然而，公司的利润却一直在下降。”

在场的每一个人都有所期待地倾听着。总裁开始讲劳工关系：“像你们所知道的那样，我们会继续给员工提高工资。可现在的问题是，工资的提高并没有带来相应的生产率。车间工人一直没能生产足够多的产品，没能把利润维持在原有的水平上。”总裁喝了点水，继续说道：“我的意见是要回到管理的第一个原则。因为，近几年来，我们对工人的需求关注得太多了，而对生产率的需求却不够关注。我们的公司是为股东创造财富的，不是工人的俱乐部。公司要生存下去，就必须创造利润。我在上大学时，管理学教授们十分重视科学管理先辈们为获得更高的生产率而广泛采用的刺激性工资制度。如果工人的工资取决于他们的生产率，那么工人就会生产得更多。”

分析与讨论：

1. 你认为总裁的解决方案怎么样？生产率低的原因还可能有哪些？
2. 你认为在当今的管理实践中应当怎样应用科学管理理论？

在线自测

扫一扫　练一练

第三章　组织环境与组织文化

本章导读

任何组织都是在一定的环境中从事活动的。任何组织都不能独立存在，它们与环境发生相互作用，并受环境的影响。环境是组织生存发展的土壤，它既为组织活动提供必要的条件，同时也对组织活动起着制约作用。环境的特点及变化必然会影响组织活动的方向、内容和方式的选择。管理人员应充分了解组织的环境对组织的决策和运作的影响，这样才能把握机会、计划将来，以期达到组织的目标。

依据环境因素对组织影响程度的不同，组织环境可以分为外部环境与内部环境。无论哪种环境因素，它们之间相互作用、相互影响，这就使得组织环境具有了复杂性、关联性、层次性等特点。

组织一旦建立便会逐渐形成组织文化，这是客观和必然的。组织文化具有潜移默化的作用，影响着组织的成败。组织文化由深到浅有理念层、制度与行为层、物质层三个层次，具有客观性、独特性、相对稳定性、继承融合性、发展性等特征。由于组织文化对内对外可以发挥导向、凝聚、激励、调适、辐射等功能，故塑造组织文化就成为管理的一个重要内容。

学习目标

通过本章的学习，掌握组织环境的基本概念、特点及与组织的关系，区分不同类型的环境因素，熟悉组织环境分析的各种方法。了解组织文化的概念、构成、特征及基本内容，掌握组织文化的功能及塑造过程。

关键概念

组织环境　一般环境　具体环境　SWOT 分析法　组织文化　价值观　行为规范

第一节　组织环境概述

组织环境概述

一、组织环境的概念与重要性

（一）概念

任何组织都是在一定的环境中从事活动的，不可能脱离整个社会而独立存在，总是与社会方方面面有着千丝万缕的联系，这个环境就是组织环境。所以，组织环境就是指影响组织形成与发展的各种力量和条件因素的集合。

（二）重要性

（1）组织环境制约和影响着组织活动的内容和过程。组织只有不断地与环境进行能量和信息交换，把投入转变为产出，才能生存和发展，从而实现组织的目标。

（2）组织环境的变化要求管理的内容、手段、方式、方法等随之调整，以利用机会，趋利避害，更好地实施管理。

二、组织环境的分类

组织环境是由纷繁复杂的因素交织而成的，而且难以预测。因此，如果把组织环境区分成不同的部分，将十分有利于组织识别和预测环境。管理学界有许多组织环境的分类，常见的分类方法是把环境分成组织的外部环境与组织内部环境。

（一）外部环境

外部环境是指存在于组织周边、影响组织经营行为及其发展的各种客观因素与力量的组合。组织的外部环境错综复杂、变幻莫测，外部环境分析就是通过收集和处理环境因素的相关信息，分析组织面临的机遇和挑战。外部环境通常包括一般环境与具体环境两方面。

1. 一般环境（General Environment）

组织的一般环境是组织的大环境，是指可能对所有组织的活动产生影响的各种因素所构成的集合，具体包括：政治环境、社会环境、经济环境、技术环境和自然环境，故也称宏观环境。

2. 具体环境（Specific Environment）

具体环境也称特殊环境，是与实现组织目标直接相关的那部分环境，它具体地与某一组织发生作用，直接而迅速地影响着组织的活动方式等。不同组织的具体环境各不相同。对企业来说，主要包括供应商、顾客、竞争者（现实的竞争者、潜在竞争者、替代品制造商）、政府机构以及企业所在社区等能影响企业经营的一组因素所构成的环境，这些因素的特点直接影响着企业的竞争能力。

（二）内部环境

内部环境是指组织内部的各种影响因素的总和，包括组织资源、组织文化等因素，是组织内部的一种共享价值体系。内部环境是组织内部与战略有重要关联的因素，是制定战略的出发点、依据和条件，是竞争取胜的根本。它是随着组织的产生而产生的，在一定的条件下，内部环境是可以控制和调节的。

三、组织环境的特点与形式

（一）组织环境的特点

组织环境是由纷繁复杂的因素交织而成的，许多情况下，这些环境因素动态多变且相互影响，难以预测。组织环境具有以下特点。

1. 客观性

组织环境是客观存在的，有着自己的运行规律和发展趋势。对组织环境变化的主观臆断必然会导致管理决策的盲目与失误。组织管理者的任务就是密切关注环境的变化，使组织活动与客观存在的环境相适应。

2. 复杂性

组织环境的复杂性不仅表现在环境因素的数量上，而且还表现在环境因素的多样化方面，即影响组织的环境因素不属于某一类或几类，而是多种多样、千差万别。既包括人的因素，也包括物的因素；既有竞争对手和供应商等微观层面的因素，也有政治、经济、技术、社会与自然条件等宏观方面的因素。这些因素以不同的方式综合地影响着管理工作，影响或制约着组织行为。

3. 关联性

构成组织环境的各种因素和力量是相互联系、相互依赖的。如经济因素不能脱离政治因素而单独存在；同样，政治因素也要通过经济因素来体现。因此，管理者必须把所有环境因素作为一个整体来考虑其综合影响力。

4. 不确定性

不确定性主要指外部环境的变化引起的外部环境不确定性和不可预测性，具体表现为：

（1）组织环境变化速度的不确定性。社会的发展使得各种环境因素总是处于不断发展变化之中，变化成为不变的真理。

（2）组织环境的信息和情报的不确定性。信息、情报本身不准确或信息传递中的失真，都会使信息接收者无法准确了解外部环境的变化。

5. 层次性

层次性即从空间上看，组织环境因素是个多层次的集合。第一层次是组织内部各种要素的影响。第二层次是组织所在的行业、地区环境，例如当地的市场条件和地理位置。第三层次是整个国家的政策法规、社会经济因素，包括国情特点、社会政治经济状况等。这几个层次的环境因素与组织发生联系的紧密程度是不相同的。

（二）组织环境的形式

对不同组织而言，其组织环境中各构成要素的复杂性与变化程度是不同的。例如：一些组织要与之打交道的竞争者、顾客、供应商或政府机构相对少，或是相对比较固定，而另一些组织则恰恰相反。因此，依据环境中各构成要素的数量（即环境复杂性）和变动程度（即环境动态性）的不同，组织的组织环境可划分为以下四种形式。

1. 简单和稳定的环境

如标准挂衣架制造商、容器制造商、啤酒经销商就处于这种不确定性很低的环境中。

2. 复杂和稳定的环境

这种环境的不确定性程度随着所面临环境的增加而升高，如医院、大学、保险公司和汽车制造商就处于这种环境中。

3. 简单和动态的环境

因为环境中某些要素发生动荡变化，使环境的不确定性明显升高，如唱片公司、玩具制造商和时装加工厂就处于这种环境中。

4. 复杂和动态的环境

这种组织环境的不确定性最高，对组织管理者的挑战最大。如电子行业、计算机软件公司就面对这种最难对付的环境。

组织环境的形式如图 3 - 1 所示。

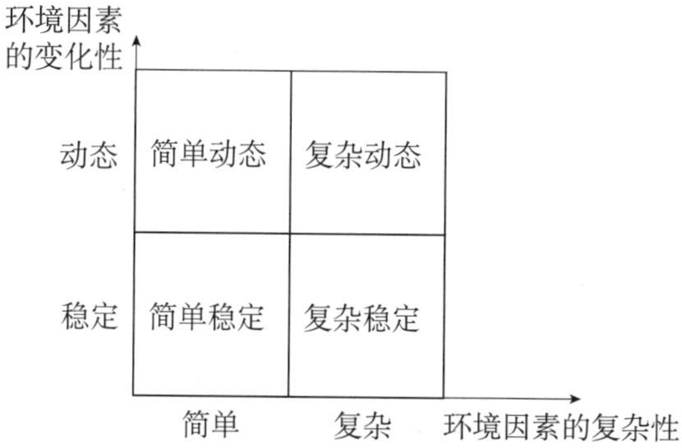

图 3 - 1　组织环境的形式

四、组织与环境的关系

（一）环境对组织的影响

环境对任何组织都存在着以下三方面的影响。

1. 环境是组织赖以生存的土壤

首先，一个组织是否应组建，要根据所在的环境、社会需要和可能的条件来决定。离开社会需要，组织的存在就失去了意义。

其次，组织要开展工作，就必须筹集各种生产要素——人、财、物，而这需要从外部环境中获得。

最后，组织的产出——产品和服务，又必须拿到组织的外部去进行交换，维持和扩大其生产经营活动。

2. 外部环境影响着组织内部的各种管理工作

组织环境中的外部环境对组织中的各种管理活动都会产生不同程度的影响。如：以法律环境为例，组织生活在庞大而复杂的法律环境之中，这些法律以一定的标准衡量组织进入市场运行的资格、合法性，制止和惩罚“犯规动作”。

3. 环境制约组织的管理过程和管理效率

组织管理工作质量的好坏和效益的大小与组织环境相关。如果国家政策稳定、总体教育水平高、市场发育健全、法律政策齐备，则会提高组织管理工作的质量和效益，否则会给管理工作造成困难甚至混乱。

（二）组织对环境的影响

组织并不是单纯被动地适应环境，组织可以积极主动地适应环境，甚至影响和改变环境，使之朝着有利于自己的方向发展。组织对环境的适应，主要是指组织对其组织环境的觉察和反应。

（1）适应环境，改变自己——当环境变化时，组织需要调整策略以适应新环境。

（2）影响环境——通过改变给组织带来麻烦的要素，以改变环境。

（3）选择新环境——例如，IBM 从计算机终端供应商转变为网络咨询、服务商。

第二节　组织环境分析

组织环境分析

组织环境分析是指通过对组织自身所处的内外部环境进行充分认识和评价，以便发现机会和威胁，确定组织自身的优势和劣势，从而为战略管理过程提供指导的一系列活动。

一、一般环境分析（PEST 分析）

一般环境分析主要通过政治（Politics）、经济（Economic）、社会（Society）和技术（Technical）四个方面的因素分析，从总体上把握宏观环境，并评价这些因素对组织的影响，这种分析法通常称为 PEST 分析法。

（一）政治因素

政治因素（Political Factors）指对组织经营活动具有实际与潜在影响的政治力量和有关的法律、法规等因素，包括国家社会制度、政治形势、国际关系、执政党的性质、政府的方针政策、国家法律和法令等。政治环境不同的国家有着不同的社会制度，不同的社会制度对组织的经营管理活动有着不同的限制和要求。同一个国家在不同时期，由于执政党的不同，其政府的政策倾向也是不断变化的。

由于政治环境中的许多因素都是以法律的形式出现的，因此，与组织相关的社会法制系统及其运行状态就构成了组织的法律环境，如国家法律规范、国家司法执法机关等要素。法律环境对组织的影响方式是由法律的强制性决定的，它对组织的影响具有刚性约束的特征。管理者必须全面了解与组织活动有关的各种法律政策，依法管理。

政治环境是一种强环境，对组织来说一般是不可控的，同时，它对组织的影响又往往是根本性的。任何组织只能适应政治环境，而不能改变政治环境，所以，政治环境是组织环境因素中的重要因素。

（二）经济因素

经济因素（Economic Factors）又可分为宏观经济因素与微观经济因素两类。

宏观经济因素主要指一个国家的经济制度、经济结构、产业布局、资源状况、经济发展水平以及未来的经济走势等，经济的繁荣显然能为组织的发展提供机会，而宏观经济的衰退则可能给所有组织带来生存的困难。

微观经济因素主要指组织所在地区或所需服务地区消费者的收入水平、消费偏好、储蓄情况、就业程度等因素，这些因素直接决定着组织目前及未来的发展规模与结构。

经济环境决定和影响组织战略计划的制订。它不仅是营利性组织重点关注的因素，同时，对于非营利性组织来说也是至关重要的。例如，国家经济情况的好坏直接影响政府的购买力和政府对许多非营利性组织的财政支持。

当今组织活动的全球化趋势使得经济环境异常复杂，增加了组织活动的不确定性，管理者的工作不仅难度加大，而且要求更高。成功的管理者必须密切关注经济环境变化，时刻关注各种经济指标的变动，及时捕捉经济信息和政策，根据经济环境的变化，适时地调整自己的战略。

（三）社会因素

社会因素（Society Factors）指组织所在社会中成员的民族特征、文化传统、价值观念、宗教信仰、受教育程度以及风俗习惯等因素。构成社会环境的要素包括人口规模、年龄结构、种族结构、收入分布、消费结构和水平、人口流动性等。社会环境中最为重要的是文化传统和受教育程度。通常不同的国家（或地区）和民族，其社会文化传统和教育水平也不同，这会影响甚至改变人们的生活习惯和价值观念，而且会对企业的产品和服务提出不同的要求。

风俗习惯、文化传统、道德价值观念等对人们的约束力往往比法律的约束力要大得多。管理的实质是对人的管理，所以，社会环境对管理的影响是显而易见的。

（四）技术因素

技术因素（Technical Factors）不仅包括那些引起革命性变化的发明，还包括与企业生产有关的新技术、新工艺、新材料的出现和发展趋势以及应用前景。技术对组织及其管理具有重要的影响。21 世纪以来，最迅速的变化就发生在技术领域，像微软、苹果、华为等高技术公司的崛起，改变着世界和人类的生活方式。同样，技术领先的医院、大学等非营利性组织，也比没有采用先进技术的同类组织具有更强的竞争力。现代技术手段的发展使管理手段、方法乃至管理思想和管理模式发生了巨大变化。信息技术使管理系统实现了集成化和一体化，改善了组织内外整体管理的水平。

二、具体环境分析

在具体环境分析中，多采用迈克尔·波特的行业竞争的“五力模型”，即对现有竞争者、潜在进入者、替代品生产者、购买者、供应商这五种力量进行分析，它们决定着行业的竞争强度，也决定着行业的利润水平。如图 3－2 所示。

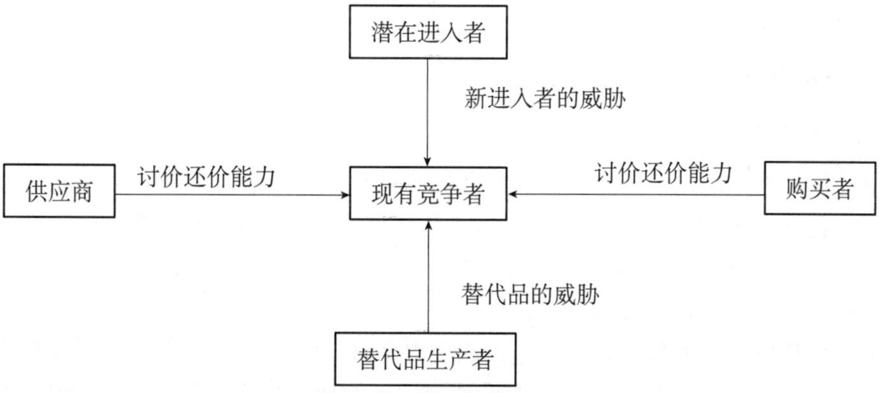

图 3－2　行业的竞争力量

（一）现有竞争者之间的抗衡

一个行业中，企业最先关注的是现有的竞争对手，以及竞争对手所采取的竞争行动、发展动向等，这是企业制订自身战略计划、调整自己的经营策略，继而保证在竞争中时时处于主动和优势地位的重要条件。

（二）潜在进入者的威胁

行业的新进入者可能引进新的业务能力，带有获取市场份额的欲望，同时也可能带来可观的资源，其结果是市场价格可能会被压低或导致该行业内企业的成本上升，收益下降。在企业为实现未来战略目标而进行战略选择时，来自潜在进入者的威胁就成为一个重要因素。忽视这一点，可能导致的是战略选择的失误以至于战略计划的落空。

（三）替代品的威胁

替代品是指那些与本行业的产品具有同样功能的其他产品。替代品往往代表着行业内的发展方向。如果替代品真正被市场接受与认可，并成为发展趋势，在某种程度上也就意味着行业发展的新动态出现，这直接威胁着原有产品的生产者。若不考虑行业的这一变化因素，企业制订的战略计划同样不具有现实意义。

（四）供应商的议价能力

供应商主要通过提高投入要素价格与降低单位价值质量的能力，来影响行业中现有企业的盈利能力与产品竞争力。供方力量的强弱主要取决于其所提供给买方的是什么投入要素，当供方所提供的投入要素价值构成了买方产品总成本的较大比例、对买方产品生产过程非常重要或者严重影响买方产品的质量时，供方对于买方的潜在讨价还价力量就大大增强。

（五）购买者的议价能力

购买者主要通过压低价格、要求较高的产品质量或更多的服务项目等手段，来影响行业中现有企业的盈利能力。影响购买者议价能力的因素主要包括：买主数量、购买量、可替代产品的数量、买方选择替代产品的成本等。例如，在汽车行业中，小汽车生产商对零部件制造商的议价能力很强，因为汽车公司是大买家，通常有好多个供应商可供其选择，其替代成本相对较低。在个人电脑行业，由于存在较高的替代成本，电脑生产商相对操作系统软件商的议价能力就很弱。

三、内部环境分析

（一）内部环境的概念与内容

内部环境是指组织内部的物质、文化环境的总和，包括组织资源、组织能力、组织文化等因素，也称组织内部条件。内部环境是组织活动的基础，也是制定组织战略的出发点、依据和条件。《孙子兵法》中曾讲过：“知彼知己者，百战不殆；不知彼而知己，一胜一负；不知彼，不知己，每战必殆。”

组织内部环境分析的目的在于掌握组织历史和目前的状况，明确组织所具有的优势和劣势。这有助于组织制订有针对性的战略计划，有效地利用自身资源，发挥组织的优势，同时避免组织的劣势，或采取积极的态度改进组织劣势，扬长避短。

组织内部环境分析的内容包括很多方面，如组织结构、组织文化、资源条件、价值链等。按组织的成长过程，内部环境分析又可分为组织成长阶段分析、组织历史分析和组织现状分析等。

（二）内部环境分析的方法

组织内部环境分析的方法多种多样，包括组织资源竞争价值分析、经营力分析、内部管理分析、能力分析、组织业绩分析、组织自我评价、价格成本分析、竞争地位分析、战略运行效果分析、核心竞争力分析、价值链构造与分析、组织活力分析等。一般来说，这些分析方法可归纳成两大类：纵向分析和横向比较分析。

1. 纵向分析

纵向分析即分析组织的各方面职能的历史演化，从而发现组织在哪些方面得到了加强和发展，在哪些方面有所削弱，并根据纵向分析的结果，在历史分析的基础上对组织各方面的发展趋势做出预测。

2. 横向比较分析

横向比较分析即将组织的情况与行业平均水平作横向比较。通过横向比较分析，组织可以发现相对于行业平均水平的优势和劣势。这种分析对组织的经营来说更具有实际意义。

组织环境分析如图 3-3 所示。

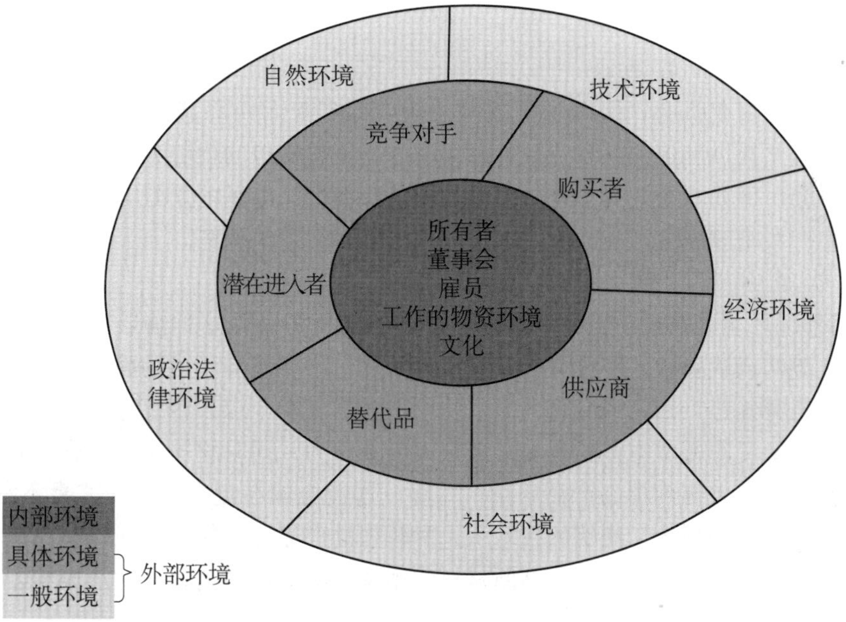

图 3-3 组织环境分析

四、组织环境综合分析方法——SWOT 分析法

（一）SWOT 分析法的含义

SWOT 分析是在外部环境与内部环境分析基础上，把两种分析相互结合起来以寻求

组织在外部环境中的机会与风险和内部的优势与劣势的一种分析方法。SWOT 分析法中每个字母代表的含义分别是：优势（Strengths）、劣势（Weaknesses）、机会（Opportunities）、威胁（Threats）。SWOT 分析是编制战略计划的重要步骤，它能够帮助组织将精力集中在关键问题上，避免力量的削弱。

（二）SWOT 分析法的基本步骤

（1）分析组织的内部优势与劣势，既可以相对组织目标而言，也可以相对竞争对手而言。

（2）分析组织面临的外部机会与威胁，可能来自与竞争无关的外部环境因素的变化，也可能来自竞争对手力量因素的变化，或二者兼有，但关键性的外部机会与威胁应予以确认。

（3）将外部机会和威胁与组织内部优势和劣势进行匹配，形成可行的组织发展战略。

（三）SWOT 分析的四种不同类型的组合

1. 优势-机会（SO）组合

SO 是一种能发现组织内部优势与利用外部机会的组合，是一种理想的状态。在这种情形下，企业可以用自身内部优势撬动外部机会，使优势与机会充分结合发挥作用。例如，有良好的产品市场前景、供应商规模扩大和竞争对手有财务危机等外部条件，配以企业市场份额提高等内在优势，可成为企业收购竞争对手、扩大生产规模的有利条件。

2. 劣势-机会（WO）组合

WO 即外部存在机会，但由于组织有一些内部劣势而妨碍其利用机会。在这种情形下，企业就需要提供和追加某种资源，以促进内部资源劣势向优势方面转化，从而迎合或适应外部机会。例如，企业劣势是生产能力不足，在产品市场前景看好的前提下，企业可考虑购置生产线来改变生产能力不足的劣势，最终赢得竞争优势。

3. 优势-威胁（ST）组合

ST 指外部环境存在威胁而组织自身有着一定的优势。在这种情形下，环境状况有可能对组织优势构成威胁，致使优势得不到充分发挥，出现优势不优的脆弱局面，为此，组织需要利用自身优势，回避或减轻外部威胁所造成的影响，以发挥优势。例如，竞争对手利用新技术大幅度降低成本，给企业带来很大成本压力；同时材料供应紧张，其价格可能上涨；消费者要求大幅度提高产品质量；等等。这使企业在竞争中处于非常不利的地位，但若企业拥有充足的现金、熟练的技术工人和较强的产品开发能力，便可利用这些优势开发新工艺，简化生产工艺流程，提高原材料利用率，降低材料消耗和生产成本，从而回避外部威胁的影响。

4. 劣势-威胁（WT）组合

当组织的内部劣势与外部威胁相遇时，组织就面临着严峻挑战，如果处理不当，可能直接威胁到组织的生死存亡。例如，当企业成本状况恶化，原材料供应不足，生产能力不够，无法实现规模效益，且设备老化，使企业在成本方面难以有大作为时，企业需要采取目标聚集战略或差异化战略，以规避成本方面的劣势，并规避成本原因带来的威胁。

第三节 组织文化

组织文化

一、组织文化的产生与发展

组织文化也称企业文化（Organizational Culture 或 Corporate Culture），它于1980年在美国《商业周刊》中首次出现。简单地讲，企业文化孕育于日本，产生于美国。20世纪六七十年代，日本企业在世界市场上的称雄，促使美国管理界对管理丛林阶段的管理思想进行了反思和多角度的比较研究。在20世纪80年代初短短的几年里，威廉·大内的《Z理论：美国企业如何迎接日本的挑战》、帕斯卡尔和阿索斯合著的《日本的管理艺术》、迪尔和肯尼迪合著的《企业文化》、彼得斯和沃特曼合著的《成功之路》等一系列著作出版，提出了各种不同的见解。这些著作在反思西方的文化传统及管理风格方面的观点虽然有所不同，甚至存在比较大的分歧，但其中有两点是共同的：

一是揭示分析了西方传统文化与传统管理的不足之处。如认为美国的企业管理忽视了人和人的感情因素，偏重吸收自然科学的研究成果而忽视吸收社会科学的研究成果，过分强调定量分析导致一种抽象无情的哲学等。

二是肯定企业文化在企业生存、发展中的关键作用，指出企业文化建设是日本经济腾飞的主要原因之一。受东方文化思想影响的日本企业管理着眼于人的管理，着眼于人的情感和理智的协调，着眼于人与人之间的微妙关系。它并不完全以理性标准和普遍的要求来安置每一个人，而是尽力照顾到人的情感因素。因此，它是人性化的管理，产生了巨大的凝聚效应，为企业管理和企业发展开辟了一片新的天地。基于此，管理学界形成了一股“企业文化热”，掀起了企业文化建设的热潮。

企业文化的兴起，就其重视人的作用来说，可以说是行为科学发展阶段的继续，但绝不是行为科学发展阶段的简单重复。行为科学阶段侧重于把心理学研究成果引入企业管理，企业文化阶段则侧重于把文化学的研究成果应用于企业管理，充分发挥文化的作用。

二、组织文化的概念与特征

（一）组织文化的概念

组织文化是组织在其管理实践中逐步形成的、为全体员工所认同并遵守的、带有本组织特点的使命、愿景、宗旨、精神、价值观和经营理念，以及这些理念在生产经营实践、管理制度、员工行为方式与对外形象的体现的总和。简单来讲，组织文化是一个组织的价值观、信念、仪式、符号、处事方式等组成的特有的文化形象。任何组织从筹备建立时便开始逐步形成某种特定的组织文化。组织文化在很大程度上决定了员工的看法和对周围世界的反应。

组织文化反映一个组织的精神风貌，决定着组织内在凝聚力的大小。在现代管理中，文化的作用已越来越为人们所认识。一个组织强大的核心是组织文化。随着经济全球化进程的加快，越来越多的企业开始认识到文化的重要，一个企业的动力及凝聚力都来自企业的文化，技术只是一个平台。没有一套较成功的组织文化的企业，其生命力是有限的。

组织文化由三个层次构成，如图 3－4 所示。

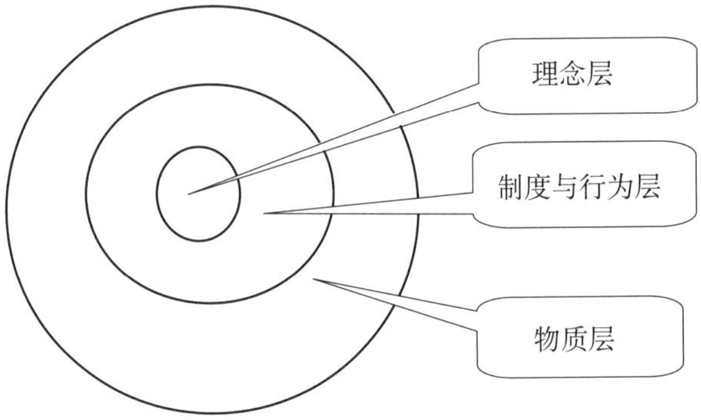

图 3－4　组织文化的层次

理念层：也称精神层，是指组织的领导和员工共同信守的基本信念、价值观和道德观等，它是组织文化的核心和灵魂。

制度与行为层：是指对组织员工和组织行为产生规范性和约束性的部分，它规定组织成员在共同的活动中应遵循的规章制度及行为准则。

物质层：又称象征层，是精神层的载体，是组织的思想、哲学、工作作风和审美观念的具体体现。它在组织的建筑物、产品或服务、文化设施、工作环境等方面显现出来，是组织文化最直观和最容易感知的部分。

（二）组织文化的特征

组织文化具有以下几个主要特征。

1. 客观性

组织文化的产生和存在是不以人的意志为转移的。只要是一个组织，在组织中必然会形成组织文化，不管人们是否意识到，组织文化总是客观存在的，并发挥着积极的或消极的作用。成功的组织有优秀的组织文化，失败的组织有不良的组织文化。

2. 独特性

任何组织的组织文化都有其鲜明的个性。从外部看，每个组织所处的国家、民族、地域、时代、行业等外部环境不同；从内部看，每个组织管理的特点、管理者的个人作风和员工的群体素质各不相同，因而没有完全相同的组织文化，组织都会形成各自独特的组织文化。

3. 相对稳定性

组织文化是在组织的长期发展过程中逐步形成的，是长期积淀的结果。组织文化一旦形成，它就会成为组织发展的灵魂，不会因为组织结构的调整、领导人的更换、产品的更新而发生根本性的变化，它会长期在组织中发挥作用。当然，稳定性是相对的，随着组织内外经济条件和社会文化的发展变化，组织文化也应不断得到调整、完善和升华。

4. 继承融合性

一方面，每一个组织都是在特定的文化背景之下形成的，这个国家和民族的文化传统和价值体系必然在组织文化中打下深深的烙印。如我国的企业文化深受儒家文化的影响。另一方面，组织文化也会吸收其他民族、其他组织的优秀文化，不断充实和完善。

5. 发展性

没有一成不变的组织文化。组织文化会随着社会的发展、环境的变迁以及组织的变革逐步演进和发展。

三、组织文化的基本内容

组织文化是组织具有的特色的精神财富和物质形态。它包括文化观念、价值观念、企业精神、道德规范、行为准则、历史传统、企业制度、文化环境、企业产品等。其中价值观是企业文化的核心。

（一）共同价值观

共同价值观是指组织成员分享着同一价值观。价值观是组织全体成员对组织的生产经营、产品服务、公众形象、社会声望等的总的观点或看法，是组织长期形成的价值观念体系。共同价值观表现为一种共同的较稳定的心理定式或文化积淀，是任何组织文化的基础和核心。共同价值观是组织经营管理者和全体成员的最高追求，是衡量事物优劣的标准，对于组织的发展具有指导意义。例如，有的公司的价值观是“顾客永远是对的”，有的公司的价值观是“质量第一”，或者“员工是我们宝贵的财富”。

（二）企业使命

所谓企业使命，是指企业在社会经济发展中所应担当的角色和责任，是指企业的根本性质和存在的理由，说明企业的经营领域、经营思想，为企业目标的确立与战略的制定提供依据。企业使命要说明企业在全社会经济领域中所经营的活动范围和层次，具体地表述企业在社会经济活动中的身份或角色。它包括的内容为企业的经营哲学、企业的宗旨和企业的形象。

（三）企业精神

企业精神是指企业基于自身特定的性质、任务、宗旨、时代要求和发展方向，并经过精心培养而形成的企业成员群体的精神风貌。企业精神要通过企业全体员工有意识的实践活动体现出来。因此，它又是企业员工观念意识和进取心理的外化。

企业精神是企业文化的核心，在整个企业文化中起着支配的作用。企业精神以价值观念为基础，以价值目标为动力，对企业经营哲学、管理制度、道德风尚、团体意识和企业形象起着决定性的作用。可以说，企业精神是企业的灵魂。

企业精神通常用一些既富于哲理，又简洁明快的语言予以表达，便于员工铭记在心，时刻用于激励自己，也便于对外宣传，容易在人们脑海里形成印象，从而在社会上形成个性鲜明的企业形象。

（四）企业道德

企业道德是指调整该企业与其他企业之间、企业与顾客之间、企业内部员工之间关系的行为规范的总和。它是从伦理关系的角度，以善与恶、公与私、荣与辱、诚实与虚伪等道德范畴为标准来评价和规范企业。

企业道德与法律规范和制度规范不同，不具有强制性和约束力，但具有积极的示范效应和强烈的感染力，当被人们认可和接受后具有让人们自我约束的力量。因此，它具有更广泛的适应性，是约束企业和员工行为的重要手段。中华老字号同仁堂药店之所以三百多年长盛不衰，在于它把中华民族优秀的传统美德融于企业的生产经营过程之中，形成了具有行业特色的企业道德，即“济世养身、精益求精、童叟无欺、一视同仁”。

（五）团体意识

团体意识是指组织成员的集体观念。团体意识是企业内部凝聚力形成的重要心理因素。企业团体意识的形成使企业的每个员工把自己的工作和行为都看成是实现企业目标的一个组成部分，使他们对自己作为企业的成员而感到自豪，对企业的成就产生荣誉感，从而把企业看成是自己利益的共同体和归属。因此，他们就会为实现企业的目标而努力奋斗。

（六）企业制度

企业制度是在生产经营实践活动中所形成的、对人的行为带有强制性，并能保障一定权利的各种规定。从企业文化的层次结构看，企业制度属中间层次，它是精神文化的表现形式，是物质文化实现的保证。企业制度作为员工行为规范的模式，使个人的活动得以合理进行，内外人际关系得以协调，员工的共同利益受到保护，从而使企业有序地组织起来，为实现企业目标而努力。

（七）行为规范

行为规范是组织群体所确立的行为标准并通过公众舆论调整员工的行为。它们可以由组织正式规定，也可以是非正式形式。组织为了做到别具特色，需要规范自己的行为，以此影响组织的决策与行动。

专栏 3-1

猴子摘香蕉的故事

猴子对笼子里挂着的香蕉垂涎三尺，但是每当一只猴子要去采摘时，都有人敲打猴子，于是猴子们一一作罢，围在笼子边看着香蕉。这时，一只新猴子进来了，它也去摘香蕉，虽然这回没有人打它，但是这只猴子仍然没有吃到香蕉，因为就在它刚想伸手摘香蕉的时候，其他的猴子竟都去打它。

启示：在一定的组织或群体中，一旦规矩形成后，就成为其成员的行为准则与常规。

（八）企业形象

企业形象是企业通过外部特征和经营实力表现出来的、被消费者和公众所认同的企业总体印象。由外部特征表现出来的企业的形象称表层形象，如招牌、门面、徽标、广告、商标、服饰、营业环境等，这些都给人以直观的感觉，容易形成印象；通过经营实力表现出来的形象称深层形象，它是企业内部要素的集中体现，如人员素质、生产经营能力、管理水平、资本实力、产品质量等。表层形象以深层形象为基础，没有深层形象这个基础，表层形象就是虚假的，也不能长久地保持。

四、组织文化的功能

组织文化是一种亚文化，是社会文化在组织中影响和渗透的结果。组织文化除具有社会文化的共性之外，还有其自身的个性功能。

（一）导向功能

作为观念形态的组织文化一经形成和确立，就会产生一定的导向作用。组织文化作为一种软约束，通过共同的价值观和行为规范，引导全体成员朝着组织的目标前进。

（二）凝聚功能

组织文化通过培育组织成员的认同感和归属感，使组织成员之间相互信任和相互配合，凝聚成一股无形的力量和巨大的向心力，自觉自愿地把自己的力量和智慧汇聚到组织目标的实现上。

（三）激励功能

一旦组织成员做出符合组织要求的行为选择，该成员就会被这种文化所接受、认同和鼓励，久而久之，其行为会更加符合组织的要求。组织文化应该是组织中每个员工都认同的一种观念、一种制度。好的组织文化能调动员工最大的能量、承担最大的责任。

（四）调适功能

组织文化的影响力可以从根本上改变员工旧有的、不合时宜的价值观，建立起新的价值观。组织文化对组织中的全体成员有着潜移默化的影响，在文化“润物细无声”的作用下，人们的行为逐渐调整为组织所希望的，而不适应者则退出。

（五）辐射功能

组织文化具有学习性、分享性和传递性，它不仅在组织内部被全体成员所共享，而且还向外辐射，影响社会文化。

专栏 3－2

李宁公司的企业文化

李宁品牌经过三十多年的发展，已成为以经营李宁品牌专业及休闲运动鞋、服装、器材和配件产品为主，拥有完善的品牌营销、研发、设计、制造、经销及销售能力，建立了庞大的零售分销网络和供应链管理体系，并持续加码电商阵地、构建电商生态的公司。截至2020年10月，李宁公司市值已突破千亿港元。

李宁公司在发展中形成了自己独特的企业文化。

李宁品牌以“用运动点燃激情”为使命，激发人们突破的渴望和力量，致力于专业体育用品的创造，努力让运动改变生活，追求更高境界的突破。

“崇尚运动、诚信、激情、求胜、创新、协作”是李宁公司的核心价值观，这个核心价值观源于“李宁人”对体育精神的理解与崇尚，是“李宁人”日常行为的基本准则。

与生俱来的运动基因和“一切皆有可能”的品牌精神始终贯穿在李宁品牌的发展历程中。

李宁品牌秉承“赢得梦想”“消费者导向”“我们文化”“突破”的核心理念，力求将“李宁”打造成为源自中国并被世界认可的、具有时尚性的国际一流专业运动品牌。

五、组织文化塑造的途径

组织高层管理者的一个职责就是创建和驾驭组织文化，并在发展中不断升华、提炼，实现对全体管理者和员工的系统传递。正如迪尔与肯尼迪在其《组织文化》中所强调的：“一个总经理的最终成功，在很大程度上取决于正确理解本公司的文化，以及对文化进行精雕细琢，并使它形成适应市场不断变化所需要的能力。”

组织文化的塑造需要从多方面着手，主要途径包括以下方面。

（一）确立合适的价值观标准

价值观是组织文化的核心，确立合适的价值观标准是塑造良好组织文化的首要问题。不同的组织有不同的特点，价值观标准也不相同，高层管理者要识别和评估哪一种价值观适合本组织。组织价值标准要清晰、真实、可行，要体现组织的宗旨、战略和发展方向，要深思熟虑，使之真正反映本组织的特点和员工的心态。平淡乏味、毫无实效、自欺欺人的价值观不仅起不到应有的作用，而且使员工变得玩世不恭、士气低落，并降低对管理层的信任。

（二）选择与组织价值观相融合的应聘者

组织在招聘时要注重考察应聘者的价值取向，要选择那些个人价值观与组织价值观相融合的各个层次的应聘者，以减少文化方面的冲突。在一些公司里，新雇员为了能留下，必须证明他们很注重质量，例如，把生产优质产品作为一种习惯。对于任何一个同组织文化步调不能一致的人来说，取得成功的机会是十分渺茫的。当然，组织为了对现有文化进行变革，也会选择与组织价值观不同的应聘者。

（三）强化员工的认同感

组织文化不是组织的口号，需要组织中每个员工的认同。组织文化的创建离不开员工的认同，要通过切实可行的方法使组织的文化内涵深入人心，成为每个员工行动的指南。例如，通过宣传创造浓厚的文化氛围，使员工自觉或不自觉地受文化的熏陶，如在不同的、适宜的场合运用标识、标语、海报等视觉刺激，充分营造文化氛围，传递组织精神；

通过培训和教育，使组织成员系统地了解和接受组织的价值观，从而知道组织对员工的期望是什么，怎样才能得到组织及其他人的认可；通过榜样和英雄人物的感召力和影响力来为组织成员树立可以学习的楷模，因为榜样和英雄是那些体现组织文化的人物，他们就在员工身边，并向人们展示成功是在人们力所能及的范围之内的。

（四）建立符合组织文化要求的奖励系统

美国电子商务公司 Comergent 是以价值观来评估员工的，在给予股票、奖金和晋升等奖励时，公司也会以价值观作为考核标准。甚至在决定解雇某位员工时，也常常会考虑其所具有的价值观是否符合公司文化的要求。该公司首席执行官科瓦克斯说："我可以接受需要更多指导和培训的员工，但在核心价值观上，我决不迁就，这是为了确保公司的文化力量。"所以，为了使组织的文化能得到认同，就必须对符合组织文化要求的想法和行为进行奖励。如果一个组织是崇尚创新的文化，那么就要对员工的创新意识和创新行为给予奖励，鼓励激进的思想，创新者的报酬很高，能得到较快的提升，这样就会鼓励创新的行为，发扬光大创新文化。

（五）不断丰富和完善组织文化

任何组织的文化都不可能一成不变，组织文化是特定历史阶段的产物，价值观会随时间而演变。当组织内在活动发生变化时，如由生产型变为经营型，组织规模扩大，组织发生购并、重组等变化，或当外在因素发生变化时，如技术发展突飞猛进、经济全球化等，都对组织文化提出了新的要求，需要在组织文化中增加新的元素和摒弃不合时宜的内容，因此组织应不断丰富和完善组织文化，或者对组织文化进行变革，使之适应不断变化的环境。

复习思考题

1. 什么是组织环境？如何理解其重要性？
2. 组织环境有何特点？
3. 组织环境的构成有哪些？
4. 什么是组织的一般环境与具体环境？
5. 什么是 PEST 分析？
6. 什么是"五力模型"？
7. 什么是 SWOT 分析法？如何应用其对组织环境进行分析？
8. 什么是组织文化？其有哪些特征，包括哪些内容？
9. 如何理解组织文化的功能？
10. 如何塑造组织文化？

案例分析

案例：文化定位找到新感觉

甲公司坚持一手抓生产经营，一手抓企业文化建设。二者互为促进，企业连续八年盈利，保持了"省优秀企业""省文明单位"称号的本色。

一、认识到位

随着经济体制改革的深化，甲公司这个棉纺织企业同大多数国有纺织企业一样，企业的管理和发展都出现了严重困难，问题的根源是什么？出路何在？公司调查分析后认为，社会的巨大变革、企业生存空间和员工心态的变化，使得过去形成的理念、制度、方法已成为桎梏，必须改革，把创建先进的企业文化引入经营管理中。

高度的重视带来自觉的行动，甲公司把企业文化建设摆在头等位置。公司董事长说："在新的环境下，拥有文化优势，也就拥有竞争优势。"全公司各部门对企业文化建设的认识也高度一致。

二、机制到位

甲公司创建企业文化时注重狠抓各种机制的建立和完善。

首先，建立考核机制。结合企业实际，甲公司出台了15个实施细则，实行量化考核。

其次，建立民主管理监督机制。甲公司定期公布产量、质量、利润、成本、发展规划等重大事项，并经过摸索形成公司、分厂、班组三级公开制度，员工对应知的事情了如指掌。

再次，完善分配制度，各个岗位的工作全部量化，员工对照公开栏公布的个人奖罚、产质等情况就能算出自己本月的收入。

最后，建立人才选拔机制。公司坚持实施4个人才培养工程，几年时间就造就人才560人。在选择使用上，坚持德才兼备的原则，面向市场择优，实行公推公选制度。

三、教育到位

公司认为：企业文化的核心是培育先进的企业精神，并在员工的工作中得到体现，培育的途径则是教育。

员工日常行为是企业文化的具体体现。甲公司注重引导和规范。首先，公司要求各级党组织和管理人员掌握各自负责的情况，准确把握公司总体情况和员工具体情况。其次，以先进典型引导群体行为，公司建立劳模培养制度，每年评选百名劳模。公司还常年开展"巾帼建功""百千万无瑕疵""操作明星"等竞赛。

抓住学习不放松。公司按照学习型组织的要求改造企业。坚持政治学习，每月两次。公司年年都有职工培训规划，月、季有落实，操作技术培训、成本核算培训等贯穿全年始终，形式多样，特色鲜明。

四、投入到位

企业文化建设同经济工作一样，投入是关键，没有投入就没有产出。投入包括人、财、物。公司虽然近几年大幅度精减非生产人员，但公司设有从事文化建设的职能部门和人员，专门负责企业文化建设工作。

公司始终坚持按比例投入企业文化建设。先后实施"厂门形象工程""生产区绿化工程""生活区亮化美化工程""锅炉脱硫除尘工程"等项目。工厂大门内外宽敞整洁、气势宏伟，蓝底白字的企业精神、质量方针、质量承诺牌醒目矗立，宣传橱窗色彩艳丽，几十块阅报栏放置着最新的报纸供人们阅读，黑板报写着各班职工奖惩及当月的产量和质量数据。入夜，生活区、职工活动中心、图书阅览室灯火通明，形成了独具甲公司特色的企业文化氛围。

分析与讨论：

1. 甲公司是怎样认识到企业文化的作用的？
2. 甲公司在企业文化建设上做了哪些工作？

在线自测

扫一扫 练一练

第四章　管理道德与社会责任

本章导读

道德是依靠社会舆论、传统习惯、教育和人的信念的力量去调整人与人、个人与社会之间关系的一种特殊的行为规范。道德一般可分为社会公德、家庭美德、职业道德三类。管理道德作为一种特殊的职业道德，是从事管理工作的管理者的行为准则与规范的总和，是特殊的职业道德规范。管理道德具有普遍性、特殊性、非强制性、变动性和社会教化性的特征。管理道德一般受管理者所处的道德阶段、管理者的个人特征、组织结构变量、组织文化以及道德问题的强度等因素的影响。管理者应该是一个具有高尚道德的人，他们的表现直接影响着员工的行为，培育高道德的管理者非常重要。一般来说，人们通过挑选高道德素质的管理者，提炼、规范管理道德准则，树立典型、加强引导，将管理道德行为列入岗位考核内容，进行独立的社会审计，提供正式的保护机制等途径来培育管理道德。

社会责任是指组织在遵守、维护和改善社会秩序、保护增加社会福利方面所承担的职责和义务。在企业如何对待社会责任问题上，理论界存在两种不同的观点：一种观点认为，企业只应该对股东负责，企业只要使股东的利益得到满足，就是具有社会责任的表现，至于其他人的利益，则不是企业所要管的和所能管的，这种观点称为“古典观”或“纯经济观”。另一种观点则认为，企业要对包括股东在内的所有利益相关者（如债权人、供应商、消费者、员工、所在社区乃至政府等）负责，这种观点称为“社会经济观”。社会责任与企业经营业绩存在着密切的联系，从短期来看，承担社会责任可能是企业的负担，但大量的实践表明，企业承担社会责任的大小与其经营业绩呈正相关。社会责任具体表现在员工、顾客、竞争对手、环境、社会发展等多个方面。

学习目标

通过本章的学习，了解道德的概念，以及道德发展的三个层次、六个阶段，掌握管理道德的概念、特征及影响管理道德的因素，理解培育管理道德的途径，了解社会责任的概念及承担社会责任的原因，掌握两种不同的社会责任观，明确社会责任与经营业绩的关系，理解社会责任的具体表现。

关键概念

道德　道德层次　道德阶段　管理道德　社会责任

第一节　管理道德概述

管理道德概述

一、管理道德的概念

道德，就是依靠社会舆论、传统习惯、教育和人的信念的力量去调整人与人、个人与社会之间关系的一种特殊的行为规范，是规定行为是非的惯例和原则。一般来说，道德是社会基本价值观一个约定俗成的表现，人们一般都会根据自己对社会现象的理解、社会认同的形态，形成与社会大多数人相同的道德观，大多数人能够知道该做什么不该做什么，哪些是道德的哪些是不道德的。

道德一般可分为社会公德、家庭美德、职业道德三类。其中职业道德是同人们的职业活动紧密联系的符合职业特点所要求的道德准则、道德情操与道德品质的总和，是从事一定职业的人在职业劳动和工作过程中应遵守的与其职业活动相适应的行为规范。职业道德是从业人员在职业活动中应遵守或履行的行为标准和要求，以及应承担的道德责任和义务。

管理道德作为一种特殊的职业道德，是从事管理工作的管理者的行为准则与规范的总和，是特殊的职业道德规范，是对管理者提出的道德要求。对管理者自身而言，管理道德是管理者的立身之本、行为之基、发展之源；对企业而言，管理道德是对企业进行管理的价值导向，是企业健康持续发展所需的一种重要资源，是企业提高经济效益、提升综合竞争力的源泉。可以说，管理道德是管理者与企业的精神财富。

二、管理道德的特征

（一）普遍性

管理道德是人们在参与管理活动中以一定的社会道德原则和基本规范为指导而提升、概括出来的管理行为的规范，它适用于各个领域的管理。无论是行政管理、经济管理、企业管理、文化管理，还是单位、部门、家庭和邻里的人际关系管理，都应当遵守管理道德的原则和要求。

（二）特殊性

管理道德不同于一般的社会道德，具有一定的特殊性，因为它所调整的关系是管理关系，规范的行为是管理行为。管理关系包括管理者与被管理者之间以及管理者相互之间的特殊的职业关系。管理行为是管理者从事管理活动中的行为，与一定的管理职权和管理责任联系在一起。

（三）非强制性

人类最初的管理，属于公权的、人人都可以平等参加的管理，没有强制性。与之相应的，调整管理行为的规范，即管理道德，也没有强制性。人类社会进入阶级社会以后，管理被打上阶级的烙印，具有阶级的性质和内容。它依靠国家或组织的权力实行管理活动，具有强制的性质。但是，与此相适应的管理道德并没有改变其非强制的性质。不过，管理道德在内容上侧重于调整和约束组织管理者的管理行为，在社会作用上则侧重于依靠被管理者的舆论影响管理者的行为，从而调整管理者与被管理者之间的关系，使其具有特殊性。

（四）变动性

人类的管理活动是随着人类的社会实践的发展而不断变化的，作为调整管理行为和管理关系的管理道德规范，也必然随着管理的变化和发展而不断改变自己的内容和形式。原始社会的公共事务管理性质单纯、形式单一、内容简单、发展极其缓慢，与之相对应的管理道德的内容也简单、规范也少、发展也缓慢。到了近代，随着管理内容的复杂化、管理方式的制度化和管理目标的多样化，与此相对应的管理道德的内容也随之增加和丰富，形式也多样化。特别是当代科学管理的迅速发展，进一步推动了管理道德的变化和发展。因此，在这种变动中要适时调整管理道德的结构与层次，概括出能反映时代特色与当代管理水平的新的管理道德规范，进一步推动管理理论的发展。

（五）社会教化性

道德教化是一个古老的概念，重视教化是中国传统文化的一个优良传统。中国古代的思想家大都重视德治，所以都强调道德教化的作用。孔子主张用“仁爱”的道德原则教化人，认为人只要做到“仁”，就能自爱，就能“爱人”，对人宽容、忠恕。孟子发展了孔子的仁爱思想，提出“亲亲而仁民，仁民而爱物”的思想，认为“仁”就是“爱之理，心之德”。此外，儒家还把公正、廉洁、重行、修养、举贤任能等，都看作“仁爱”教化的结果，要求管理者都应具备这些道德品质。当代中国的社会主义管理道德，应当吸收中国传统文化中的合理的道德教化思想，高度重视管理道德的教化作用。尤其应当强调组织管理者的道德示范和引导作用，使管理道德的意识、信念、意志、情感更加深入人心，并化为人们的自觉行为，这对于有效促进社会主义管理目标的实现具有非常重要的作用。

三、影响管理道德的因素

（一）道德的发展阶段

研究表明，道德的发展要经历三个层次，每个层次又分为两个阶段，共六个阶段。随着阶段的上升，个人的道德越来越不受外部因素的影响。道德发展有以下三个层次。

1. 前惯例层次

这是道德发展的最低层次。在这一层次，管理道德观受个人利益支配，按怎样对自己有利进行决策，并按照什么行为方式会导致奖赏或惩罚来确定自己的利益。在这一层次，行为者认为凡是对自己有利的行为就是道德的，对自己不利的行为就是不道德的。

2. 惯例层次

道德观受他人期望的影响，包括遵守法律，对重要人物的期望作出反应，并保持对人们的期望的一般感觉。这种道德观，有良性的也有恶性的。一些真正为企业整体利益着想的道德观就是良性的；相反，以个别人期望为是非标准的管理道德观就是恶性的。

3. 原则层次

这是道德发展的最高层次。原则是指个人的道德原则，它们可以与社会的准则和法律一致，也可以不一致。这种管理道德观强调个性和个人英雄主义，认为人如果压抑自己，不充分施展和发展自我，违背自己内心的是非观，是不道德的。

道德发展的层次与阶段之间的关系如表 4-1 所示。

表 4-1 道德发展层次、阶段之间的关系

道德发展层次	道德发展阶段
前惯例层次：(1) 只受个人利益的影响。(2) 决策的依据是个人的利益，这种利益是由不同行为方式带来的奖赏和惩罚决定的	阶段 1：遵守规则以避免受到物质惩罚
	阶段 2：只在符合个人的直接利益时才遵守规则
惯例层次：(1) 受他人期望的影响。(2) 包括对法律的遵守，对重要人物期望的反应，以及对他人期望的一般感觉	阶段 3：做周围人所期望的事
	阶段 4：通过履行自己允诺的义务来维持平常秩序
原则层次：(1) 受个人用来判别是非的伦理准则的影响。(2) 这些准则可以与社会的规则或法律一致，也可以与社会的规则或法律不一致	阶段 5：尊重他人的权利，置多数人的意见于不顾，支持不相干的价值观和权利
	阶段 6：遵守自己选择的伦理准则，即使这些准则违背了法律

有关道德发展阶段的研究表明：

(1) 人们一步一步地依次通过这六个阶段，不能跨越。

(2) 道德发展可能中断，可能停留在任何一个阶段上，也可能倒退和堕落。

(3) 多数成年人的道德发展处在第四阶段上，也有少数人能始终坚持自己信奉的原则。

(二) 个人特征

管理者的个人特征对组织的管理道德有着直接的影响。这里所讲的个人特征，主要是指管理者的自我强度和控制中心。

1. 自我强度

自我强度用来度量一个人的信念强度。自我强度高的人更加可能做他们认为正确的事。可以推断，对于自我强度高的管理者，其道德判断和道德行为会更加一致。

2. 控制中心

控制中心用来度量人们在多大程度上是自己命运的主宰。具有内在控制中心的人认为，其控制着自己的命运；具有外在控制中心的人则认为，其生命中发生的任何事情都是由运气或机会决定的。从道德角度看，具有外在控制中心的人不大可能对其行为后果负责，更可能依赖外部力量；相反，具有内在控制中心的人则更可能对行为后果负责，并依赖自己内在的是非标准指导其行为。与具有外在控制中心的管理者相比，具有内在控制中心的管理者的道德判断和道德行为可能更加一致。

(三) 组织结构

组织的结构设计有助于管理者道德行为的产生。科学、合理的组织结构设计是提高管理者及组织成员道德品质、道德修养的根本途径，其对管理道德的影响主要表现为以下几个方面。

1. 组织内部机构和职责分工情况

这是指组织内部是否具备必要的权力制衡、监察、审计机制，有没有外部群众和舆论监督。如果有比较完善的内外制衡监督机制，就可大大预防和制止不道德的管理行为产生。

2. 组织内部的规章制度状况

清晰的规章制度对各级管理职务的实施细则和应遵守的道德准则提出了明确要求，可以有效预防不道德管理行为的产生。

3. 上级管理行为的示范作用

下级会十分关注上级的管理行为，从中弄清哪些管理行为是上级可以接受和真正期待的，进而“上行下效”，而完全不考虑规章制度的限制。

4. 绩效评估考核体系的情况

绩效评估考核体系会起到“指挥棒”的作用。如果评估考核奖惩偏重于成果并且所定的指标又偏高，人们就有可能迫于强大的压力而不择手段地去追求成果指标，从而引发许多不道德的行为。

（四）组织文化

组织文化的内容和强度会影响道德行为。组织文化创造了一个影响员工采取道德或不道德行为的环境，具体表现为：

（1）组织有无诚信、包容的组织文化对管理道德有重要影响。诚信做事、包容失败的组织文化必然会减少不道德的管理行为。

（2）风险承受力高、管控能力强、冲突包容性高的文化最有可能产生较高的道德标准。因为处在这种文化中的管理者具有进取心和创新精神，意识到不符合道德的行为会被发现，所以就可能形成较高的道德标准。在弱组织文化中，管理者可能以亚文化准则作为行为的指南。

（五）问题强度

问题强度是指管理者所面对问题的大小和严重程度，换句话说，问题强度是指该问题如果采取不道德的处理行为可能产生后果的严重程度。道德问题强度会直接影响管理者的决策。如果采取不道德的处理行为可能产生后果的严重程度越大，那么管理者越有可能采取道德的行为。危害的严重性、对不道德的舆论、危害的可能性、后果的直接性、与受害者的接近程度以及影响的集中性等因素决定了道德问题对个人的重要程度。根据这些原则，受到伤害的人越多，认为该行为是不可取的舆论越强，该行为造成危害的可能性越大，人们越是能够直接地感受到行为后果，观察者感觉与受害者越接近，该行为对受害者的影响越集中，问题强度就越大。当一个道德问题很重要时，也就是说，问题强度比较大时，我们就更有理由期望管理者采取道德的行为。

总之，管理人员的行为是否合乎道德，是管理人员道德发展阶段与个人特征、组织结构设计、组织文化和道德问题强度这些变量之间复杂的相互作用的结果。例如，一个缺乏强烈道德感的人，会被反对非道德行为的规则、政策、职务说明或强文化准则所约束，做不道德的、错事的可能性会小很多。相反，一个非常有道德感的人，也可能因为被一个组织的结构和允许或鼓励非道德行为的文化所腐蚀，进而做出不道德的事情。此外，管理人员更可能对道德强度很高的问题制定出合乎道德的决策。

四、培育管理道德的途径

改善管理道德行为、提升管理道德水平是综合性的、长期的工作，其培育途径主要包括以下几个方面。

（一）挑选高道德素质的管理者

管理者应该是一个具有高尚道德的人，至少是一个以高尚道德标准要求自己的人，而不只是一架会赚钱的机器。管理者是员工的表率，他们直接影响着员工的行为，因此，培育高道德的管理者就非常重要。在选拔管理者的过程中，要通过严格的筛选（比如申请材料审查、组织笔试和面试、试用）将高道德素质的人员招聘进来，从而避免录用低道德素质的人。党的二十大报告也强调：坚持德才兼备、以德为先、五湖四海、任人唯贤，把新时代好干部标准落到实处；树立选人用人正确导向，选拔忠诚干净担当的高素质专业化干部，选优配强各级领导班子。

（二）做好管理道德的教育工作

1. 提高管理道德认识

对管理道德价值的认识是培育管理者管理道德的前提，要充分认识到管理道德对个人、企业乃至社会的重要性。只有提高了对管理道德的认识，才能在思想上重视、在行动上实施、在发展中提升。

2. 培养管理道德情感

管理道德情感是指管理者对所从事管理工作的荣誉感、责任感，对服务对象的亲切感，热爱本职工作，敬业乐业等。管理道德情感一经形成，就会成为一种稳定而强大的力量，积极影响人们管理道德行为的形成和发展。

3. 锻炼管理道德意志

管理道德意志是指人们在履行管理义务的过程中所表现出来的、自觉地克服一切困难和障碍的力量和精神。是否具有坚毅果敢的管理道德意志，是衡量每个管理者管理道德素质高低的重要标志。

4. 坚定管理道德信念

管理道德信念是指管理者对所从事管理工作应具备的道德观念、道德准则、道德理想和发自内心的真诚信仰。管理者一旦牢固地确定了管理道德信念，就能自觉地、坚定不移地履行自己的义务，并能据此来鉴别自己或他人的行为。培养和确立终生不渝的管理道德信念，是每个管理者管理道德修养的中心环节。

5. 树立管理道德典型

典型引导是激励人们自觉规范道德行为的有效途径。为此，一是注重发挥管理者管理道德的表率作用；二是树立典型人物，做好舆论导向，发挥榜样示范的作用。

（三）提炼规范管理道德准则

管理道德建设的过程，就是管理者管理道德素质形成和不断完善的过程，这需要管理者把管理道德认识、管理道德情感、管理道德意志和管理道德信念等与所从事的管理工作、企业的实际情况等结合起来，注重吸收西方道德观中合理的成分，广泛继承中华民族传统道德观的精华，提炼出体现管理特色的管理道德准则，使管理者了解、明确管理道德规范，认清管理道德的标准和行为准则，以利于管理者形成良好的管理道德。

通过提炼管理道德标准，实行管理道德的规范化管理，使管理者自觉地对照管理道德准则时刻检查自己、规范自己的行为，将管理道德准则内化成管理道德认识，从而培养良好的管理道德行为习惯，既有利于管理者自身的提高与发展，又有利于企业管理水平的提高与发展。

（四）将管理道德行为列入岗位考核内容

管理道德的主体是管理者，一个合格的管理者也必然是一个有道德的管理者。做有道德的管理者，应该是每一个管理者的职业准则。为此，管理者需要把管理道德要求与自己的工作相结合，落实到实际行动中、具体工作中，形成稳定的职业行为，这在客观上也会在组织内部形成良好的道德风尚，使组织步入良性的发展轨道。因此，有必要将管理道德建设纳入管理者岗位考核内容之一，加强检查、考核、奖惩，使每一个管理者不断地自觉对照准则检查，不断地修正自己的行为方向，最终养成良好的管理道德。

（五）提供正式的保护机制

正式的保护机制可以使那些面临道德困境的员工在不用担心被斥责或被报复的情况下自主行事。例如，员工可以向上一级政府部门或纪律检查委员会进行信访或上访。接受信访或上访的部门应明确提出处理意见，而不是简单地转交原单位处理。这对保护检举人不受打击报复是十分必要的。

第二节　社会责任

社会责任

一、社会责任的含义

社会责任更多的是站在企业角度而言的，它是在20世纪20年代，随着资本的不断扩张而引起一系列社会矛盾，诸如贫富分化、社会穷困，特别是劳工问题和劳资冲突等而提出的。在西方，从20世纪60年代对社会责任的纷争到90年代众多企业对社会责任的认同和支持，共经历了30多年的时间，到了20世纪90年代末期，“社会责任”才逐步走上制度化的发展轨道。

目前，社会责任的概念已经被广泛接受，但就国际社会而言，社会责任还没有一个统一的定义。许多重要的国际组织对社会责任给出的定义虽表述不一，但是其基本内涵和外延是一致的。

社会责任是指组织在遵守、维护和改善社会秩序、保护增加社会福利方面所承担的职责和义务。例如，企业社会责任是指企业在创造利润、对股东利益负责的同时，还要承担对员工、消费者、社区和环境的社会责任，包括遵守商业道德、保障生产安全、维护职业健康、保护劳动者的合法权益、保护环境、支持慈善事业、捐助社会公益、保护弱势群体等内容。从企业社会责任的对象来看，企业社会责任除了传统的对企业股东负责外，还要承担对企业的利益相关者的责任。利益相关者是指企业产品的消费者、员工、供应商、社区、民间社团和政府等。企业在经营的过程中，仅仅从经济因素上对股东负责是远远不够的，还必须同时考虑到环境和社会因素，并同时承担起相应的环境责任和社会责任。

二、两种不同的社会责任观

在企业如何对待社会责任问题上，理论界存在两种不同的观点：古典观与社会经济观。

（一）古典观

这种观点认为，企业只应该对股东负责，企业只要使股东的利益得到满足，就是具有社会责任的表现，至于其他人的利益，则不是企业所要管的和所能管的，为此，古典观也称“纯经济观”。

古典观是典型的反社会责任的观点，这种观点把企业自身的经济利益和社会利益对立起来。这一观点的核心思想就是，企业管理者唯一的社会责任就是实现利润的最大化，就是为股东谋求最大的投资回报。古典观的代表人物是诺贝尔经济学奖获得者弗里德曼。他认为，如果企业的管理者将经营资源投向社会利益方面的话，他们的行为和做法就会使市场机制的作用大打折扣。如果企业承担了一定的社会责任而导致企业利润下降，那么股东利益就会受到损害；企业履行社会责任而导致员工工资福利减少，那么员工利益就会受到损害；企业履行社会责任而导致销售价格上扬，顾客利益就会受到侵蚀。

（二）社会经济观

社会经济观与古典观是相对立的，它认为，企业除了要赚取合理利润以外，还应为相关利益群体（如债权人、供应商、消费者、员工、所在社区乃至政府等）承担其应该负担的社会责任。为此，企业必须履行社会义务并承担由此产生的社会成本。企业必须以不污染、不歧视、不从事欺骗性的广告宣传等方式来保护社会福利，企业必须融入自己所在的社区及资助慈善组织，从而在社会进步的过程中扮演积极的角色。因为企业存在于社会之中，企业的发展受社会的影响。社会为企业的生存和发展提供了基本条件，企业是依托社会而存在的，企业只有承担自己的社会责任，才能获得社会的认可，树立良好的企业形象。

两种社会责任观的比较如表 4－2 所示。

表 4－2 两种社会责任观的比较

比较项目	古典观	社会经济观
利润	承担一些社会活动会白白消耗企业的资源；目标的多元化会冲淡企业的基本目标——提高生产率因而减少利润	企业参与社会活动会使：（1）企业自身形象得到提升；（2）与社区、政府的关系更加融洽而增加利润，特别是增加长期利润

续表

比较项目	古典观	社会经济观
股东利益	企业参与社会活动实际上是管理者拿股东的钱为自己捞取名声等方面的好处，因而不符合股东利益	承担社会责任的企业通常被认为其风险低且透明度高，其股票因符合股东利益而受到广大投资者的追捧
权力	企业承担社会责任会使其本已十分强大的权力更加强大	企业在社会中的地位与所拥有的权力均是有限的，企业必须遵守法律、接受社会舆论的监督
责任	从事社会活动是政治家的责任，企业家不能越俎代庖	企业在社会上有一定的权力，根据权责对等的原则，它应该承担相应的社会责任
社会基础	公众在企业社会责任问题上意见不统一，企业承担社会责任缺乏一定的社会基础	企业承担社会责任并不缺乏社会基础，近年来舆论对企业追求社会目标的呼声很高
资源	企业不具备承担社会责任所需的资源，如企业领导人的视角和能力基本上是经济方面的，不适合处理社会问题	企业拥有承担社会责任所需的资源，如企业拥有的财力资源、技术专家和管理人才，可以为那些需要援助的公共工程和慈善事业提供支持

三、社会责任与经营业绩

企业社会责任与经营业绩之间的关系没有统一的结论。传统的公司理论认为，企业是以营利为宗旨，最大限度地追求股东利益的社会组织。于是，现代社会中的企业，基于企业内部收益的计算，把最大限度地获取收益作为自己的活动目标，从而淡化了承担社会责任的义务。

随着社会环境的变化和消费者意识的提高，企业承担社会责任已经成为企业长期发展的必备条件。研究企业社会责任与企业绩效的关系，对企业的所有利益相关者来说，其价值都是无法衡量的。企业社会责任与经营业绩的关系会影响企业利益相关者，而且会进一步影响企业的发展。企业的社会责任固然需要付出成本，但这样的成本是不是就不会带来收益呢？答案是否定的，正如英国学者约翰·凯教授所言："一个公司成功的核心因素是超越以赚钱为目的的。正是这个因素激发了员工的忠诚度，使企业有创造和革新的激情，最终使企业能够获得成功。"

大量的实践表明：企业遵守严格的环境标准，从事环境公益事业，短期内无疑会增加企业的经营成本，但从长期来看，企业承担社会责任的大小与其经营业绩呈正相关。企业履行社会责任有助于提升企业绩效，能够树立良好的公众形象，获得更多的外部支持，从而提高经济绩效。因此，企业在追求利润的同时，应主动为股东以外的利益相关者谋取一定的利益，企业的经营者应以企业的长远利益和社会的可持续发展为目的。

四、社会责任的具体体现

（一）对员工的责任

企业在提高核心竞争力的同时，应坚持"以人为本"，维护员工的合法权益，建立规范和谐稳定的劳动关系；为员工创造适宜的工作环境，予以更多人文关怀，关心员工身心健康；招聘、晋升等方面不能有性别、种族歧视，不能侵犯员工隐私；薪酬要公平合理，让员工生活得到保障。

（二）对顾客的责任

企业对顾客的责任主要体现在提供安全的产品、提供正确的产品信息、提供售后服务、提供必要的指导以及赋予顾客自主选择的权利。企业千万不能做对顾客不负责任的事情，例如，欺骗性的广告宣传、在营销和推广上夸大其词、生产不安全或有损健康的产品。有些经营者明知产品含有危害人体健康的成分，但故意向消费者隐瞒真相，而大力宣传其对消费者有利的方面，或擅自夸大产品的功效。

（三）对竞争对手的责任

在竞争激烈的市场中，一个企业要消灭行业中所有的竞争对手几乎是不可能的。竞争与合作是市场经济的永恒主题。就像有些企业家已经认识到的那样，竞争的终极目标不在于获得一整块蛋糕，而应在于如何做出更大的蛋糕共同分享。不要假冒其他企业的商标，生产假冒伪劣产品，侵犯他人商业秘密，损害竞争对手商业声誉等。要避免企业间不讲信誉、彼此拖欠和赖账、不履行合同。

（四）对环境的责任

20 世纪 60 年代以来，面对人类生存环境的不断恶化，环境保护运动开始在全球范围内兴起，保护人类共同的家园成为地球人的共识。国际领域内环保浪潮的兴起、国内政府对环境保护的积极干预和公众环境意识的逐步提高，促使环境保护成为社会个体维护自身生存与发展的自觉行动。党的二十大报告将“人与自然和谐共生的现代化”上升到“中国式现代化”的内涵之一，再次明确了新时代中国生态文明建设的战略任务，总基调是推动绿色发展，促进人与自然和谐共生。二十大报告指出：“要推进美丽中国建设，坚持山水林田湖草沙一体化保护和系统治理，统筹产业结构调整、污染治理、生态保护、应对气候变化，协同推进降碳、减污、扩绿、增长，推进生态优先、节约集约、绿色低碳发展。”在这样的背景下，企业也开始将环境保护、环境管理纳入经营决策之中，寻求自身发展与社会经济可持续发展目标相一致。

企业对环境的责任主要包括维护环境质量、使用清洁能源、共同应对气候变化和保护生物多样性。企业应采取的具体措施包括：调整结构，优化工艺，生产环境友好产品；努力节能降耗，提高资源和能源利用效率；重视全过程的污染防治，全面推行清洁生产。

（五）对社会发展的责任

企业应坚持依法诚信经营，遵守商业道德；坚持奉献社会、回报社会，热心公益事业，做合格的企业公民，促进企业可持续发展。企业对社会发展的贡献非常广泛，涉及救助灾害、救济贫困、扶助残疾人等困难的社会群体和个人，赞助教育、科学、文化、卫生、体育、环保、社会公共设施建设或其他促进社会发展和进步的社会公共和福利事业等方方面面。同时，企业应避免财务欺诈、偷税漏税、官商勾结、权力腐败、商业贿赂、地方保护主义、国有企业改革中的“内部人”控制现象等，这些都是企业对社会发展的责任。

专栏 4－1

共赢思维

古希腊历史学家希罗多德在埃及奥博斯城的鳄鱼神庙发现了一种奇怪的现象：大理石水池中的鳄鱼在饱食后常张着大嘴，任凭一种灰色的小鸟在那里啄食剔牙。这使他非常惊讶，他在著作中写道：所有的鸟兽都避开凶残的鳄鱼，只有这种小鸟却能同鳄鱼友好相处，鳄鱼从不伤害这种小鸟，因为它需要小鸟的帮助。这种灰色的小鸟叫“牙签鸟”，又称“鳄鱼鸟”。它在鳄鱼的“血盆大口”中寻觅水蛭、苍蝇和食物残屑；有时，牙签鸟干脆在鳄鱼栖居地筑巢，为鳄鱼站岗放哨，只要一有风吹草动，它们就会一哄而散，使鳄鱼警觉起来。正因为如此，鳄鱼和牙签鸟才能和睦共处，形成互利互惠的良好合作局面。

启示：动物尚且懂得互利共赢，作为“万物之灵长”的人类更应该具有共赢思维。企业只有更多地关注社会，承担更多的社会责任，才能达到共赢。

复习思考题

1. 什么是道德？道德的发展分为哪几个层次？有哪几个阶段？
2. 什么是管理道德？管理道德有哪些特征？
3. 影响管理道德的因素有哪些？
4. 培育管理道德的途径有哪些？
5. 什么是社会责任？企业为什么要承担社会责任？
6. 简述两种不同的社会责任观。
7. 社会责任与经营业绩存在什么关系？
8. 社会责任具体体现在哪些方面？

案例分析

案例：以责任显担当

2021 中国企业社会责任云峰会上，康师傅控股凭借推动绿色发展、助力乡村振兴、数字化快速响应急难救助的杰出表现，从众多企业案例中脱颖而出，最终获评“社会责任优秀案例”。

康师傅相关负责人表示，作为民族品牌企业，入选中国企业社会责任优秀案例是荣耀，更意味着责任。康师傅将继续秉持“弘扬中华饮食文化”的使命和“永续经营，回馈社会”的企业宗旨，以实际行动为经济发展和人民幸福做出积极贡献。

1. 创新惠农模式　助力乡村振兴

作为农产品深加工龙头企业，康师傅在助力乡村振兴方面探索了众多举措。一方面，康师傅通过每年数百万吨的农产品采购直接带动逾四千万农民提高收入，在满足消费者对营养健康需求的同时，加大对农产品的采购量，让农民的“钱袋子”鼓起来；另一方面，康师傅也不断探索惠及“三农”的新模式：升级打造“企业＋基地＋农户”的产业链模式、启动内蒙古康巴诺尔国际农业产业园项目，通过辅导农户种植、严格控制产地端品质与检测监管，推动农业技术升级，拉动地方经济，成功带动当地近万农民就业。

2. 技术革新推动节能减排　绿色发展共保家园常青

按照国家提出的新发展理念，康师傅将可持续发展理念升级为“家园常青，健康是福”，并且根据全球首份由联合国机构发布的全面指导企业实现碳中和的报告《企业碳中和路径图》推荐的“3699”路径，在企业的碳中和战略上确定了“开展碳基线盘查”“设定减排目标”“设计减排举措”三步走的路线图。

2021年，康师傅启动了集团全面碳盘查专项，为后续进一步科学减碳打下基础。同时康师傅也将碳盘查延伸到产业链上下游，希望能够成为行业减碳的标杆和典范。

康师傅率先洞察到消费者健康意识提升的趋势，创新研发了无糖茶等新产品，契合了大众消费升级新需求，满足消费者对营养健康饮食的追求，用“欢乐饮食”为创造美好生活服务，为健康中国建设贡献康师傅力量。在产业结构调整的同时，康师傅也明显减少了碳排放，据测算，每生产100万瓶500ml无糖冰红茶，相比于传统的含糖冰红茶，在用糖方面的碳排放可减少约29吨，相当于1300棵树一年的吸收量。

近年来，康师傅通过技术革新、数字化转型等方式切实有效地推动更绿色、低碳的可持续发展，并带动上下游伙伴实现共赢。2020年康师傅每万箱产品温室气体同比2017年下降22%。康师傅开发的方便面蒸箱余热回收装置，每年可减少因能源消耗而产生的二氧化碳排放17.3万吨。康师傅旗下饮品事业的广州、西安和苏州工厂采用光伏发电的方式，每年发电1 272万度，减少温室气体排放相当于34万棵大树一年的碳吸收量。

为了进一步带动行业绿色低碳发展，打造绿色消费新时尚，2022年新春伊始，康师傅在行业内率先推出了无标签饮料，首次尝试瓶装产品去除瓶标，并改善了包装形式，更方便回收再利用，在原材料上落实环保减碳。

未来，康师傅将不断依托自身优势资源，更好地将社会责任融入企业发展之中，服务人民美好生活，创造更多社会价值。

资料来源：新华网. 以责任显担当，康师傅入选2021企业社会责任优秀案例［EB/OL］（2022-03-01）［2023-09-30］. http://www.chinatopbrands.com.cn/s/1450-5758-43527.html.

分析与讨论：

什么是企业的社会责任？你如何看待康师傅的做法？

在线自测

扫一扫　练一练

第五章　预测与决策

本章导读

预测是决策的前提，预测的质量直接决定了决策的质量。决策是预测的逻辑延续，决策在管理活动中的重要性无论怎么强调都不过分。这不仅是由于决策几乎渗透于管理活动的全过程，更是由于决策正确与否是管理成败的关键。关于决策的定义，可谓仁者见仁，智者见智。尽管定义表述各不相同，但共同的观点是：决策活动是一个完整的过程，其中包括识别问题或机会、设计和拟订备选方案、比较评价备选方案、选择方案、实施方案以及评价与反馈等主要步骤。这其中，西蒙提出了方案优选的标准是满意标准。

由于管理中的决策问题千差万别，决策也就多种多样。依据不同的标准，我们可以将错综复杂的决策活动划分成若干种不同的类型，如战略决策、战术决策和业务决策，程序化决策和非程序化决策，个人决策和群体决策等。在漫长的管理实践中，人们发明了一系列针对不同决策类型的决策方法。应该说，每一种决策方法都有其科学的一面，同时也存在一定的局限性。把握决策类型的特点，掌握科学决策方法是提高决策正确性及决策效率的重要保证。

学习目标

通过本章的学习，能概述预测与决策的定义以及在管理过程中的地位和作用；区分不同类型的预测与决策；掌握预测与决策应遵循的原则，了解预测的方法，掌握决策方案优选的标准，理解决策的影响因素；熟悉决策过程的基本步骤；了解并能够应用各种决策的方法。

关键概念

预测　定性预测　定量预测　决策　程序化决策　非程序化决策　头脑风暴法　德尔菲法　战略决策　战术决策

第一节　预　　测

预测

"凡事预则立，不预则废。"这句话充分说明了预测分析的重要性。自古以来，人们一直向往未来，关心未来的发展，因而人类的预测活动史源远流长。古人曾用龟甲或兽骨来占卜，推断祸福。在古希腊的奴隶社会甚至还有专门从事“预测”的机构。

一、预测概述

（一）预测的概念

预测是在掌握客观事物发展变化规律的基础上，对事物未来的发展变化进行估计、预料和推测的活动。简单来说，预测是指根据过去和现在对事物发展的未来趋势和结果做出的估计。

人类要保证行动的正确性，实现预期目标，就必须对未来进行预测，以尽可能地减少环境的不确定性。对组织来说，无论是进行决策，还是制订计划，都必须对未来的状况做出估计，以这种估计作为决策和计划的依据。

预测、决策与计划虽然都与未来有关系，但预测不同于决策，也不同于计划。预测是对未来事件的陈述，为决策者提供关于未来的可能性信息。决策侧重于对有利时机和目标的科学选择。计划是对未来事件的部署。预测是决策的前提，决策是预测的逻辑延续。预测要说明的问题是将来会怎样，即在一定条件下，估计将要发生什么变化，决策要说明的问题是将来采取或不采取哪些措施和行动，而计划要说明的问题是要使将来成为怎样，即应当采取什么措施和行动来改变现存的条件，并对未来做出安排与部署，以达到预期的目的。预测、决策与计划都是管理工作的重要组成部分。

（二）预测的依据

预测要遵循以下原理。

1. 惯性原理

任何事物的发展在时间上都具有连续性，表现为特有的过去、现在和未来这样一个过程。因此，人们通过认识事物的过去和现在，并以此为依据总结事物运行的规律，从而推测未来的发展。

2. 因果原理

一个事物的发展变化，必然影响到其他有关事物的发展变化。因此，有可能根据一个事物来预测另一个事物。比如，一个国家在一定时期内采用某种特定的经济政策，势必对市场经济的发展产生影响。

3. 相似原理

事物的发展是有规律的，人们可以认识、掌握、利用这些规律推演出相似事物未来可能的发展趋势。比如，产品在市场上都要经历投入期、成长期、成熟期、衰退期等生命周期过程。

4. 概率原理

客观事物的未来发展受多种因素的制约，具有多种可能性，这种可能性的大小可以用概率论和数理统计方法，求出随机事件出现各种状态的概率，然后根据概率去预测对象的未来状态。

（三）预测的作用

预测工作在管理中所起的作用，主要表现在以下几个方面：

（1）帮助人们认识和控制未来的不确定性。准确的预测能够预计、推测出事物发展和环境变化的趋势，能够描述、勾画出未来一定期间内，它们的发展变化可能达到的状态和程度，从而为决策提供依据。

（2）使计划的预期目标与可能变化的周围环境、经济条件保持一致。预测可以帮助管理者提高计划与决策的可行性，防止片面性。

（3）预测可以帮助管理者事先估计到实施计划后可能产生的后果，从而为选择最优方案、达到最终目标提供依据。

二、预测的内容与步骤

（一）预测的基本内容

在组织管理中，预测一般包括经济预测、技术预测、社会预测和政治预测等内容。

1. 经济预测

经济预测可分为宏观经济预测和微观经济预测。

宏观经济预测是为制定国民经济规划、经济计划和经济政策服务的。它主要预测最终产品的社会需求量及发展变化趋势，各种非生产性的社会需求，预测财政、信贷、税收、储蓄等因素的变动，预测国民生产总值、国民收入和社会总需求的情况，预测劳动力的需求和供给状况等。

微观经济预测主要是指从企业经营的角度所做出的各种经济预测，它以宏观经济预测为基础。如市场预测，主要对产品销售市场、资金市场、劳动力市场、原材料市场等进行预测。微观经济预测往往是企业利润预测和现金流量预测的基础，也是企业制订各种计划的前提，因此，预测工作是企业经营管理工作的重要环节。

2. 技术预测

在企业面临的诸多环境因素中，科学技术是一项重要而又有长远影响的因素。科学技术本身就是强大的生产力，其发展速度能够决定新旧产品的替代速度，其发展水平能够决定一个工业部门的存亡。现代技术环境下技术进步的步伐不断加快，从技术发明到投入大规模商品化应用时间不断缩短，“产品技术寿命周期”不断缩短与加速，所有这些趋势都使得技术预测日益引起人们的重视。企业要取得经营上的成功，就必须预测科学技术发展可能引起的后果和问题及可能带来的机遇和挑战，必须注意本行业产品的技术状况及发展趋势，进行准确预测。

3. 社会与政治预测

社会环境和政治环境是影响企业生产经营活动和未来发展的重要外部条件。社会环境主要有通货膨胀、失业状况、人口数量、居民文化教育水平、价值观念、社会福利状况、社会安全程度等因素；政治环境如政治的清明程度、政局的稳定程度、战争等因素。它们直接或间接、暂时或长远地对企业发展产生重要影响。所以，企业的计划工作要对上述环境因素的状况和发展趋势尽可能地进行预测。当然，在这些因素中，还存在着难以预测的另外一些因素。

（二）预测的步骤

预测既然是一项至关重要的管理工作，就必须要有一套严格的操作程序。根据预测工作的先后顺序，预测工作可分为以下 4 个步骤：确定预测目标，收集预测资料，进行预测处理，结果分析与评价，如图 5-1 所示。

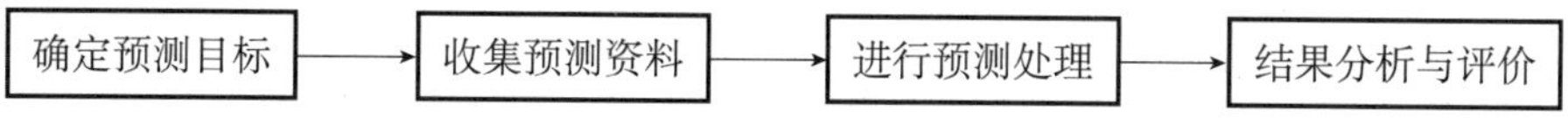

图 5-1　预测的步骤

1. 确定预测目标

预测总是围绕一定的目标和任务进行的，只有这样，预测工作才能有的放矢。预测工作首先要回答为什么要预测，预测什么，对预测工作有何要求，应达到怎样的目标。具体来说，确定预测目标主要解决以下三个问题：

（1）确定预测对象，即预测是为了解决什么问题，需要收集什么资料，精确度有多高，等等。

（2）确定预测时间，即预测有没有时限要求。

（3）确定预测计划，包括确定人员的组成、经费预算、完成期限等。

2. 收集预测资料

资料是预测的依据。进行预测，必须充分占有资料。收集有关资料是进行预测重要的基础工作。有了充分的资料，才能为预测提供可靠的相关信息。这些资料包括反映事物发展的历史数据、统计资料以及在某一特定时间内预测对象的各类有关信息等。

收集资料一定要注意广泛性、适用性。对于收集到的资料，一定要鉴别和整理加工，辨别资料的真实性和可靠性，去掉那些不真实、与预测关系不密切、不能说明问题的资料。

3. 进行预测处理

进行预测处理，是对收集的资料进行综合分析，并经过判断、推理、概括，使感性认识上升为理性认识，由事物的现象深入到事物的本质，描述预测对象的基本演变规律。进行预测处理是预测工作的关键，一般分为以下三个步骤：

（1）选定预测方法。根据预测的目的、费用、时间、设备和人员等条件选择合适的方法，是预测成功的关键。在条件许可时，对同一个预测目标，一般应同时采用两种或两种以上的预测方法，以便相互验证，提高预测质量。

（2）建立预测模型。如果是定量预测，往往要根据事物的性质和收集的资料建立相关的预测模型。

（3）进行推理和计算。运用选定的预测方法，对占有的信息资料进行推理、判断、统计和计算，得到预测的结果。在此，我们要注意的是，必须对已得到的初步结果进行必要的审核，以便对其进行修正。

4. 结果分析与评价

预测是一种估计和推测，很难与实际情况 100%吻合，出现误差是不可避免的。产生误差就要分析原因，大致有两种原因：一种可能是收集的资料有遗漏和篡改或预测方法有缺陷；另一种可能是工作中的处理方法不当、工作人员的偏好影响等。因此，每次预测实施后，要把实际值与预测值相比较，找出预测误差，估计其可信度。为了对预测结果和预测方法做出实事求是的评价，主管人员必要时可组织专家评议，对专家的评议意见要进行反馈和应用，发现问题要设法及时解决。

三、预测的方法

（一）定性预测方法

所谓定性预测，是指预测者根据来自各方面的意见、信息与情报，综合分析当前的环境，以及环境中各因素的内在联系而做出的预测。定性预测适合预测无法计量的社会经济现象。

定性预测方法简便，易于掌握，而且用时少、费用低，因此得到广泛应用。但是，定性预测方法缺乏数量分析，主观因素的作用较大，预测的准确度难免受到影响。因此，在采用定性预测方法的同时，还可以结合定量分析方法，对定性预测的结果进行完善、补充、修正，从而使预测结果更准确。

一般而言，定性预测方法主要有个人判断法、集体意见法、专家会议法、德尔菲法、相关因素法以及类比法等。

1. 个人判断法

个人判断法是主要依靠预测者个人的经验和判断能力，经过个人推断，对所研究问题的发展趋势、发展程度做出预测的一种方法。

2. 集体意见法

集体意见法是预测的组织者根据预测要求向预测者提出要求与限制条件，各预测者根据自己的专业知识和经验制订出各自的预测方案，参与者共同来决定各种方案成功实现的概率，最后根据概率计算出最终的期望值。这种方法又称集体期望值法，也是一种让员工参与管理的方法，就是集企业内部经营管理人员和其他有关人员凭他们的经验和掌握的知识进行判断的一种方法。

3. 专家会议法

专家会议法就是邀请有关方面的专家，通过开会的形式，让每一位专家对预测对象做出判断，并在这些分析判断的基础上，综合专家们的意见，对预测对象未来状况做出最后的预测结论。

4. 德尔菲法

德尔菲法（Delphi Technique）又称专家意见法或专家函询调查法，是采用背对背的通信方式征询专家小组成员的预测意见，经过几轮征询，使专家小组的意见趋于集中，最后做出预测结论。所以，德尔菲法是一种利用函询形式进行的集体匿名思想交流过程。其基本步骤如下：

（1）根据特定的问题，选择并确定一组具有相关经验的专家名单。

（2）针对问题仔细设计调查问卷，将问卷分发给所有专家，并要求每一个专家独立地、以匿名的方式完成问卷。

（3）收回问卷并对问卷的结果进行编辑和汇总，再将第一轮问卷的结果反馈给所有专家，以激发他们的创意或促使他们调整和改变原有的看法。

（4）再次请求专家提出新一轮的意见或方案，并重复前面的步骤至第三轮、第四轮甚至更多，直到获得相对一致的意见。

与其他专家决策方法相比，德尔菲法有以下三个明显的特点：

（1）匿名性。即专家组成员不直接见面，只是通过函件交流，这样就可以消除权威的影响。

（2）反馈性。即需要若干轮信息反馈，使得最终结果基本能够反映专家的想法和对信息的认识，所以结果较为客观、可信。

（3）统计性。即对诸多专家的意见进行统计学处理，并以概率的形式反映专家意见的集中度。

德尔菲法的优点：简便易行，具有一定科学性和实用性，可以避免会议讨论时产生随声附和等弊病，同时能较快形成易接受的结论，在一定程度上具有综合意见的客观性。

德尔菲法的缺点：一是由于预测主要依靠专家，因此，仍属专家们的集体主观判断；二是在选择合适的专家方面较困难；三是决策速度太慢。

5. 相关因素法

事物的变化往往是由许多因素所决定的。相关因素法就是分析影响事物的各种因素，从中选择一个或几个主要因素，根据它们的变化来预测事物的变化情况。例如，肥皂、香皂、洗衣粉存在替代作用，在一定时期内，如果市场的总需求量不变，随着人们对含磷洗衣粉污染环境的认识提高，有可能会造成肥皂和香皂的需求量上升。

6. 类比法

类比法是遵循类比原则，把预测目标与同类的、相似的先行事物加以对比分析，根据先行事物的发展变化状况，来预测目标未来发展趋势与可能水平的一种预测方法。类比法的形式有很多，如由点推算面，由局部类推整体，由类似产品类推新产品，由相似国外市场类推国内市场，等等。类比法一般是用来预测新市场消费者的潜在购买力、预测新产品长期的销售变化规律等，它主要用于中长期预测。

（二）定量预测方法

定量预测是指在数据资料充分的基础上，运用数学方法，对事物未来的发展趋势进行的估计与推测。定量预测方法有两个明显的特点：一是依靠实际观察数据，重视数据的作用和定量分析；二是建立数学模型作为定量预测的工具。

定量预测的优点是可以得到比较准确的量化数据，克服预测过程中存在的主观人为因素的影响，使预测工作更加科学和客观。

定量预测方法的运用，必须具备两个前提条件：一要有充分的历史资料；二是影响预测对象发展变化的因素相对稳定，并能以此作为依据建立数学模型。由于管理中的许多问题并不能量化，所以，定量预测方法的运用有一定的局限性。

定量预测的方法主要包括以下几种。

1. 时间序列分析法

时间序列是指各种经济指标的统计数据按时间先后顺序排列而成的数列。时间序列分析法，就是将影响计划制订的同一变数的一组观察值，按时间顺序加以排列，构成时间序列，然后运用一定的数学方法使其向外延伸，预计事物未来的发展变化趋势，确定预测值。常用的时间序列分析法包括算术平均法、加权平均法和几何平均法。

（1）算术平均法。

设有 n 个观察期的观察值 X_1，X_2，X_3，…，X_n，则以这些观察值的算术平均数 $\overline{X}$ 平作为预测值。

$$\overline{X}=\frac{1}{n}\sum X_i$$

算术平均法适用于预测对象没有显著的长期趋势和季节变化的情况。它的缺点是对所有观察值，不论距离预测目标时间的长短，都同样对待，这不符合市场的实际发展规律。

（2）加权平均法。

加权平均法对不同的观察值赋予不同的权重，一般离预测时间越近的观察值所赋予的权重越大，这样就克服了算术平均法的缺点。

$$\overline{X}=\sum W_iX_i$$

其中 W_i 为每个观察值所占权重，总的权重 $\sum W_i=1$。

（3）几何平均法

当预测对象的发展过程是持续上升或下降的，并且上升或下降的幅度大致相当时，可以采用几何平均法。几何平均值

$$\overline{X}=(X_1\cdot X_2\cdot\cdots\cdot X_n)^{\frac{1}{n}}$$

2. 因果分析法

因果关系是客观事物间普遍存在的一种联系。例如：降雨量与农产品的产量，房屋竣工面积与钢材、水泥的消耗量，居民平均收入水平与耐用消费品的销售量，学龄人口数量与教师的需求量等，都具有较强的因果关系。

因果分析法是根据事物之间的因果关系对变量的未来变化进行预测的方法。利用因果分析进行预测的方法有很多，包括一元线性回归分析法和回归模型预测法等。因果分析就是从事物变化的因果关系出发进行预测的一种方法，它不仅剔除了不相关的因素，还综合考虑相关因素的紧密程度，提高了预测的可靠性。当研究的因果关系只涉及因变量和一个自变量，而且因变量和自变量的因果关系的函数表达式为线性时，称为一元线性回归分析。这里主要介绍一元线性回归分析法。

一元线性回归分析法的步骤如下：

首先，进行定性分析，确定有哪些可能的相关因素。

其次，收集这些因素的统计资料。

再次，应用最小二乘法，求出各因素之间的相关系数并建立起回归关系函数表达式，即回归方程：

$$Y=a+bX$$

最后，根据这个回归方程预测未来值。

在回归方程 $Y=a+bX$ 中：

$$a=Y-bX$$

$$b = \frac{n\sum X_iY_i - \sum X_i \sum Y_i}{n\sum X_i^2 - (\sum X_i)^2}$$

$$\overline{Y} = \frac{1}{n}\sum Y_i$$

$$\overline{X} = \frac{1}{n}\sum X_i$$

第二节　决策概述

决策概述

一、决策及其作用

（一）决策的概念

决策是指人们在行动之前做出决定。人们任何有目的的行动，都有一个如何决策的问题，决策的正确与否，是其行动成败的关键。

在组织管理工作中，决策就是组织为了实现某一特定目标，在掌握充分信息和对有关情况进行深入分析的基础上，用科学方法拟订并评估各种方案，从两个以上的可行方案中选择合理方案并组织实施的全过程。

决策自古有之，在人类历史上，不乏著名的决策范例。但是，那时候的决策多属于政治和军事方面的，而且这种决策，从本质上讲，是依靠个人经验来决断的，是一种经验决策，它是与小生产方式相适应的，与现代科学决策有着根本的不同。

科学决策是现代管理理论的组成部分，它是在20世纪才出现并逐渐得到发展的。美国管理学家赫伯特·西蒙创立了决策理论，且以西蒙为首形成了管理理论的一个新学派，即决策理论学派。西蒙对决策理论的贡献主要是：（1）突出决策在管理中的地位；（2）对决策原理提出了许多新见解，如用“满意标准”来代表传统的“最优标准”；（3）既强调在决策中采用定量方法、计算技术等新的科学方法，又重视心理因素、人际关系等社会因素在决策中的应用。决策理论的产生是管理理论本身发展的自然结果，也是市场经济发展对管理理论的要求。

（二）决策的作用

1. 决策是决定组织管理工作成败的关键

决策在管理活动中占据着非常重要的地位。西蒙认为：“管理就是决策。”这一论断使决策在管理中的地位和作用跃然而出，尽管我们不能就此从字面上把“管理”和“决策”两个概念等同起来，但是，很显然，西蒙之所以提出“管理就是决策”，其目的和本意仍然是强调决策是管理的核心内容，决策贯穿于管理活动的全过程。

管理学上有一句名言：对于一个错误的决策，100个行动也无法挽救。决策不仅仅渗透于管理活动的各个方面，同时，其正确与否直接关系着管理活动的成败，关系着一个组织的生存与发展。不断的正确决策会引导组织走向成功，相反，连续的决策失误必然使组织走向毁灭。管理决策与分叉理论如图5-2所示。

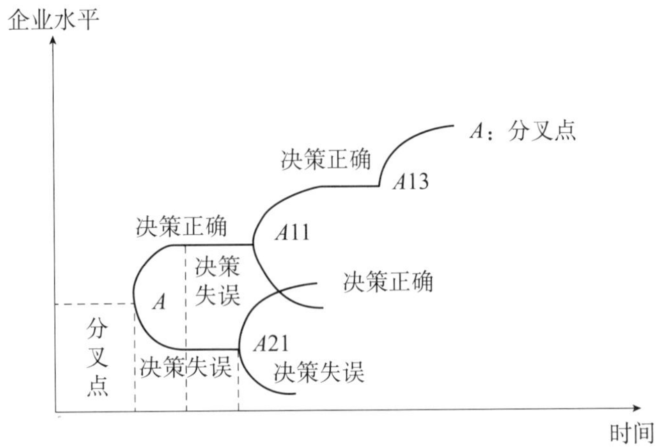

图 5-2 管理决策与分叉理论

现实生活中许多正面的和反面的例子都已经证实，决策正确与否，是管理成败的关键。对于实际管理者而言，一旦决策失误，尤其是一些重大战略性决策的失误，往往导致全盘皆输的结局。国内外众多企业由盛到衰的过程，很大程度上从反面印证了科学决策在企业发展过程中的地位和作用。美国《财富》杂志根据对 CEO 失败原因的长期分析，认为这些企业家的失败有六大原因，其中之一就是决策的失误。这些决策问题主要表现为：决策的独断和无制约、决策的随意性、一夜暴富的投机性。20 世纪末，我国大批红极一时的民营企业纷纷陨落，从巨人集团，到沈阳飞龙、三株集团、山东秦池、广东爱多，等等。这些企业曾经在中国市场上创造了一个个神话，取得了令人瞩目的成绩。但是仅仅在几年之间，它们就从人们的视线中消失，其中最主要的原因就是决策的失误。沈阳飞龙相关负责人在总结自己失败的教训时，归纳出了“总裁的 20 大失误”，其中前三条分别是决策的浪漫化、决策的模糊化、决策的急躁化。三株集团相关负责人在总结经验教训时也就决策的问题进行了分析，认为由于决策权过分集中、缺乏“智囊团”而使决策出现了一些失误，对公司影响很大。总之，一个个决策的失误，使我国企业承受了无法估量的损失。所以，正确的决策成为企业必须关注的一大问题。

2. 决策是实施各项管理职能的保证

决策贯穿于组织各个管理职能之中，在组织管理过程中，每个管理职能要发挥作用都是离不开决策的。美国管理学教授斯蒂芬·罗宾斯指出：“决策对管理者每一方面工作的重要性是怎么强调也不过分的，因为决策几乎渗透于所有主要的管理职能中。”管理的各种职能活动是同决策密切联系的，无论是计划、组织职能，还是领导和控制等职能，其实现过程都需要决策。没有正确的决策，管理的各项职能就难以充分发挥作用。例如，在计划工作中，无论是确定发展的方向和速度，还是规定品种结构和产品质量，都需要做出周密的决策。在计划的执行、检查过程中，一旦发现偏离原定的要求时，必须采取合理措施加以纠正，这就要求及时做出决策。

二、决策的类型

管理中的问题千差万别，由此，决策也就多种多样。依据特定的标准，我们可以将决策区分为不同的类型。了解各种不同类型的决策可能具有的共同点，有助于管理者把握决策活动的规律性，从而提高决策的效率和效果。

（一）按照决策性质分类

按照性质的不同，决策可以分为战略决策、战术决策和业务决策。

1. 战略决策

战略决策是指与企业发展方向和愿景有关的重大问题的决策。战略决策对组织而言是最重要的，通常包括组织目标与方针的确定、技术革新和技术改造、产品的更新换代等，这些决策涉及组织的方方面面，一般由企业的高层管理者做出，具有长期性、方向性、全局性的特点。

2. 战术决策

战术决策是指为实现战略目标所采取的决策，也称管理决策。其主要内容涉及企业组织机构的设计和变更，各种规章制度的建立和改革，企业内部人力、物力、财力的协调与控制等。战术决策一般由企业的中层管理者做出，具有局部性、短期性的特点。

3. 业务决策

业务决策是指为提高日常生产经营活动的工作效率而做出的决策。业务决策涉及范围相对较窄，只对组织的局部产生影响。其主要内容有生产决策、存货决策、销售决策等。在企业外部环境相对稳定时，业务决策特别重要，但在企业外部环境不断变化时，战略决策就显得特别重要。

（二）按照决策活动表现形式分类

按照决策活动表现形式的不同，决策可以分为程序化决策和非程序化决策。

1. 程序化决策

程序化决策是指常规的、重复的、例行性的决策，即当问题发生时，不必重新做出决策，可以按原来设立的方式进行的决策。例如，材料与工具出入库问题、工资发放问题等。由于这些问题经常地、重复地出现，解决对策可参照以往的经验，甚至可以把不断重复的工作方法编制成固定的工作规则和程序，使这类工作有章可循。程序化决策往往由企业中下层管理人员承担。

2. 非程序化决策

非程序化决策是指那种独一无二的、不重复发生且无先例可循的决策。在现实中，当管理者面对新的问题或机会需要进行决策时，他们对这一决策是否会带来预期的结果并不能确定，在此情形下，不可能形成处理相关问题的程序和规则，而必须尽可能搜集相关信息，并借助于个人的直觉和判断从各种备选方案中做出选择。

（三）按照决策方法分类

按照决策方法的不同，决策可以分为确定型决策、风险型决策和不确定型决策。

1. 确定型决策

确定型决策是指一种方案只有一种确定的结果，即无论这个决策存在多少种备选方案，每一种备选方案都只有一种确定无疑的结果，决策只是将各个方案的结果进行比较，选择一个最好的方案。确定型决策是一种理想化的情形，现实中这种情形很少会出现。

2. 风险型决策

风险型决策是指由于存在不可控制的因素，一个方案有可能出现几种不同的结果，对每一种结果出现的概率可以预先做出估计。由于概率的估计可能是基于个人的经验与判断，所以存在一定的风险。例如，某企业计划生产一定数量的新产品，由于无法控制市场的变化情况，销售量难以预测，因此，盈利与亏本这两种可能性都存在，到底生产还是不生产，很难做出决策，需要冒点风险，该问题的决策就是风险型决策。风险型决策更接近现实的情况。

3. 不确定型决策

不确定型决策与风险型决策所面对的自然状态的情况是相同的。不同之处是：不确定型决策对各种可能的结果无法确定一个概率，只能是靠决策者的经验和心理因素来确定。

在上述分类中，一般来讲，高层的、战略性的决策问题非程序化、不确定性的特征较明显，决策中定性分析的程度较高；相反，基层的、战术性的决策与业务决策问题程序化、确定性的成分较突出，定量决策应用较多。

（四）按照决策的主体分类

按照决策主体的不同，决策可分为群体决策与个人决策。

群体决策是指多个人一起做出决策。个人决策是指单独一个人做出决策。

相对于个人决策，群体决策具有以下优点：能在更大范围内汇总信息；能提供更多的备选方案；能得到更多的认同；能更好地沟通；能做出更好的决策；等等。但群体决策也存在一些缺点，如需要花费较多的时间与金钱，相互推诿、责任不清晰等。

专栏 5－1

群体思维的危险

所谓群体思维（Group Think），是指集体成员为了达成一致，以对决策相关信息不做准确评价为代价，从而导致决策有缺陷的现象。当管理者陷于群体思维的时候，他们会绕过适当标准对备选方案进行评估，从而形成不适当的行动方案。通常情况下，群体成员会围绕着像 CEO 这样一个权威人物，形成一个权威人物所倾向的决策方案。群体成员对方案的盲从是出于对该方案感性的而不是理性的评价。

克服群体思维的两种常用的方法是魔鬼的争辩（Devils Advocacy）和辩证的质询（Dialectical Inquiry）。所谓魔鬼的争辩，是对于选择出的决策方案进行的一种关键分析，目的是在实施之前明确其优点和不足。通常由群体中的一员扮演魔鬼争辩的角色，目的是确定所有可能导致决策方案最终不可接受的理由，从而使管理者能够认识到所选择的方案可能存在的危险之处。

辩证的质询则更进一步，它针对一个决策问题安排两组管理者，每一组都要对决策的备选方案进行评价，并从中选择一个方案。每一组成员对其选择的方案进行说明，同时对另一组成员选择的方案进行批评。在这样一个争论的过程中，高层管理者听取每个小组的观点并提出质疑，发现潜在问题和风险，以达到找到更好方案的目的。

三、决策的标准与影响因素

（一）决策的标准

什么是有效的和正确的决策？其判断标准是什么？对于这个问题，有三种颇具代表性的观点。

1. 最优标准

最优标准是由管理学家泰勒提出的。在泰勒看来，任何一种管理工作，都存在一种最佳工作方式，而追求最佳决策是管理者一项非常优秀的心理品质。事实上，由于主客观条件的限制，管理者并不总是能做出最佳决策。

2. 满意标准

满意标准是由西蒙提出的。从实际情况来看，满意往往成为决策所依据的标准，而不是所谓的最优标准。这是因为对于管理者而言，要使决策达到最优，需要同时具备以下条件：

（1）能够获得有关决策的所有信息。

（2）能够判断所有信息的价值所在，并据此拟订出所有可能的备选方案。

（3）能够准确预测每一种方案在未来的执行结果。

但是，现实的情形通常不可能完全满足上述条件。由于组织所处环境的复杂性和变动性，管理者不仅很难收集到反映这些情况及其变化的全部信息，而且即使对于收集到的有限信息，受管理者自身处理和利用信息能力的局限性的影响，他们往往也只能拟订出数量有限的方案而不是全部可能的方案。同时，由于任何方案在未来实施的过程中，都要受到各种不确定因素的影响和干扰，其实施结果并非完全可以控制。因此，现实中的管理者在有限理性的前提下，通常难以做出最优决策，只能遵循满意标准做出相对满意的决策。

3. 合理性标准

合理性标准是由美国管理学家哈罗德·孔茨提出的。孔茨强调决策过程各阶段的工作质量最终决定了决策的正确性与有效性，而不是仅仅在于进行决策时采用了最优标准还是满意标准。合理性标准就是以符合目的为根本标准，其实质是强调各决策阶段的效果与工作质量。

（二）决策的影响因素

任何决策都是在一定的条件下进行的，都要受到一些因素的影响和制约。一般来说，影响决策的因素主要有以下几个方面。

1. 环境因素

环境对决策的影响表现为推动决策和制约决策。首先，环境的变化使组织面临新的问题，为应付这些问题，需要决策；其次，管理者进行决策时，要考虑各种环境因素并受其制约，否则，决策就可能失误。

2. 组织文化

组织文化影响着组织及其成员的行为和行为方式，它对决策的影响也是通过影响人们对组织、对改革的态度而发挥作用。涣散、压抑、等级森严的组织文化容易使人们对组织的事情漠不关心，不利于调动组织成员的参与热情；团结、和谐、平等的组织文化则会激励人们积极参与组织的决策。因此，任何一个决策都要受到组织文化的影响。

3. 决策者的个人因素

在决策活动中起决定作用的是决策者，决策者个人的能力、知识与经验、战略眼光、民主作风、偏好与价值观、对待风险的态度、个性习惯、责任和权力等都会直接影响决策的过程和结果。其中，决策能力以及对待风险的态度是决策成败的关键。决策能力主要来源于渊博的知识和丰富的实践经验，一个人的知识越渊博、经验越丰富、思想越解放，就越乐于接受新事物、新观念，越容易理解新问题，也就能拟订出更多更合理的备选方案。

4. 时间因素

美国学者威廉·R. 金和大卫·I. 克里兰曾提出了时间敏感型决策的概念，时间敏感型决策是指那些必须迅速做出并尽量准确的决策，战争中军事指挥官的决策多属于此类。时间敏感型决策强调了时间对决策的影响，这种决策对速度的要求远甚于质量。例如，当一个人站在马路当中，一辆疾驶的汽车向他冲来时，关键是要迅速跑开，至于跑向马路的左边还是右边，相对于及时行动来说则显得比较次要。知识敏感型决策则对时间的要求不是非常严格，这类决策的执行效果主要取决于其质量而非速度。

5. 过去的决策

在管理实践中，决策问题大多都是建立在过去决策的基础上的，过去的决策总是有形无形地影响现在的决策。这种影响有利有弊，利是有助于实现决策的连贯性和维持组织的相对稳定，并使现在的决策建立在较高的起点上；弊是不利于创新，不适应剧变环境的需要，不利于实现组织的跨越式发展。一般来说，过去的决策对现在决策的影响程度，取决于它们与决策者的关系，这种关系越紧密，现在的决策受到的影响就越大。

第三节　决策的程序与方法

决策的程序与方法

一、决策的程序

正确的决策是建立在科学程序基础上的，实践证明，决策虽然不一定按固定的程序实施，但不按程序决策，常常是决策失败的重要原因。

（一）识别机会或诊断问题——决策的起点

决策的第一步是认识到需要做出决策，因此，决策过程开始于一个存在的问题，或者是为了利用一个潜在的机会。

识别问题的困难在于，现实管理中的问题很少表现出是显而易见的，有时候问题本身并不明显，导致问题产生的原因也可能是错综复杂的。由于问题的识别通常带有很强的主观性，在同一种状态下，有的经理人员可能认为是个“问题”，有的经理人员则可能认为是一种“满意状态”。所以，识别问题或者发现机会，对于管理者做出有效决策而言，既非常重要，也相当困难。

（二）确定目标——决策的前提

目标体现的是组织想要获得的结果。决策目标是根据所需要解决的问题确定的。因此，必须把需要解决的问题的性质及问题产生原因分析清楚，目标才能确定。

决策目标的确定要符合一些要求：一是目标必须具体明确，不能含义不明；二是目标必须落实，并可以确定其责任；三是明确目标的约束条件；四是多目标问题的处理。当目标之间相互矛盾时，要以总目标为基准，进行协调。

（三）拟订可行方案——决策的基础

在目标确定之后，就要探索和拟订各种可行的方案。为了更好地达到解决问题或充分利用机会的目的，需要设计出尽可能多的备选方案以供评价和筛选。如果备选方案只有一个，便谈不上选择，也就无所谓决策了。管理专家认为，没有推出不同的备选方案并对它们进行比较分析，是管理者做出错误决策的重要原因之一。

备选方案既可以是标准化和常规性的，这可以借助于过去的做法与经验，也可以是独特的和富有创造性的，这就要求管理者彻底放弃固有的思想观念，转而使用一种全新的思维方式，大胆设想，勇于创新。如可充分发挥智囊技术的作用，在国外常用“头脑风暴法”“对演法”“哥顿法”等。

（四）方案选优——决策的关键

在拟订方案工作完成之后，就要对这些方案进行比较评价，从各种可供选择的方案中权衡利弊，选择其一。要保证对备选方案进行正确的评价，最重要的是要能够确定出评价标准。西方学者认为，通常有四个基本标准可以用来对备选方案进行正反两个方面的评价，它们是：合法性、合乎伦理道德、经济可行性和实用性。当然，很多时候，管理者需要收集更多的补充信息，以保证评价的正确性。

（五）典型试验——决策的试点

方案选定后，要进行典型试验，以验证方案的可靠性。典型试验也称“试点”，是一种科学的步骤，科学地进行，才有实际效果。因此，一方面，被试验的点必须具有典型性条件，并严格按照决策方案实施；另一方面，简单、形式主义地搞试点或有意给试点单位以优厚条件，以证明决策正确，均是错误的。如果试点成功，即可转入全面实施，否则必须反馈回去，进行决策修正。

（六）普遍实施——决策的落实

通过上一阶段的试验，如果证实可靠，即进入决策执行阶段，就是把决策目标落实到每一执行单位，明确各自的责任，并及时掌握执行过程中的具体情况。

（七）跟踪控制——决策的检查

决策付诸执行以后，在执行过程中可能会发生这样或那样与目标偏离的情况，因此，必须注意跟踪检查。如果偏离了原定的目标，就应及时反馈并进行控制，不断修正方案，以便实现原定的目标。如果方案几经修订仍达不到预期结果，就要对决策本身进行分析，发现问题及时改正，重新进行跟踪决策。

决策是一个动态过程，不一定机械地按顺序一步接着一步地做，这中间会有反馈，这种反馈不仅存在于各个大步骤之间，而且在各个大步骤之内的各个小步骤之间也同样存在，结果就会形成大大小小的反馈环，以及大环套小环的复杂情况。决策程序如图 5-3 所示。

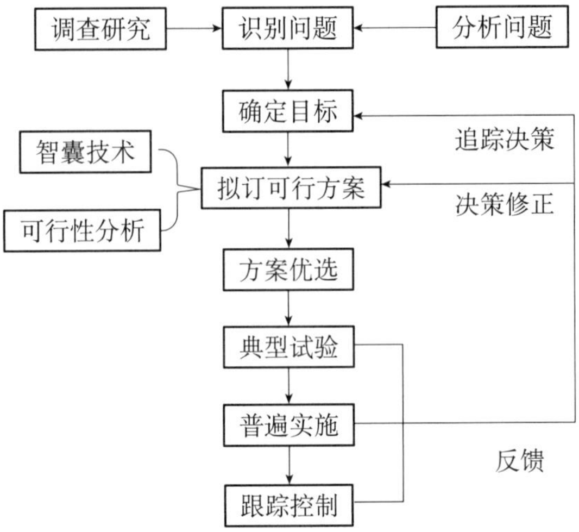

图 5-3　决策程序

二、决策的方法

（一）定性决策方法

定性决策是一种较早出现的决策方法，这种决策方法更多地依靠决策者的直觉、经验和主观判断，因此定性决策也被称为决策的“软”技术。其特点是通过定性的推理过程，求得解决问题的方法。其优点是：方法灵便、通用性大、容易运用，特别适合于非程序化决策，但定性决策有其局限性，因为它是建立在专家个人直观基础上的，缺乏严格的论证，容易产生主观性。定性决策方法具体包括以下几种。

1. 头脑风暴法

头脑风暴法（Brain Storming）是一种集体决策方法，其特点是，针对需要解决的问题，相关专家聚集在一起，在一种宽松的氛围中，敞开思路，畅所欲言，以利于形成多样化的决策思路和方案。该方法强调以下四个基本原则：

（1）勿评优劣——各自发表自己的意见，任何人不得对他人的建议发表评论或提出批评。

（2）畅所欲言——建议越多越好，而各种建议不必是经过深思熟虑的。

（3）大胆创新——鼓励独立思考和奇思妙想。

（4）集思广益　所有的建议都当场记录下来，留待稍后通过进一步讨论和分析加以补充和完善。

头脑风暴法至今仍然是一种被广泛运用于群体决策的有效方法，其最大的特点在于鼓励创新思维。

2. 名义群体法

名义群体法（Nominal Group Technique）又称名义小组技术。在群体决策的过程中，如果群体成员对问题的了解存在较大差异，或彼此的意见有较大分歧，直接用小组会议的方式进行面对面的讨论，可能会争执不下，也可能会出现附和权威人士意见的情况，难以形成高质量的决策。在这种情况下，可以采取名义小组法进行决策。名义小组法要求参与决策的所有小组成员都必须参加会议，但他们的思考是独立的。具体来说，名义群体法应遵循以下步骤：

（1）针对特定的问题，将对此问题有研究或有经验的人员组成一个决策小组，并事先向他们提供与决策问题有关的信息资料。

（2）小组成员在各自独立思考的基础上提出决策建议，并将自己的建议或方案写成文字材料。

（3）每个成员在小组会议上宣读自己的建议或方案，在所有成员的想法未表达完并被记录下来之前，不进行任何形式的讨论。

（4）群体成员开始进行讨论，以便将每一种想法或方案都搞清楚，并做出评价。

（5）每个成员独立地对所有意见或方案进行排序，最终选择依据综合排序最高的方案。

这种决策方法的优点是，在不限制小组成员独立思考的前提下进行会议交流，克服了传统会议的某些缺陷和弊端。

3. 德尔菲法

德尔菲法在决策过程中常常也作为一种重要的方法被采用，其运用程序与预测相同，具体可参见本章第一节中的定性预测方法。

4. 电子会议

电子会议（Electronic Meeting）是一种新的群体决策方法，它是将群体法与计算机技术结合起来的一种方法。参与会议的所有人拥有一个计算机终端，通过大屏幕将问题显示给所有参会者，每一个成员都将自己的意见打在计算机屏幕上，个人意见和评论以及票数统计结果都实时显示在会议室大屏幕上，由此进行决策讨论。

电子会议的主要优点是匿名、诚实和高效。它鼓励群体成员大胆地表达自己的想法而不必担心会受到惩罚，同时也避免了闲聊和讨论偏题，并且不需要担心打断他人的“讲话”。电子会议方法可能缺乏面对面的口头交流所传递的大量丰富的信息。可以预见，随着电子技术的日益成熟，电子会议在群体决策领域将得到越来越广泛的运用。

专栏 5-2

第一次世界大战期间，法国军队曾和德国军队交战。法军在前线构筑了一座极其隐蔽的地下指挥部，不幸的是，他们只注意了人员的隐蔽，而忽略了一位长官养的一只猫。当时，德军的一名参谋人员在观察战场时发现：每天早上八九点钟，都有一只小猫在法军阵地后的一座坟包上晒太阳。他立刻向主要指挥官做了汇报。主要指挥官召开了高级参谋会议，会上有几个人认为这里大有文章，但一名高级指挥官却认为这是小题大做，为一只猫开会讨论不值得，他发言后，其他人什么都不说了。主持会议的主要指挥官没有办法，只好让参加会议的人都写一份自己的看法，他将这些材料整理出来，并做出了如下分析：（1）这只猫不是野猫，野猫白天不出来，更不会在炮火隆隆的阵地上出没。（2）猫的栖身处就在坟包附近，很可能是一个地下掩蔽体，因为周围没有人家。（3）这只猫是相当名贵的波斯品种，在打仗时还有条件养这种猫的绝不会是普通的下级军官。据此，他断定那个掩蔽体一定是法军的高级指挥部。随后，德军集中6个炮兵营的火力对那里实施突袭。

事后查明，德军的判断完全正确，这个法军地下指挥部内的人员全部阵亡。

启示：正确的决策与决策的方法、形式有关，细节决定成败。

（二）定量决策方法

随着信息技术的发展和计算机应用的普及，特别是各种定量分析软件和工具的使用与推广，定量决策方法逐步从专业咨询机构扩展到企业、政府和其他实际应用部门。典型的定量决策方法如下。

1. 确定型决策方法

正如前文所述，确定型决策是一种最理想的决策状态，求解相对比较容易。现实中完全确定的决策是不存在的，但如果主要因素或者关键因素是确定的，就可以忽略那些次要的或非关键性因素的不确定的方面，将问题简化成确定型决策问题加以解决。

确定型决策的具体方法有很多，比如盈亏平衡分析法、内部投资回收率法、价值分析法等。这里主要介绍比较常用的盈亏平衡分析法。

盈亏平衡分析法也称保本分析或量本利分析，是通过分析生产成本、销售利润和产品数量三者之间的关系，掌握盈亏变化的规律，从而指导企业能够以最小的成本生产出最多的产品，并获得利润最大化的经营方案。图5-4为量本利关系图，它表示一定时期企业利润、销售收入（价格乘以销售数量）以及生产成本（固定成本和变动成本之和）之间的关系。

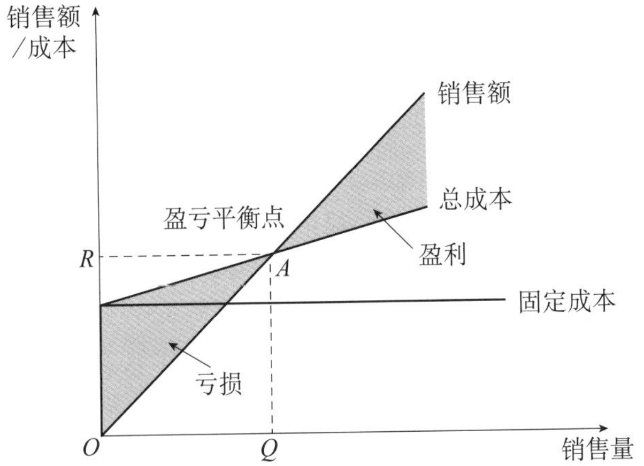

图5-4　量本利关系图

一般说来，企业收入＝成本＋利润，成本包括固定成本与变动成本，如果利润为零，则有收入＝成本＝固定成本＋变动成本，而收入＝销售量×价格，变动成本＝单位变动成本×销售量，这样有销售量×价格＝固定成本＋单位变动成本×销售量，由此可以推导出盈亏平衡点的基本计算公式。

（1）按实物单位计算的基本公式。

盈亏平衡点＝固定成本/（单位产品销售收入－单位产品变动成本）

即
$$Q=\frac{C}{P-V}$$

（2）按金额计算的基本公式。

由于保本收入等于保本产量乘以销售价格，因此，上述公式两边同乘以 P，即得到

盈亏平衡点销售额＝固定成本/（1－变动成本/销售收入）

即
$$R=\frac{C}{1-\frac{V}{P}}$$

式中：Q——盈亏平衡点产量（销量）；

R——盈亏平衡点销售额；

C——总固定成本；

P——产品价格；

V——单位产品变动成本。

例题：某企业决定生产一批产品。基建与机器设备投资等固定成本为 380 000 元；单位产品售价 26 元；单位变动成本为 18 元。

问题：生产该产品的盈亏平衡点产量和销售额各是多少？

解答：依照盈亏平衡点的基本计算公式可知：

生产该产品的盈亏平衡点产量＝380 000÷(26－18)＝47 500（件）

生产该产品的盈亏平衡点销售额＝380 000÷(1－18÷26)＝1 225 806（元）

2. 风险型决策方法

风险型决策的目标大多是经济性的，可以用货币来计量。决策依据的标准是使净收益达到最大化，或者使净损失减至最小。

风险型决策的评价方法也有很多种，如收益表法、边际分析法、决策树法和效用理论法等。其中，决策树法是最常用的一种方法。

决策树法是一种用图形的方式，把可行方案、可能的结果以及决策所冒的风险等直观地表示在图形上。决策树的基本形状如图 5－5 所示。

图 5－5 中，矩形结点 I 为决策点，由此引出的若干条直线称作方案枝，表示决策可采用的方案有几种；圆形结点 1 和 2 称作自然状态点，由状态点引出的若干条直线称作概率枝或状态枝，表示各种方案在未来可能出现的不同的自然状态。决策树法的基本步骤如下：

第一步：根据已知条件绘制决策树，如可替换方案的数量、每种方案未来的自然状态及其概率、损益值等。

第二步：计算各种方案的期望值。

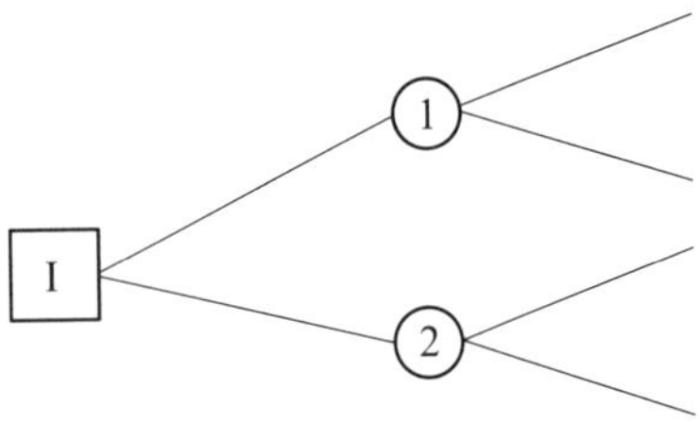

图 5-5 决策树的图形

第三步：比较不同方案的期望值大小，删除期望值较小的方案，保留最大期望值方案作为备选的实施方案。

3. 不确定型决策

常用的不确定型决策方法有以下五种。

（1）悲观决策法。

悲观决策法也称华德准则。决策者对未来持一种悲观的态度，认为未来可能会出现最差的结果。因此，决策者倾向于从各种方案可能带来的最低收益出发，然后从各种方案的最低收益中选择收益最大的方案，决策的原则是小中取大。

（2）乐观决策法。

乐观决策法也称赫威斯准则。决策者认为未来会出现最好的状况，前景一片光明。在决策时，决策者倾向于从各种方案可能带来的最大收益出发，最终从各种方案的最大收益值的比较中选择收益值最高的方案，决策的原则是大中取大。

（3）折中决策法。

折中决策法是介于乐观决策法和悲观决策法之间的一种决策方法，既不过于冒险，也不过于保守。具体是在悲观和乐观中取中值，先确定折中系数 α，α 的取值区间为 $[0, 1]$（$\alpha=0$ 则为悲观决策，$\alpha=1$ 则为乐观决策）。然后找出各个方案在各种自然状态下可能取得的最大收益值，用它乘以 α，再加上最小收益值乘以 $1-\alpha$，即可计算出每种方案的折中收益值，通过对其比较选择折中收益值最大的方案。计算公式为：

$$折中收益值=最大收益值\times折中系数+最小收益值\times(1-折中系数)$$

（4）最大最小后悔值法。

假设决策者在选择了某种方案以后，发现客观情况并未像自己预想的那样发展，他们会为自己的决策而感到后悔。把可能产生的后悔值降到最低，就成为该方法的决策原则。那些希望最小化其“后悔”的决策者，将采用最大最小后悔值法进行决策。

$$后悔值=该情况下的各方案中的最大收益-该方案在该情况下的收益$$

（5）同等概率法。

在决策过程中，当不能肯定哪种自然状态容易出现，哪种自然状态不容易出现时，可以一视同仁，认为各种自然状态出现的可能性是相等的，即有 n 个自然状态，那么每个自然状态出现的概率即为 $1/n$，然后求出各种方案的损益期望值，以此作为依据，进行决策。同等概率决策方法带有一定的主观性。

下面我们通过举例进一步说明不确定型决策的基本方法。

例：某公司决定生产某种新产品，通过市场预测分析，新产品未来销售情况将出现三种可能性：销路好、销路一般和销路差。生产新产品的可行性方案有三种，即对公司现有生产线进行改进、投资建设全新的生产线、与其他公司合作采取生产外包的方式进行生产。三种方案在不同市场条件下的收益值估算如表 5-1 所示。

表 5-1　决策收益表

方案	销路好（万元）	销路一般（万元）	销路差（万元）
改进生产线	220	140	−60
新建生产线	260	120	−100
生产外包	120	80	28

针对上表列出的决策问题，我们无法简单地做出选择，因为三种方案都面临三种不同的结果，三种情况出现的概率即可能性也无从知晓，由此可以得出该决策问题属于不确定型决策。可以依据不确定型决策的五种方法分别对这一问题进行决策。

（1）悲观决策法。

三种方案的最小收益值分别为−60 万元、−100 万元和 28 万元，依据悲观决策小中取大原则，从三个方案最小收益值中选取最大值，即 28 万元。它对应的方案即通过生产外包的方式生产新产品就是决策方案。

（2）乐观决策法。

三种方案的最大收益值依次为 220 万元、260 万元和 120 万元，其中第二种方案对应的数值最大。根据乐观原则，应该选择第二种方案，即新建生产线生产新产品。

（3）折中决策法。

设 $\alpha=0.7$（依据经验设定），则：

方案一（改进生产线）的折中收益值$=220\times0.7+(-60)\times(1-0.7)=136$（万元）

方案二（新建生产线）的折中收益值$=260\times0.7+(-100)\times(1-0.7)=152$（万元）

方案三（生产外包）的折中收益值$=120\times0.7+28\times(1-0.7)=92.4$（万元）

依据折中决策原则，应选方案二即新建生产线，其收益值最高，为 152 万元。

（4）最大最小后悔值法。

计算的具体步骤如下：

第一步：计算不同自然状态下各种方案可能产生的后悔值，并将计算结果填入表 5-2。

表 5-2　后悔值表

方案	销路好（万元）	销路一般（万元）	销路差（万元）	最大后悔值
改进生产线	40	0	88	88
新建生产线	0	20	128	128
生产外包	140	60	0	140

第二步：找出各方案的最大后悔值。三种方案在不同状态下的最大后悔值分别是 88 万元、128 万元和 140 万元（见表 5-2 中的最后一列）。

第三步：在最大后悔值中选出最小的数值，即最小后悔值 88，其所对应的方案即为拟实施的决策方案，因此，公司应该选择改进生产线的方式生产新产品。

（5）同等概率法。

因为有三种自然状态，即销路好、销路一般、销路差，故在无法预测各种状态发生的概率的情况下，可假设三种状态发生的概率是等同的，即均为1/3，由此，各方案的收益值可计算如下：

方案一（改进生产线）的收益值＝1/3×[220＋140＋(－60)]＝100（万元）

方案二（新建生产线）的收益值＝1/3×[260＋120＋(－100)]＝93.33（万元）

方案三（生产外包）的收益值＝1/3×(120＋80＋28)＝76（万元）

依据同等概率决策原则，应选方案一即改进生产线，其收益值最高，为100万元。

复习思考题

1. 什么是预测？预测、决策与计划有何不同？
2. 预测的依据是什么？
3. 如何理解预测的作用？
4. 预测的内容有哪些？
5. 预测的步骤是什么？
6. 常用的预测方法有哪些？
7. 什么是决策？其地位与作用是什么？
8. 决策的类型有哪些？
9. 决策方案优选的标准是什么？为什么满意原则更为科学？
10. 影响决策的因素有哪些？
11. 决策的程序是什么？
12. 什么是定性决策？有何特点？定性决策的方法有哪些？
13. 什么是定量决策？有何特点？定量决策的方法有哪些？

案例分析

案例：维妙饮料公司的决策过程

维妙公司是近年来快速发展起来的一家饮料公司。几年前，经理赵刚力排众议，果断决策购买了其他企业淘汰的二手生产设备，使得维妙饮料销路大开，公司也因此跻身国内同行业强手之林。

一天，赵经理通知各部门主管及负责人晚上8点在公司会议室开会，有重要问题讨论。晚上8点会议准时召开，赵经理严肃地说："我有一个新的想法，我将大家召集到这里是想听听大家的意见或看法。我们公司比起4年前已经有了很大的发展，可是，相比国外同行业头部企业的生产技术、生产设备，我们的差距还很大。我想，我们不能满足于现状，应该力争达到世界一流水平。当然，我们的技术、人员等诸多条件目前还差得很远，为了达到上述目标，我们可以先从硬件条件入手，即引进世界一流的先进设备，这样一来，就会带动我们的人员、技术等一起前进。我想这也并非不可能，4年前我们不就是这样做的吗？现在公司的规模扩大了，内外事务也相应地增多了，大家都是各部门的领导及主要负责人，我想听听大家的意见，然后再做决定。”

会场一片肃静，大家都清楚地记得，4年前赵经理宣布引进二手设备的决定时，有近70%的部门主管反对，尽管赵经理详细介绍了他历时三个月对市场、政策、公司技术人员、公司资金等内外环境的一系列调查研究结果，但仍有半数以上的人持反对意见，10%的人持保留态度。因为当时很多厂家引进设备后，由于存在不配套和技术难以达到等问题，使高价引进的设备成了一堆闲置的废铁。但是赵经理在这种情况下仍引进了二手设备。事实证明，这一举措使维妙公司摆脱了设备落后、资金短缺的困境。当时二手设备的价格已经很低了，但在我国尚未被淘汰，维妙公司由此走上了快速发展的道路。

赵经理见大家犹豫不决的样子，便说道：“大家不必顾虑，今天这一决定完全由大家做出，我想这也是民主决策的体现，如果大部分人同意，我们就宣布实施这一决定；如果大部分人反对的话，我们就取消这一决定。现在大家举手表决吧。”

会场上有近70%的人举手表示赞成。

问题与讨论：

1. 赵经理的两次决策过程合理吗？为什么？
2. 影响决策的主要因素是什么？如果你是赵经理，你会如何进行科学决策？

在线自测

扫一扫　练一练

第六章　计　　划

本章导读

计划职能是管理活动的首要职能，它是管理活动的起点，是确定管理目标的首要步骤，也是实现管理目标，使管理由此岸到彼岸的桥梁，因此，计划职能对于管理活动具有至关重要的作用。计划职能与其他职能有密切的联系。只有确定了组织和部门的目标，主管人员才能围绕着计划规定的目标，去从事组织工作、人员配备、指导与领导以及控制工作等活动，以达到预定的目标。所以，从提高组织效益的角度来说，计划工作是十分重要的。

为了把计划工作做好，使编制的计划能够顺利实现，计划职能和其他职能一样，必须按基本原理、方法和技术去执行。实践表明，计划工作的许多失误，就是因为对这些基本的东西缺乏了解所致。

学习目标

通过本章的学习，掌握计划的基本概念、特点、类型，理解计划的作用、工作原理及战略计划的重要性。了解计划制订的程序，熟悉计划的方法与技术并能够熟练运用这些方法。

关键概念

计划　目标　战略计划　计划原理　目标管理　滚动计划法　甘特图

第一节　计划概述

计划概述

一、计划的含义与特点

（一）计划的含义

所谓计划，是指对管理进行预先筹划和安排的一项活动。具体而言，计划职能就是明确管理的总体目标和各分支目标，并围绕这些目标对未来活动的具体行动任务、行动路线、行动方式、行动规则等方案进行规划、选择、筹谋的活动。

计划有广义与狭义之分。广义计划指制订计划、执行计划和检查计划的执行情况等整个计划工作的全过程；狭义计划指制订计划，即通过一定的科学方法，为目标的实施做出具体的安排。

无论是广义概念还是狭义概念，计划的内容都可以概括为“5W1H”，计划必须清楚地确定和描述这些内容：

What to do it——做什么？目标与内容。要明确计划工作的具体任务和要求。

Why to do it——为什么做？原因。要明确计划工作的宗旨、目标和战略，并论证可行性。

When to do it——何时做？时间。规定计划中各项工作的开始和完成的进度，以便进行有效的控制，并对能力及资源进行平衡。

Where to do it——何地做？地点。规定计划的实施地点或场所，了解计划实施的环境条件限制，以便合理安排计划实施的空间组织和布局。

Who to do it——谁去做？人员。要明确规定每个阶段由哪个部门负主要责任，哪些部门协助，各阶段交接时，由哪些部门组织哪些人员参加鉴定和审核等。

How to do it——怎么做？方式、方法、手段。制订实现计划的措施，以及相应的政策和规则，对资源进行合理分配和集中使用，对人力、生产能力进行平衡，对各种派生计划进行综合平衡等。

（二）计划的特点

1. 目的性

任何组织和个人制订计划都是为了有效地达到某种目的。计划工作是最明白地显示出管理的基本特征的主要职能活动。

2. 首位性

计划工作相对于其他管理职能处于首位。这是因为从管理过程的角度来看，一方面，计划工作一般要先于其他管理职能而发生；另一方面，计划工作影响和贯穿于组织工作、人员配备、领导工作和控制工作中。计划的首位性如图 6－1 所示。

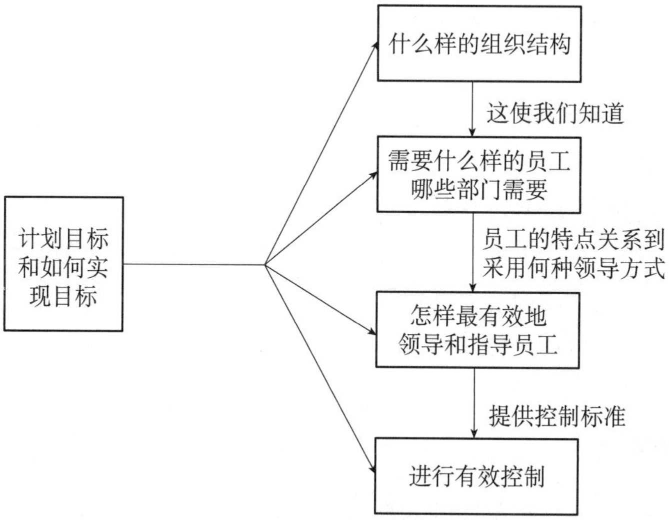

图 6－1 计划的首位性

3. 普遍性

计划的普遍性强调计划是各级管理人员都应履行的一项工作职能，不论是处于哪一层次的管理者或哪个部门的管理者，都需要制订计划。计划工作是各级主管人员的一个共同的职能。

4. 适应性

计划一经确定，在一定时期内应尽可能地保持稳定，以保证计划工作的开展。但由于影响计划的各种环境因素是复杂多变的，这就导致计划本身并不是一成不变的。因此，在制订计划时要留有充分的余地，使计划能够灵活地适应变化着的客观环境。

5. 经济性

计划的经济性要求计划能够保证以最少的成本投入获得最大的收益产出。一个科学的计划常常可以带来巨大的经济效益和社会收益。相反，一个错误的计划往往会造成巨大的损失。因此，在制订计划时，那种既不考虑“投入”，又不考虑“产出”的做法是完全错误的。

二、计划的作用

（一）有利于明确工作目标，提高工作效率

计划是实施管理活动的依据，计划中的目标为各级员工指明了组织发展的方向，可以使人们的行动对准既定目标。同时，计划又便于管理者协调各部门的工作，进行合理的分工与合作，指导管理活动按计划有步骤地进行。

（二）有利于增强管理的预见性，规避风险

计划作为预测未来变化、设法消除变化对组织造成不良影响的一种有效手段，可以帮助管理者清醒地预见和认识未来可能出现的问题，进而做到有准备地迎接未来的机遇和挑战。

（三）有利于减少浪费，取得最佳经济效益

计划工作一是可消除不必要的、盲目的活动所带来的浪费；二是有助于用较短的时间完成工作，减少迟滞和等待时间；三是促使各项工作均衡稳定发展，使各项资源充分发挥作用，从而取得最佳效益。

（四）有利于控制工作的开展

计划不仅是组织实施的纲领，而且与控制功能紧密相连。计划使管理工作的目标、措施、步骤、时间要求具体明确，为控制工作提供了标准。管理者可以通过计划对管理活动进行控制，检查实际执行情况与计划之间的差距，并及时进行调整，达到控制的目的，从而保证目标的实现。

三、计划的类型

计划的种类很多，可以按不同的标准进行分类。其主要分类标准有：计划表现形式、计划职能、计划期限、计划性质。

（一）按计划表现形式分类

按照不同的表现形式，计划可分为宗旨、目标、战略、政策、程序、规则、规划和预

算等几种类型。这几类计划的关系可描述为一个等级层次，如图 6－2 所示。

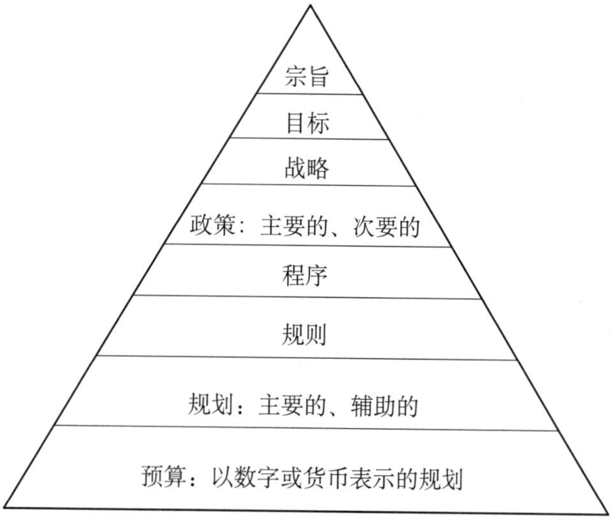

图 6－2 计划的层次图

1. 宗旨（Purpose）

宗旨即表明组织是干什么的，应该干什么。它指明一定的组织机构在社会上应起的作用和所处的地位。例如：工商企业的基本宗旨是向社会提供有经济价值的商品或服务；法院的宗旨是解释和执行法律；大学的宗旨是培养高级人才；等等。

2. 目标（Objective）

一定时期的目标或各项具体目标是在宗旨的指导下提出的，它具体规定了组织及其各个部门在一定时期达到的具体成果。目标不仅是计划工作的终点，而且也是组织工作、人员配备、领导工作和控制活动所要达到的结果。

3. 战略（Strategy）

战略是为实现组织的长远目标而采取的总计划，是组织选择发展方向、确定行动方针，以及分配资源的纲领性文件。战略不是要具体说明组织如何实现目标，而是要指明方向、重点和资源分配的优先次序。

4. 政策（Policy）

政策是组织对成员做出决策或处理问题所应遵循的行动方针的一般规定。政策有助于将一些问题事先确定下来避免重复分析，并给其他派生的计划以一个全局性的概貌，从而使管理者能够控制住全局。制定政策还有助于管理者把职权授予下级。

组织为了促使目标的实现，就要使其政策保持连续性和完整性，这样能使政策深入员工的思想，形成一种持久作用的机制。政策多变，前后不连贯，只会促使员工和基层管理者追求眼前利益的短期行为。

5. 程序（Procedure）

程序也是一种计划，它规定了一个具体问题应该按照怎样的时间顺序来进行处理。因此，程序也是一种工作步骤。制订程序的目的是减轻管理者决策的负担，明确各工作岗位的职责，提高管理活动的效率和质量。

6. 规则（Rule）

规则是指在程序的每个阶段开展各项工作时必须遵循的原则和规章。规则也是一种计划，只不过是一种最简单的计划。

规则与政策不同。政策的目的是指导行动，并给执行人员留有酌情处理的余地；而规则虽然也起指导行动的作用，但是在运用规则时，执行人员没有处理权。

规则与程序的区别在于：一是规则用于指导行动而不规定时间顺序；二是可以把程序看成一系列规则的总和。但一条规则可能是也可能不是程序的组成部分。如“禁止吸烟”是一条规则，但和程序没有关系。

7. 规划（Program）

规划是为了实施既定方针所必需的目标、政策、程序、规则、任务分配、执行步骤、使用的资源等而制订的综合性计划。规划一般是粗线条的、纲要性的。通常情况下，一项大的规划往往会派生出许多小的规划，它们相互依赖、互相影响。

8. 预算（Budget）

预算是以数字表示预期结果的一种报告书，是“数字化”的计划，能使计划工作做得更细致、更精确。预算可以帮助组织各级管理者从资金和现金收支的角度，全面、细致了解管理活动的规模、重点和预期成果。

（二）按计划职能分类

计划还可以按其职能进行分类。这里的“职能”是指组织的职能，而不是管理职能。例如，可以按职能将某个企业的经营计划分为销售计划、生产计划、供应计划、新产品开发计划、财务计划、人事计划、后勤保障计划等。这些职能计划通常就是企业相应的职能部门编制和执行的计划，所以按职能分类的计划体系，一般是与组织中按职能划分管理部门的组织结构体系并行的。

将计划按职能进行分类，有助于人们更加精确地确定主要作业领域之间的相互依赖和相互影响关系，有助于估计某个职能计划执行过程中可能出现的变化，以及对全部计划的影响，并有助于将有限的资源更合理地在各职能之间进行分配。

（三）按计划期限分类

按计划期限的不同，计划可分为短期、中期和长期计划。划分短期、长期的时间标准是一个相对的概念。一般来说，长期计划是指5年以上的计划，短期计划是指1年以内的计划，介于二者之间的为中期计划。

1. 长期计划

指组织在较长时间内的发展目标和方向，它属于纲领性和轮廓性的计划。由于计划的期限较长，不确定因素较多，因此，长期计划一般以综合性指标和重大项目为主，还必须有中、短期计划来补充，把计划目标具体化。

2. 中期计划

中期计划往往是按照长期计划的执行情况和预测到的具体条件变化而进行编制。由于中期计划规划的期限较短，人们可以比较准确地预测计划期内各种因素的变化及其影响。因此，中期计划的内容比长期计划更为详细和具体。它既赋予长期计划具体内容，又为短期计划的编制提供了基本框架，具有衔接长期计划和短期计划的作用。

3. 短期计划

短期计划的期限一般在 1 年左右，以年度计划为主要形式。它是在中期计划的指导下，具体规划组织本年度的工作任务和措施的计划。短期计划由于时间比较短，各因素容易预测。因此，短期计划比较详细和具体。它通常对执行计划的人力、财力、物力等资源做出具体的分配，从而为检查计划的执行情况提供了依据，保证了中期计划和长期计划的落实。

（四）按计划性质分类

按照性质的不同，计划可划分为战略计划与战术计划。

1. 战略计划

战略计划（Strategic Planning）是组织根据外部环境和内部资源条件而制订的全局性的、较长时期发展方向和寻求组织在环境中地位的重大计划。战略计划的计划周期较长（一般为 5 年以上），涉及面也较广，计划目标具有较大弹性。

2. 战术计划

战术计划是为了服从、实行战略计划而制订的计划。目的是解决实际操作过程中存在的问题，时间相对较短。

3. 战略计划与战术计划的区别

战略计划的一个重要任务是设立目标，而战术计划则是假设目标已经存在，而提供一种可按照一定程序来实现目标的方案。战略计划是战术计划的依据，战术计划是战略计划的落实。

四、计划制订的程序

计划职能是一个管理过程，这一过程一般由若干相互连接的步骤有机构成，主要包括估量机会、确定目标、确定前提条件、拟订可供选择的方案、评价各种备选方案、选择方案、拟订辅助计划、编制预算等，具体如图 6-3 所示。

（一）估量机会

对机会的估量，要在实际的计划工作开始之前就着手进行，它虽然不是计划的一个组成部分，但却是计划工作的一个真正起点。

其内容包括：对未来可能出现变化和预示的机会进行初步分析，形成判断；根据自己的长处和短处搞清自己所处的地位；了解自己利用机会的能力；列举主要的不肯定因素，分析其发生的可能性和影响程度；在反复斟酌的基础上，下定决心，扬长避短。

（二）确定目标

计划工作的第一步，是在估量机会的基础上，为组织及其所属的下级单位确定计划工作的目标。在这一步上，要说明基本的方针和要达到的目标，说明制定战略、政策、规则、程序、规划和预算的任务，指出工作的重点。

（三）确定前提条件

计划工作的第二步是确定一些关键性的计划前提条件，换言之，即计划实施时的预期

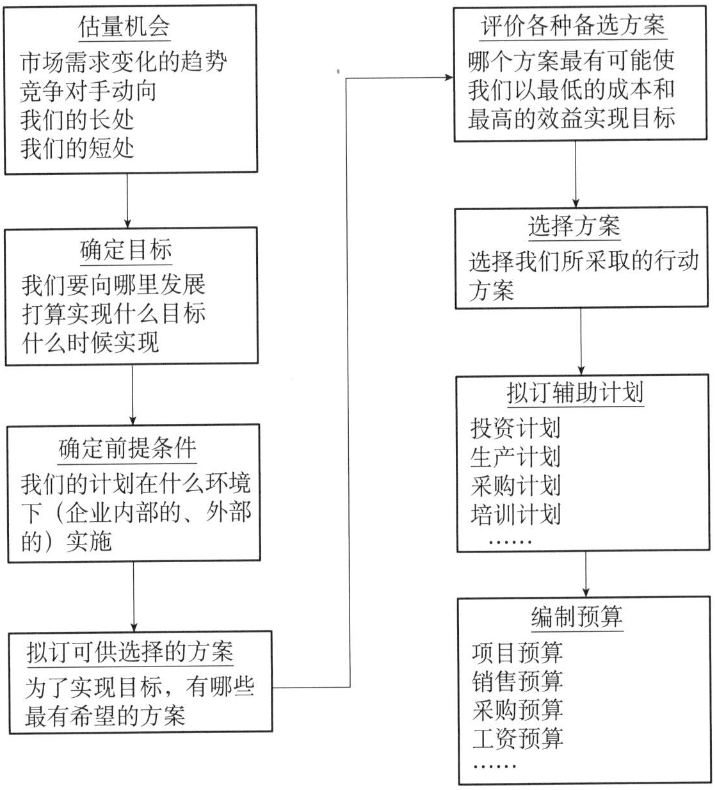

图 6－3　计划工作的程序

环境。对前提条件了解得越细、越透彻，则计划工作也就有可能越协调。然而，要把一个计划的预期环境中的每个细节都做出假设是不切实际的。因此，前提条件实际上只限于那些对计划起关键性作用的假设条件。

（四）拟订可供选择的方案

计划工作的第三步是调查和设想可供选择的行动方案。“条条道路通罗马”“殊途同归”，这些说法表明一个道理，即同一目标会有不同的途径。目标的实现也同样会有不同的方案。所以，要尽可能多地制订备选方案。这一步工作需要发挥创造性。

（五）评价各种备选方案

计划工作的第四步是按照前提和目标来评价、比较各个备选方案的利弊。评价实质上是一种价值判断。它一方面取决于评价者所采用的标准，另一方面取决于评价者对各个标准所赋予的权数。在评价方法方面，可以借助于运筹学、数学方法和计算机技术等。

（六）选择方案

计划工作的第五步是选定方案。这是在前四步工作基础上迈出的关键一步，也是决策的实质性阶段——抉择阶段。在这一步可能遇到的情况是：同时有两个可取的方案。在这种情况下，必须确定先采取哪个方案，而将另一个方案也进行细化和完善，并作为后备方案。

（七）拟订辅助计划

辅助计划就是总计划下的分计划，因为总计划要靠辅助计划来支持，而辅助计划又是总计划的基础。例如：企业发展战略中的投资计划、生产计划、采购计划、培训计划等，就是为了保证与落实企业总目标的实现的。

（八）编制预算

计划工作的最后一步是把计划转化为预算，使之数字化。编制预算一方面使计划的指标体系更加明确，另一方面也更便于对计划的执行进行控制。

五、计划工作的原理

原理通常指某一领域中具有普遍指导意义的基本规律。计划工作的原理就是用以指导日常计划工作的基本规律的一种理论概括。计划工作的主要原理有：限定因素原理、许诺原理、灵活性原理和改变航道原理。

（一）限定因素原理

限定因素是指妨碍目标实现的因素。在其他因素不变的情况下，抓住这些因素，就能实现期望的目标。限定因素原理又被形象地称作“木桶原理”。木桶能盛多少水，不取决于桶壁上最长的木板，而取决于最短的那块木板。限定因素原理表明，管理者在制订计划时，必须找出影响计划目标实现的主要限定因素或战略因素，以便有针对性地采取有力措施。

（二）许诺原理

许诺原理可以表述为：任何一项计划都是对完成各项工作所做出的许诺，工作任务越多，许诺越多，实现许诺的时间就越长，计划的期限也就越长。因此，许诺原理涉及计划期限问题。一般来说，计划的期限与其所要完成的任务是成正比的。计划的许诺不能太多，否则会造成计划的时间过长，实现承诺的可能性就会过小。

按照许诺原理，计划必须有期限要求。事实上，对于大多数情况来说，完成期限往往是对计划的最严厉的要求。此外，必须合理地确定计划期限，并且不应随意缩短计划期限。

（三）灵活性原理

计划必须具有灵活性，即当出现意外情况时，计划执行者有能力改变方向而不必付出太大的代价。灵活性原理就是强调计划的灵活性越大，因未来意外事件引起损失的可能性就越小，两者是反比例关系。因此，在计划制订过程中，要使计划具有适应性，做到“量力而行，留有余地”。在执行时，则必须严格准确，要“尽力而为，不留余地”。

灵活性原理是计划工作中最重要的原理。在承担的任务重、计划期限长的情况下，灵活性便显出它的作用。

（四）改变航道原理

改变航道原理是指计划实施过程中，在保持计划总目标不变的前提下，实现目标的进程可因情况的变化而变化，使计划的执行过程具有应变力。因此，在计划实施过程中，必须进行定期检查和调整。

改变航道原理同样是计划工作中的重要原理，这是因为未来情况随时都可能发生变化，制订出来的计划就不能一成不变。尽管在制订计划时预见了未来可能发生的情况，并制订出了相应的应变对策，但是对策不可能面面俱到，且情况是在不断变化的，计划往往赶不上变化，总有一些问题是不可能预见到的，所以要定期检查计划。如果情况已经发生变化，就要调整计划或重新制订计划，就像航海家一样，必须经常核对航线，一旦遇到障碍就可绕道而行。改变航道原理可以表述为：计划的总目标不变，但实现目标的进程（即航道）可以因情况的变化随时改变。这个原理与灵活性原理不同，灵活性原理是使计划本身有适应性，而改变航道原理是使计划执行过程具有应变能力。

第二节　战略计划

战略计划

一、战略计划的重要性

自 20 世纪 80 年代以来，组织赖以生存的环境由一个相对稳定的环境变为一个复杂多变、瞬息万变的环境，在这样的背景下，依靠过去那种传统的计划方法来制订未来的计划显然已经不合时宜了，而需要审时度势、高瞻远瞩地对外部环境的可能变化做出预测和判断，在此基础上规划出组织的生存目标。由此，战略计划就显得尤为重要。

战略计划的任务不是描述组织目前是什么样的，而是着眼于未来组织发展的。战略计划是一种长期计划，其与长期计划的不同之处如下：

（1）战略计划是一种可以改变组织性质的重点计划，如：企业推出新产品、开拓新市场、开辟新财源等，但它不包含所有细节；而长期计划则是全面性的计划，包罗组织的各项主要工作。

（2）战略计划是一个长远规划，但无具体时域，其制订也无固定的程序；而长期计划的编制时间是例行化的，且有一定的程序。

（3）战略计划的制订通常仅由少数高层领导人参与；而长期计划却是各层管理人员参与。

（4）战略计划的着眼点是外部环境的改变，是根据外部环境提供的机遇和威胁来确定企业组织的发展目标，它是对外部环境进行预测和把握的结果；而长期计划的着眼点是组织本身，即如何使组织的整体目标结构能长期保持协调和配合。

战略计划在组织的发展中有着重要的作用：

（1）战略计划是协调组织内部各种活动（资金筹措、资源配置、经营管理活动）的总体指导思想。

（2）战略计划能促使决策者从全局出发、高瞻远瞩地考虑问题，不仅要考虑顺境下应当采取什么行动，而且要考虑逆境下应当采取什么行动。

（3）战略计划可以减轻甚至消除出人意料的市场波动或事件对企业造成的影响，避免在此情况下可能出现的大的波动。

总之，战略计划有利于统一思想，统一步调，能够大大提高组织各项工作的目的性、预见性、整体性、有序性和有效性，增强组织的竞争能力和应变能力。制订有效的战略计划是维系组织生存与发展的关键。

二、战略计划过程

战略计划过程又称战略管理过程，是指组织的最高管理层为组织的生存和发展而制定长期总战略所采取的一系列重大步骤。其内容主要包括：第一，愿景和使命的陈述，战略目标的制定；第二，战略定位（环境分析），即在研究外部环境和内部条件基础上，确定组织在行业中的地位；第三，战略选择，即选择合适的发展途径；第四，战略计划的实施，即通过制订一系列战术性计划将战略性计划付诸实施。

（一）愿景与使命

1. 愿景

愿景是对组织未来发展方向和目标的构想和设想，是对未来的展望和憧憬。它规定着组织要做的事的正确性。愿景回答了“追求什么”这个问题。愿景陈述主要是从组织对社会的影响力、贡献力、在行业中的地位（如世界500强）、与关联群体（客户、股东、员工、环境）之间的经济关系来表述。一个企业只有清晰地描述企业的愿景，社会公众和企业员工、合作伙伴才能对企业有更为清晰的认识。如麦当劳的愿景是“控制全球食品服务业”；微软公司的愿景是“计算机进入家庭，放在每一张桌子上，使用微软的软件”；福特公司的愿景（使命）是“汽车要进入家庭”；联想集团的愿景是“未来的联想应该是高科技的联想、服务的联想、国际化的联想”。

2. 使命

使命是组织存在的理由和价值，即回答为谁创造价值，以及创造什么样的价值。使命一般具有以下三个特点：

（1）长期性。使命是不可以朝令夕改的。

（2）指导性。使命应该强调组织引以为荣的重要政策。

（3）激励性。即让员工肩负使命所赋予的责任。

专栏6-1

三只动物的故事

三只不同的动物被人关进了三个不同的笼子。人对每个动物都说：“我可以满足你一个愿望，请说吧。”

浪漫的熊猫说：“我要一只美丽的雌熊猫。”

贪吃的猴子说：“我要很多很多的核桃。”

勤奋的鸽子说：“给我一大沓信纸和一支笔吧。”

三年后，人决定放它们出来。

第一个冲出来的是猴子，它抱着一大堆核桃，大喊道："给我砸开！给我砸开！"原来，干硬的核桃壳使它无法享受到美味。接着出来的是两大三小共五只熊猫。最后出来的是鸽子，它紧紧地握住人的手说："这三年来，我每天与外界保持联系，我的生意不但没有停顿，反而增长了200%！"

启示：什么样的选择决定什么样的生活。今天的生活是三年前我们的选择决定的，而今天我们的选择将决定我们三年后的生活。我们要选择接触最新的信息，了解最新的趋势，从而更好地创造自己的将来。许多企业在进行管理时，忽视了管理战略的制定，其结果就是几年过去却一事无成。

（二）目标

目标是使命的具体化，是组织在一定时期内所要达到的预期成果。就一个组织而言，它的目标是多样化、分层次的。有效的目标应该具备五个要素：具体（Specific）、可衡量（Measurable）、可达成（Attainable）、相关性（Relevant）、时限性（Time-bound），这就是目标制定的SMART原则。

（三）战略环境分析

1. 分析外部环境

外部环境因素包括两类：一类是对企业生产和经营有直接影响的环境因素，如行业的性质、市场状况、竞争者状况、供应者状况、替代品状况等，这些环境称为直接环境因素或微观环境；另一类是对任何企业都有广泛影响的环境因素，如国家的政治环境、经济环境、技术环境、社会文化环境等，这些环境称为一般环境、间接环境或宏观环境。

分析外部环境的目的就是识别和发现外部环境中各种有利于企业发展的机会和各种不利于企业生存和发展的威胁，为企业制定经营战略提供客观依据。

2. 分析内部条件

为了使组织的外部环境、内部条件和组织目标三者达到动态平衡，组织必须弄清楚自身资源（人、财、物、技术、组织、管理）状况。内部条件分析主要包括组织结构的战略因素分析、组织文化的战略因素分析、资源条件的战略因素分析。

（1）组织结构的战略因素分析。

组织结构是指组织内部人员、职位、职责、关系、信息等五大要素的相互连接方式。组织结构是组织的一个重要的战略资源，它与组织战略的关系是：战略计划需要靠组织结构来支持，组织结构的状况决定和制约着战略计划，要制订符合实际的战略计划，就必须对现有的组织结构进行分析研究。

（2）组织文化的战略因素分析。

每一个组织都有自己特定的文化。所谓组织文化，就是组织在长期的管理实践中逐步形成的共同价值观、信念、行为准则及具有相应特色的行为方式、物质表现的总称。组织文化对战略计划起着支持和制约作用。分析组织文化的目的，就是要了解和掌握组织文化的现状及特色，以便制定出与组织文化相容的组织战略。

(3) 资源条件的战略因素分析。

这里的资源是泛指，即组织从事各项活动所需要的人力、资金、物料、机器设备、组织管理、市场营销等方面的能力和条件，它是支持组织战略的物质基础。

（四）战略选择

战略选择是要确定组织应采取的战略类型。这是一个十分重要且复杂的过程，它是在综合各种内外环境因素分析基础上，结合组织总体战略计划的描述和资源配置情况，为实现战略目标而做出的总体战略行动方案选择。企业战略包括很多类型，其中基本战略主要分为以下三种。

1. 总成本领先战略

总成本领先战略的主导思想是以低成本取得行业中的领先地位，即通过降低产品成本，在保证产品和服务质量的前提下，使自己的产品价格低于竞争对手的产品价格，以争取更大的市场份额。总成本领先战略要求建立起大规模的高效生产设施，选择的市场必须对某类产品有稳定、持久和大量的需求，产品的设计要便于制造和生产，要广泛地推行标准化、通用化和系列化。

2. 差别化战略

所谓差别化战略，就是使企业在行业中别具一格，具有独特性，并且利用有意识形成的差别化，建立起差别竞争优势。实行差别化战略的方式有许多，如树立名牌、产品有特性、服务别具一格等。

3. 集中战略

这类战略是主攻某个特殊的细分市场或某一种特殊的产品，前提是企业业务的专一化能够以更高的效率、更好的效果为某一狭窄的战略对象服务，从而在某一方面或某一点上超过那些有较宽业务范围的竞争对手。

（五）战略计划的实施

战略计划的实施需要有一系列措施加以配合，必须有相应的组织结构、人财物资源等来适应战略发展的需求。

计划的方法与技术

第三节 计划的方法与技术

一、目标管理

（一）目标管理的含义

目标管理（Management by Objective，MBO）是美国著名管理学家德鲁克的首创。1954年，他在《管理实践》一书中，首先提出“目标管理与自我控制”的主张，随后在《管理：任务、责任、实践》一书中对此做了进一步阐述。德鲁克认为，并不是有了工作才有目标，而是相反，有了目标才能确定每个人的工作，所以“组织的使命和任务，必须转化为目标”。

目标管理就是由组织的员工共同参与制定具体的、可行的且能够客观衡量效果的目标，在工作中进行自我控制，努力实现工作目标。目标管理的基本含义在于：一切管理行为的开始（确定目标）、执行（以目标为指针）、结束（以目标的达成度来评价优劣），都以目标为准绳，让目标无时无地不存在于管理者的思想中与行为上。它与传统的“危机管理”“压制管理”不同。采用目标管理方法的主管，在计划、组织、控制等管理活动中，心里常怀有目标，以目标为导向，而采用危机管理方法的主管，平时没有什么工作，只有在发生意外时才忙成一团。采用压制管理方法的主管，每天两只眼睛紧盯着下属，唯恐他们不按自己的意愿去办事。所以，目标管理是以相信人的积极性和能力为基础的，组织各级领导者对下属人员的领导，不是简单地依靠行政命令强迫他们去工作，而是运用激励理论，引导员工自己制定工作目标，自主进行自我控制，自觉采取措施达成目标，自动进行自我评价。

（二）目标管理的理论基础

目标管理的理论基础是人本主义与效率主义二者的结合。

20 世纪早期“科学管理”学派认为：要提高员工的绩效，必须实行工作专业化，专业可以提高工作熟练程度，而收到事半功倍的效果。1930 年前后，“人群关系”学派提出新的看法，认为重视“人性论”才是提高管理成效的最佳途径，人性论成为管理学中的重要理论之一。

在专业化与人性论两大原则之下，有许多新的管理思想、技术相继问世，其中特别引人注目的管理思想是“授权”。所谓授权，是指上级人员把自己的权力分授给下属，由下属分担和帮助他完成该职位上所应尽的责任。授权既可以腾出授权者的精力、时间去抓大事，体现了分工、专业化的思想，又鼓励下级人员主动、向上、奋进的精神，让他们感受到受重视、被重用，含有“人性论”的道理。在管理实践中，为实施“授权”，才有了所谓的目标管理。

管理的重要任务之一就是使组织中每个成员的力量与贡献汇聚在一起，形成一个真正的整体，产生整体的业绩，避免因力量分散而可能形成的内耗。目标管理正是实现这种效果的最佳方法。

（三）目标管理的特点

1. 员工参与管理

目标管理是员工参与管理的一种形式，由上下级共同商定，依次确定各种目标。

2. 以自我管理为中心

目标管理的基本精神是以自我管理为中心。目标的实施，由目标责任者自我进行，通过自身监督与衡量，不断修正自己的行为，以达到目标实现的目的。

3. 强调自我评价

目标管理强调自我对工作中的成绩、不足、错误进行对照总结，经常自检自查，不断提高效益。

4. 重视成果

目标管理将评价重点放在工作成效上，按员工的实际贡献大小如实地评价一个人，使评价更具有建设性。

（四）目标管理的程序

实施目标管理，要从建立目标开始，经过目标分解、目标考核到成果评价，其中的每一环节，都是动态管理和控制的具体体现。

1. 确定目标

确定目标是目标管理的第一步。所谓确定目标，就是根据外部环境和内部条件提出（确定）在一定时期内（通常一年）所要取得的成果。这实际上是一个完整的决策过程，包括搜集掌握情报信息、拟订目标方案、评估目标方案等方面的活动。

2. 目标展开

目标展开是将组织目标从上到下层层分解落实的过程。目标展开主要包括以下内容：

（1）目标分解。目标确定之后，要把它分解为部门、层次、个人等各个层次的分目标和目标最小单位，以便采取措施实现目标。

（2）目标对策。通过诊断分析和掌握现状，找出各部门实际情况与目标（或分目标）之间存在的差距，对这些差距进行归纳、整理、分类，可以找出实现目标所必须解决的重要问题，针对问题制订出具体对策或措施。

（3）目标责任。根据每个岗位的工作目标或成员的个人工作目标定责任，使每个岗位、每个人都明确自己在实现组织目标过程中所担负的责任，同时努力使责任指标化，便于执行、考核和检查。

3. 目标实施

组织目标一经确定和展开，组织从上到下，方方面面都要按照目标体系的要求，同心协力、分工协作，努力为实现共同目标而尽职、尽责、尽力，这就是目标的实施过程。目标实施的好坏，直接关系到预期目标能否稳步实现。因此，实施目标在目标管理中处于极其重要的地位。

4. 目标成果评价

在实施目标的基础上，应对实施目标的成果进行客观的评价，以总结本期目标管理的经验教训，发扬成绩，克服缺点，为开展下一期目标管理，进行新的循环做好准备。

事实上，目标管理对任何组织的重大意义在于：

一是有一种方向标的作用，能为组织管理活动指明工作方向。也就是我们所说的“日心说”的作用，让每位员工心中有了一盏指路明灯。

二是有一种助推器的作用，即由于目标管理注重全员参与和自我管理，这一做法契合当代员工的特点，因此能激发他们的工作热情。

三是可以作为一种调控阀，即管理者与被管理者可以自觉调控和规范自己的工作行为，建立完善的责任制。目标的层层分解并逐级落实把每个人的工作职责规定得清清楚楚，明确自己应该做什么、做多少、做到什么程度。

四是能起到刻度尺的作用。目标的达成情况，可以作为衡量组织工作的重要尺度，具体而明确的责任和任务划分，能确保组织各项工作保质保量地完成。正是由于这些重要作用，目标管理才得到众多管理者的高度认可。

专栏 6-2

一群登山者迷失了方向，找不到回家的路，正当大家垂头丧气，恐惧即将到来的死亡的时候，有个人从自己的背包里找到了一张地图。大家马上讨论自己可能身处何方，以及路在哪里。最后，大家认定了一个方向并朝着这个方向走了下去。过了很久很久，这群登山者终于发现了一处灯光，顺着灯光，他们找到一户农家，他们知道自己得救了。在他们庆贺自己得救的时候，农民问他们如何找到了生路。他们把地图拿给农民看，农民一看哈哈大笑起来。

所有的人都不明白这张地图有什么可笑的。农民解释说：让你们得救的地图不是这里的地图！

启示：即使是一张错误的地图也比没有地图好，至少它鼓励我们继续尝试，不轻易放弃。在管理手段里，目标、使命、价值观等就是类似地图的工具，我们需要它，即使事后被证实它并不完全正确。

二、滚动计划法

滚动计划法是一种定期修订未来计划的方法。它是按照计划的执行情况和环境变化，调整和修订未来的计划，并逐期向前移动的一种计划方法。所以，滚动计划是一种动态编制计划的方法，它不像静态分析法那样要等一项计划全部执行完了之后再重新编制下一时期的计划，而是在每次编制或调整计划时，均将计划按时间顺序向前推进一个计划期，即向前滚动一次。滚动计划法的特点是“分段编制，近细远粗”“长、短期计划紧密结合”，具体如图 6-4 所示。

图 6-4 滚动计划法

滚动计划法既可用于编制长期计划，也可用于编制年度、季度生产计划和月度生产作业计划。不同计划的滚动期不一样，一般长期计划按年滚动，年度计划按季滚动，月度计划按旬滚动，等等。

滚动计划法已被广泛应用，其优点十分明显，具体如下：

（1）把计划期内各阶段以及下一个时期的预先安排有机地衔接起来，而且定期调整补充，从而从方法上解决了各阶段计划的衔接问题，使计划更符合实际。

（2）较好地解决了计划的相对稳定性和实际情况的多变性这一矛盾，使计划能更好地发挥其指导实际生产的作用。

(3) 采用滚动计划法，使企业的生产活动能够灵活地适应市场需求，把供产销密切结合起来，从而有利于实现企业预期的目标。

三、甘特图

甘特图（Gantt Chart）也称条状图，是在1917年由亨利·甘特开发的，其内在思想简单，即以图示的方式通过活动列表和时间刻度形象地表示出任何特定项目的活动顺序与持续时间。甘特图基本上是一幅线条图，横轴表示时间，纵轴表示活动（项目），线条表示在整个期间上计划和实际的活动完成情况。它直观地表明任务计划在什么时候进行，以及实际进展与计划要求的对比，如图6-5所示。

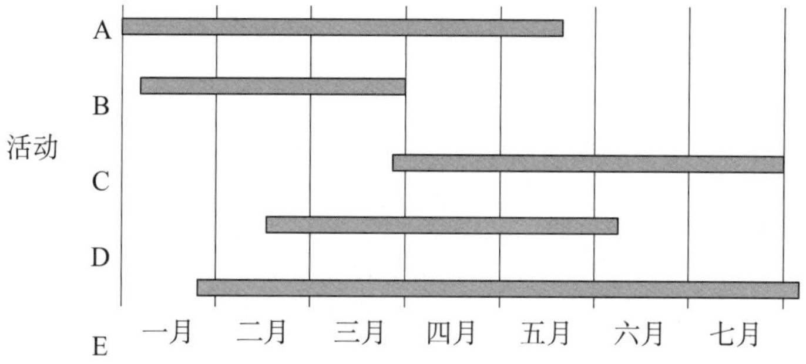

图6-5 甘特图

甘特图的特点是：简单、醒目和便于编制。管理者利用甘特图可极为便利地弄清一项任务（项目）还剩下哪些工作要做，是提前还是滞后。甘特图在企业管理工作中被广泛应用，其应用范围主要包括：项目管理系统、生产执行系统（MES）、资源管理系统（ERP）或其他任务资源分配领域。

四、网络计划法

网络计划法是一种科学的计划管理方法，它以网络图的方式，反映组成企业生产的各项活动的先后顺序及相互关系，并通过计算找出影响全局的关键活动和关键路线，以便对工作内容进行统筹安排，使工期、成本、资源利用等方面达到预期目标。

网络计划在计划执行过程中能有效地进行控制和调整，力求以较小的消耗取得最佳的经济效益和社会效益。其优点是：组成有机的整体，明确反映各工序间的制约与依赖关系，能找出关键工作和关键线路，便于管理人员抓主要矛盾，便于资源调整和利用计算机进行管理和优化。其缺点是：不能清晰地反映流水情况、资源需要量的变化情况。

复习思考题

1. 什么是计划？计划有何特点？其作用是什么？
2. 如何理解各种不同类型的计划？
3. 计划制订的程序是什么？
4. 计划工作的原理有哪些？

5. 如何理解战略计划的重要性？
6. 企业的基本战略有哪些？
7. 目标管理的含义是什么？其理论基础是什么？有何特点？
8. 什么是甘特图？其有何特点？
9. 什么是网络计划法？其有何优缺点？

案例分析

案例1：甲纺织厂的计划

甲纺织厂受外部经营环境急剧变化的影响，产品销量不好，资金十分紧张，预计在往年销售旺季的11月和12月也将会出现“旺季不旺”的局面。面对这样的形势，赵厂长压力很大。该如何做才能扭转局势呢？经过调研，赵厂长认为应该把工作的重点放在营销上。他提出了以下几种方案：

方案一：在当下国内毛纺织品价格居高不下，并且继续酝酿上调之时，公司要降低产品价格，分品种下降5%～8%，个别品种下降10%以上，使产品价格处于较低水平。通过这种方法可以减少产品积压带来的贷款利息和罚息损失。这样做，预计下一年的第一季度可回收货款2 088万元，其中3月份可回收1 200万元，但经计算这种降价方式，将会减少销售收入800万元。

方案二：企业过去基本上是做大宗买卖的，现在要改变经营战略，在保留原有经营方向的同时，增加向中小城市、农村、国家重点工矿企业推销产品，这样大宗和小笔生意都不放过，双管齐下。预计年底销售、回收货款可达1 086万元，约占同期货款回收额的42%，下一年上半年预计销售实现回收货款1 250万元，占同期货款回收额的39%。但是，这样做又存在销售人员（商品推销员和售货员）严重缺乏的问题。

方案三：为提高市场占有率，可以组成由产品设计人员、经销人员参加的调研队伍，深入市场，走访用户和销售网点，研究消费者习惯及心理变化，筛选和处理产品需求信息，及时开发和生产适销对路的产品，提高市场占有率。还可以在生产中从原料到产品及售后服务，通过道道工序把关，提高产品质量，做到不合格的半成品不流入下道工序，不合格产品不出厂，同时，增加新产品的开发力度。这样做可以提高产品在市场上的美誉度，从而扩大市场占有率，多销售产品，多回收货款。但是，由于重点技术力量薄弱，迅速开发新产品存在一定难度。另外，新产品从开发到投放市场需要一个过程。预计采取这种方案第二年年底才能产生效果，远水解不了近渴，仍不能很好地解决企业资金紧张这一问题。

上述三种方案各有利弊，当务之急是赵厂长需要审时度势、权衡利弊做出决策。

分析与讨论：

1. 结合案例分析如何制订计划。
2. 假如你是赵厂长，你将如何选择计划的备选方案？为什么？

案例2：滚动计划让乙公司插上成功的翅膀

乙公司是中国东部地区一家企业，原有的计划管理水平低下，粗放管理特征显著，计划管理与公司实际运营情况长期脱节。为实现企业计划制订与计划执行的良性互动，在管理咨询公司顾问的参与下，乙公司开始全面推行滚动计划管理。

首先，乙公司以全面协同量化指标为基础，将各年度计划分解为4个独立的、相对完整的季度计划，并将其与年度计划紧密衔接。在企业计划执行和调整过程中，乙公司充分运用了动态管理的方法，即公司年度计划执行过程中要对计划本身进行3次定期调整：第一季度的计划执行完毕后，就立即对该季度的计划执行情况与原计划进行比较分析，同时研究、判断企业近期内外环境的变化情况。根据统一得出的结论对后3个季度计划和全年计划进行相应调整。第二季度的计划执行完毕后，采用同样的方法对后两个季度的计划和全年计划进行调整。第三季度的计划执行完毕后，仍然采取同样方法对最后一个季度的计划和全年计划进行调整。

乙公司各季度计划的制订是根据近细远粗、依次滚动的原则进行的。这就是说，每年年初都要制订一套繁简不一的季度计划：第一季度的计划率先做到完全量化，计划的执行者只要拿到计划文本就可以一一遵照执行，毫无困难或异议；第二季度的计划要至少做到50%的内容实现量化；第三季度的计划要至少使20%的内容实现量化；第四季度的计划只要做到定性即可。同时，在计划的具体执行过程中对各季度计划进行定期滚动管理——第一季度的计划执行完毕后，将第二季度的计划滚动到原第一季度计划的位置，按原第一季度计划的标准将第二季度的计划细化到完全量化的水平；第三季度的计划则滚动到原第二季度计划的位置并细化到至少量化50%内容的水平，依此类推。第二季度或第三季度计划执行完毕时，按照相同原则将后续季度计划向前滚动一个季度并予以相应细化。本年度4个季度计划全部都执行完毕后，下年度计划的周期即时开始，如此周而复始，循环往复。

其次，乙公司以全面协同量化指标为基础建立了三年期的跨年度计划管理模式，并将其与年度计划紧密对接。跨年度计划的执行和季度滚动计划的思路一致。这样，公司的季度计划、年度计划、跨年度计划环环相扣，前后呼应，形成了独具特色的企业计划管理体系，极大地促进了企业计划制订和计划执行的相辅相成，明显提升了企业计划管理、分析预测的水平，为企业整体效益的提高奠定了坚实的基础。

分析与讨论：

1. 什么是滚动计划法？它有何特点？
2. 结合乙公司的情况，分析滚动计划法的优点。

在线自测

扫一扫 练一练

第七章 组 织

本章导读

组织是人们为了实现共同的目标而组成的有机整体，是人类社会最常见、最普遍的现象之一。人们通过各种组织集合各种资源，从事政治、经济、文化等活动。组织的目标是要实现组织的效率与效益，积聚组织成员的士气，使组织持续发展。

组织可以分为多种不同的类型。组织设计就是根据组织目标对组织的结构和活动进行的筹划和考虑。进行组织设计是组织工作的重要内容。很多因素会影响组织设计，如环境、战略、技术、规模和发展阶段。组织设计应遵循一定的原则。组织设计的横向考虑是部门设计，较常见的部门划分方式是按职能、按产品、按地区、按顾客和按流程划分部门，每种部门划分方式都各有优缺点，适用于不同的环境和条件。组织设计的纵向考虑是层级设计，组织层级设计要处理好管理幅度与管理层次的关系。组织设计还需要进行职权设计。直线与参谋是两类不同的职权关系，在发挥好各自作用的前提下，应摆正各自的位置。组织权力的纵向分配表现为集权与分权，集权与分权应相结合。实行分权的主要手段是授权，组织要科学授权。

组织结构的类型主要有直线制、直线职能制、事业部制、矩阵制、委员会制、团队结构等，每种组织结构都各有优缺点，适合不同类型的组织。

人员配备是组织工作的逻辑延续。组织运行的基本框架确定之后，为使组织能够正常运转并有效地完成组织目标，必须按照组织设计的要求配备合适的人员。人员配备是以人为中心的管理，遵循因事择人、因才适用、动态平衡的原则。人员配备的主要工作是招聘、甄选、培训、绩效考核等。

学习目标

通过本章的学习，掌握组织的含义、分类、特征、作用、目标；掌握组织设计的含义、影响因素及原则，熟悉组织的部门设计、层级设计的相关内容；掌握集权、分权、授权的内容；熟悉组织结构的基本类型及其优缺点；掌握人员配备的概念、特点及原则，熟悉招聘、甄选、培训和绩效考核的主要内容。

关键概念

组织　非正式组织　组织结构　组织设计　管理幅度　直线职权　参谋职权　集权　分权　授权　人员配备　绩效考核

第一节 组织的基本概念

组织的基本概念

一、组织的含义

组织是人们为了实现共同的目标而组成的有机整体。从管理学的角度看，组织有以下两种含义。

（一）作为静态的组织

静态的组织指为实现一定目的而建立起来的人与单位的有序结构，使人能在这种结构里进行有效的协同工作。组织是人类社会最常见、最普遍的现象之一。企业、政党、军队、学校、工会、教会等都是组织的类型。

（二）作为动态的组织

动态的组织指把分散的人或事物进行安排，使之具有整体性、连续性和比例性，形成一个协调系统。这是管理者所开展的组织行为、组织活动过程，即组织工作。组织工作是一个组合和配置的过程。组织工作的重要内容就是进行组织结构的设计与再设计，前者通常称为“组织设计”，后者则称为“组织变革”。

二、组织的分类

组织根据不同的划分标准可以分为多种不同的类型。

（一）按照组织规模划分

按照组织规模大小可以把组织划分为小型组织、中型组织、大型组织。不同规模的组织所拥有的资源不同。这种划分具有普遍性，不论何类组织都可以作这种划分。以组织规模划分组织类型，是对组织现象的表面认识。

（二）按照组织性质划分

可以把组织分为政治组织、经济组织、文化组织、群众组织、宗教组织等。

（三）按照组织目标划分

可以把组织分为营利性组织、非营利性组织和公共组织。营利性组织是指以获利为主要目标的组织，如工厂、商店、酒店、旅行社、银行等。非营利性组织指除公共组织外，一切不以营利为主要目标的组织，如各类社团、慈善机构等。公共组织是指负责处理国家公共事务的组织，如立法机构、司法机构、政府机构、军事机构等。

（四）按照组织的特性划分

可以把组织分为机械组织与有机组织。机械组织也称官僚行政组织，具有高度专业化、高正规化和集中化等特征。有机组织也称适应性组织，具有低复杂性、低正规化和分权化的特征。

（五）按照组织有意建立还是自发形成划分

可以把组织分为正式组织和非正式组织。正式组织是组织设计的结果，这种组织有明确的目标、结构、职能以及由此决定的成员之间的权责关系，对个人具有某种程度的强制性。非正式组织主要以感情和融洽的关系为标准，其成员遵守共同的、不成文的行为规则。

（六）按照组织的形态划分

可以把组织分为实体组织和虚拟组织。实体组织就是一般意义上的组织。虚拟组织是一种区别于传统组织的、以信息技术为支撑的人机一体化组织。虚拟组织是信息时代的组织创新形式。在形式上，没有固定的地理空间，也没有时间限制。组织成员通过高度自律和高度的价值取向共同实现团队目标。

三、组织的特征

（一）具有明确的目标

没有目标就不是组织，而仅是一个群体。目标是组织的愿望，只有确立了目标后组织才能确定方向，才能有号召力和吸引力去组建一支队伍。

（二）拥有资源

组织的资源主要包括人、财、物、信息和时间等。其中人是组织最重要的资源，是组织创造力的源泉。资源是组织运行和发展所必需的，同时，组织通过管理活动的配置整合，能够促进资源增值，为组织及其成员带来利益。

（三）具有一定的权责结构

管理组织的内涵是人们在职、责、权等方面的划分与互相联系，从而形成一定的结构体系，这个结构体系可简称为权责结构。表现为层次清晰，任务有明确的承担者，并且权力和责任是对等的。

四、组织的作用

组织具有重要作用，体现在以下几个方面。

（一）工作任务清晰化

通过组织过程，确定实现目标所需的各项活动、业务，并且把这些活动、业务进行分类、归并，就可以使工作任务清晰、明了。否则，虽然目标远大而美好，但无从下手。

（二）资源分配统筹化

为了使有限的资源发挥最大的作用，就必须统筹分配资源。组织部门化之后，把合适的资源配置在合适的部门和岗位上，使各种资源发挥最大的作用，就可以达到 1+1>2 的功效。

（三）工作内容专业化

分工使专业化程度提高，组织中的每一个人只从事某一部门、某一环节的工作。通过长期的重复，成员的熟练程度越来越高，经验越来越丰富，效率也越来越高。专业化使拥有不同技能的人各尽所能，发挥专长。

（四）工作衔接无缝化

组织既有分工，也有协作。通过合作，组织的各项工作有序衔接，事事有人做，人人有事做，工作没有缺口。

第二节 组织设计

组织设计

一、组织设计的含义和目的

（一）组织结构

组织结构指组织的基本架构，是对完成组织目标的人员、工作、技术和信息所作的制度性安排。

（二）组织设计

组织设计是根据组织目标对组织的结构和活动进行的筹划和考虑。进行组织设计是组织工作的重要内容。

（三）组织设计的目的

通过创构柔性灵活的组织，动态地反映外在环境变化的要求，并且能够在组织演化成长的过程中，有效集聚新的组织资源，同时协调好组织中部门与部门之间、人员与工作任务之间的关系，使员工明确自己在组织中应有的权力、利益和应承担的责任，有效实现组织目标。

二、组织设计的内容

（1）根据任务和目标的要求，进行职能与职务的分析，设计组织机构；

（2）进行部门设计和层级设计，划分各机构间的上下左右关系、职责权限和分工协作范围；

（3）建立机构间的工作流程和沟通渠道；

（4）制定政策方针和措施使机构有序运转。

三、组织设计的影响因素与原则

（一）组织设计的影响因素

1. 环境

组织设计中要考虑组织结构对环境的应变能力，环境的不确定性会影响组织结构。只有那种与外部环境相适应的组织结构才可能成为有效的组织结构。为此，管理者要根据外部环境的不确定程度来设计不同类型的组织结构，并且，通过加强计划和对环境的预测减少不确定性，通过组织之间的合作减少组织对环境的过度依赖。

2. 战略

组织设计应该适应战略。战略发展有不同的阶段，每个阶段都有与之相适应的组织结构。战略在两个方面影响组织结构：一是不同的战略要求开展不同的业务和管理活动，由此影响到管理职务和部门的设计；二是战略重点的改变会引起组织业务活动重心的转移和核心职能的改变，从而使各部门、各职务在组织中的相对位置发生变化，相应地就要求对组织结构做出调整。

3. 技术

技术可以划分为单件小批量生产、大批量生产、流程生产（连续流水线式作业生产），不同技术对分工协作的要求不同，因而会对组织结构形式和总体特征等产生影响。组织设计需要因技术的变化而变化。从传统角度来说，从小批量生产到流程生产，复杂程度越来越高，所需的组织结构也越发复杂，但使用先进信息技术的企业可以在精简的组织结构下实现复杂的生产。

4. 规模

组织的结构设置应该根据组织规模而变化，以确保管理层能准确做出决策。组织规模小时属于小型组织，其简单、集权、规范化程度低；组织规模大时属于大型组织，其复杂、分权、规范化程度高。

5. 发展阶段

组织生命周期理论将组织的发展分为四个阶段，不同的阶段其相应的特点不同。

（1）创业阶段。组织是小规模、非官僚、非规范化的，重点在于及时调整产品结构。

（2）集合阶段。组织拥有较多的职能部门，但权力依然集中，需要及时放权。

（3）规范化阶段。出现官僚化，组织分层明显，工作程序化、规范化。高层管理要向下授权，还要保证不失去控制力。

（4）精细阶段。规模巨大，拥有庞大的官僚体系。需要创建跨越部门的管理团队，或者适当更换管理者。

（二）组织设计的原则

组织设计应遵循以下基本原则。

1. 目标统一原则

目标统一是指一方面层次的设置和组织结构的建立要以实现组织目标为导航；另一方面各层次都要以组织总目标为目标，把各自的目标置于总目标的统一之下。

2. 专业化分工的原则

专业化分工就是要把组织活动的特点和参与组织活动的员工的特点结合起来，把每个员工安排在适当的领域中积累知识、发展技能，从而不断提高工作效率。

3. 统一指挥原则

统一指挥原则是组织层级设计的重要原则。它是指组织的各级机构及个人必须服从唯一上级的命令和指挥，只有这样才能保证政令统一，行动一致。否则，下级面对多个上级，就会造成多头领导，令出多门，导致下级无所适从，从而出现推卸责任的现象。

4. 责权对等原则

责权对等原则要求组织中的各层次、各岗位的责任和权力相一致，在权力范围内对所承担的任务负完全责任。既不使权力失去制约，也不使责任无法履行。高层管理人员权力大，责任也大；基层管理人员权力小，责任也小。只有责任，没有职权或权限太小，会使管理者的积极性和主动性受到严重束缚；相反，只有职权而无责任，或者责任小于职权，则会导致组织中出现权力滥用或无人负责的现象。

5. 有效管理幅度原则

一个管理者直接有效领导与指挥下属的人数也是有限的。管理幅度太小，必然造成人的知识、经验、时间、能力、精力的浪费，使管理者无法达到满负荷工作，或者对下属管得太严，束缚了下属的手脚，降低了下属的积极性和主动性；而管理幅度太大，也会产生管不过来、管不到位的问题。因此，管理幅度应是有效的。

6. 集权与分权相结合原则

集权与分权相结合原则要求根据组织的实际需要决定集权与分权的程度。在某些情况下集权程度高一些更有效，而在某些情况下分权程度高一些更适合。但不论集权还是分权，都应当有利于保证决策的迅速和准确，有利于决策的执行。

7. 稳定性与适应性相结合原则

稳定性与适应性相结合原则要求组织结构在稳定性与适应性之间取得平衡，从而保证组织的正常运行。一味地要求稳定会使组织不适应环境的变化，而为了适应变化，过于频繁地调整，则会使组织中的成员缺乏安全感，人心不稳。

8. 精简高效原则

精简高效原则即所设机构和整个组织结构都必须与其所承担的任务和规模相适应，使组织确实发挥它的效能，既不人浮于事，也不无人管事。要做到机构简单，人员精干，有利于提高组织效率。

专栏 7-1

发现"不拉马的士兵"

一位年轻有为的炮兵军官上任伊始，到下属部队视察操练情况。他在几个部队发现相同的情况：在一项操练中，总有一名士兵自始至终站在大炮的炮管下面，纹丝不动。

军官不解，究其原因，得到的答案是：操练条例就是这样要求的。军官回去后反复查阅军事文献，终于发现，长期以来，炮兵的操练条例仍因循非机械化时代的规则。

以前站在炮管下的士兵的任务是负责拉住马的缰绳，以便在大炮发射后调整由于后坐力产生的距离偏差，减少再次瞄准所需的时间。现在大炮的自动化和机械化程度很高，已经不再需要这样一个角色了，但操练条例没有及时地调整，因此才出现了"不拉马的士兵"。军官的这个发现使他获得了国防部的嘉奖。

启示：很多组织中存在这种"不拉马的士兵"，人浮于事，造成效率低下。组织应当通过组织设计避免这种现象的发生。

四、组织设计的部门化

部门化是根据专业化原则把性质类似或有密切关系的活动划分在同一部门内，以提高工作效率。“部门”在不同的组织中有不同的称呼。企业组织称分公司、部门、车间、班组等；军队称军、师、团、营、连、排、班等；政府单位称部、厅、局、处、科等。

部门划分的方法有很多，一般主要依据以下标准。

（一）按职能划分部门

按职能划分部门是最普遍采用的一种部门划分方法。它是根据管理的不同作用或功能进行的部门划分，在一个职能部门里执行一个特定的工作，如企业按职能划分为生产部、营销部、财务部、研发部、人力资源部等，如图 7－1 所示。

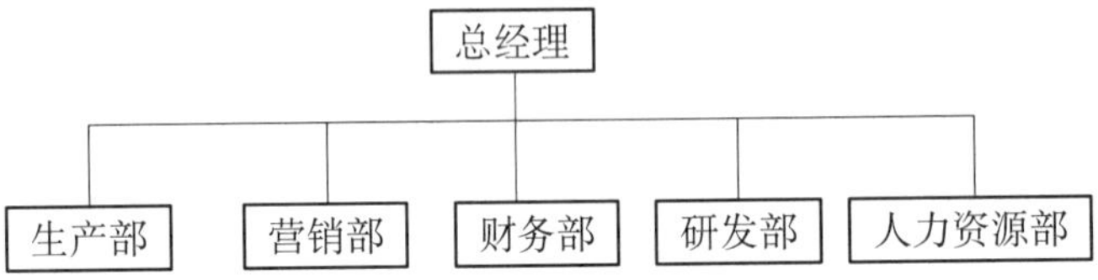

图 7－1　按职能划分部门

1. 按职能划分部门的优点

（1）可以有效地利用资源以达到规模经济。如所有研发人员都在研发部门，就可以充分利用实验室等设备，充分发挥研发人员的人才资源优势；而在生产、营销等部门不仅资源的优势非常明显，而且可以达到规模经济。

（2）符合专业化原则。专业的职能部门有利于深入开发专业知识和专业技能，形成一个训练有素的专家队伍。

（3）有利于员工职业生涯发展。专业的职能部门有利于员工职能技术的提高和发展，也有利于对员工的专业培养。

2. 按职能划分部门的缺点

（1）协调困难。由于员工分散在不同的部门，各部门各有专责，各自独立，有各自的利益，容易形成隔阂，缺乏跨职能的沟通和协作，增加高层协调的困难。

（2）各部门易产生“隧道视野”。员工在部门里倾向于部门目标而不是组织目标，他们往往看到的是自己负责的任务而非整体目标。

（3）适应性差。环境变化和创新要求组织的部门间要彼此合作，而缺乏合作就意味着对环境变化的反应迟钝、阻碍创新。

（4）不利于培养综合管理者。狭窄的任务划分，使员工被训练成某个领域的专家，有专长但不全能，不利于培养全能管理者。

按照职能划分部门，在稳定的技术和环境下比较有效。

（二）按产品划分部门

按产品划分部门是根据生产经营的不同产品或产品系列进行的部门划分，适合于多元化经营的大型企业。如汽车公司的小汽车部、中型车部、工程车部等，如图 7－2 所示。

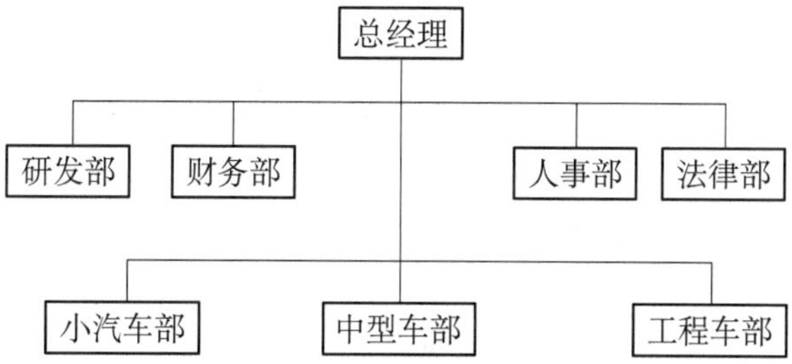

图 7-2 按产品划分部门

1. 按产品划分部门的优点

(1) 有利于深入研究各业务的特点，提高产品质量和增加产品功能。

(2) 有利于部门内协调。例如，在生产小汽车的业务部门内部，生产、市场、研发、人力资源、财务等活动统一在一起，有利于跨职能部门的合作和部门内协调。

(3) 便于对绩效的测评。例如，按产品划分部门，每个部门都是自主的单位，以产品部门为利润中心，便于对部门的成本、利润和绩效进行测评，也便于部门间的横向比较，有利于调动各部门的积极性。

(4) 有利于综合管理者的培养。每个部门的管理者都是进行全面管理和协调的全能管理者，有利于综合管理者的培养。

2. 按产品划分部门的缺点

(1) 可能造成机构重叠。例如，每个业务部门都有生产、研发、营销、人力资源管理等部门，就造成这些活动的重复，增加费用，降低效率。

(2) 部门的本位主义。各部门关注部门内的工作，部门内具有良好的合作，但部门间缺乏合作，各自为政。

(3) 需要更多具有全面管理能力的管理者。

按产品划分部门适合于环境多变的情况。

(三) 按地区划分部门

按地区划分部门是根据地理因素设立管理部门，把某一地区的业务集中于某一部门全权负责。如企业按地区划分为中国市场部、美国市场部、德国市场部等，如图 7-3 所示。政府机构按区域划分某省、某市、某县等。对于一个地域分布较广或业务区域涉及较广的组织来说，按地区划分部门是必要和有效的。它的特点与按产品划分部门类似。

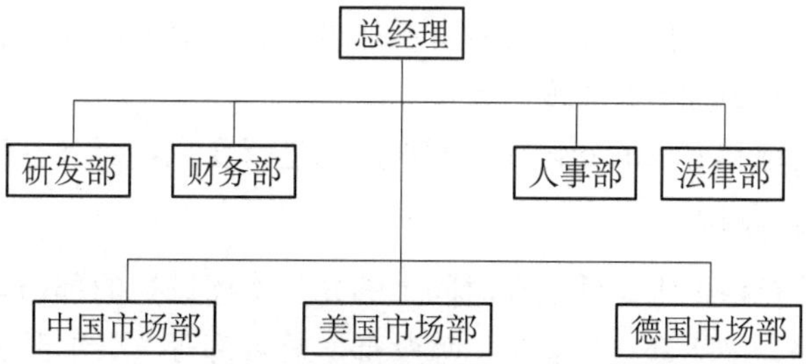

图 7-3 按地区划分部门

1. 按地区划分部门的优点

（1）针对性强，能对本地区环境变化迅速做出反应。

（2）地区内有很好的协作，各种活动易于协调。

（3）便于对绩效的测评。

（4）有利于综合管理者的培养。

2. 按地区划分部门的缺点

（1）可能造成某些活动的重复、机构重叠。

（2）地区间会相互竞争，争夺组织资源，形成地区的本位主义。

（3）总部协调困难。

（4）需要更多具有全面管理能力的管理者。

按地区划分部门适合于地区差异明显、环境多变的情况。

（四）按顾客划分部门

按顾客划分部门是根据不同顾客群进行的部门划分。当某一顾客群的需求与其他顾客群大相径庭时，常常会采用按顾客划分部门的方法。例如，某一服装企业把部门划分为老年人市场部、青年人市场部、女性市场部、儿童市场部等；证券公司根据所服务的顾客资金的多少分别设立大户室、中户室、散户厅等；一家办公用品公司的市场部划分为零售部、批发部、法人团体部（见图 7－4）。

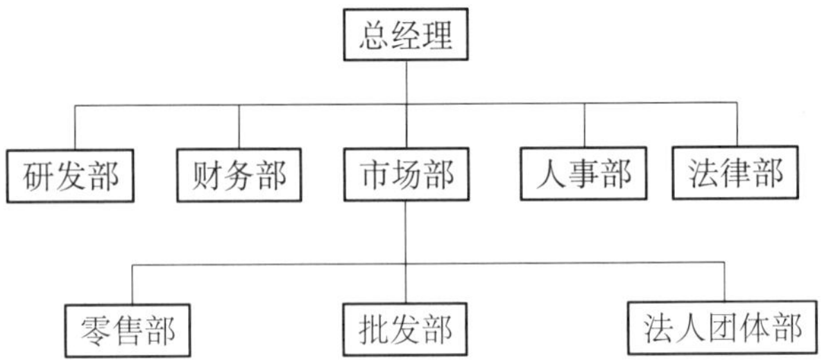

图 7－4　按顾客划分部门

1. 按顾客划分部门的优点

（1）有利于深入研究特定顾客的需求。

（2）对顾客更了解，针对性更强，服务更到位。可以在明确规定的服务项目方面满足顾客特殊的和广泛的需求。

2. 按顾客划分部门的缺点

（1）忙闲不均。有可能使企业的某些资源如设备、专业人员等不能达到充分利用。

（2）有时对顾客明确分类有难度。

（3）随着顾客类型和需求的变化往往要求部门进行变化，而有些变化是难以适应的。

（五）按流程划分部门

按流程划分部门是根据组织活动在时间上的先后次序进行的部门划分。如某企业将生产部门划分为铸造部、冲压部、焊装部、涂装部、总装部等。又如某企业将生产部门划分为纺纱车间、织布车间、印染车间等，如图 7－5 所示。

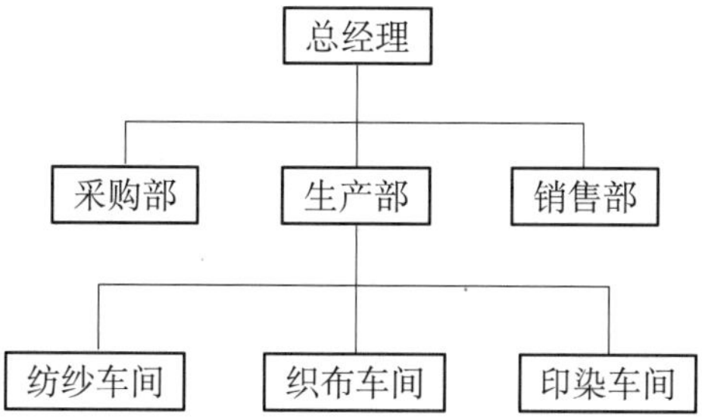

图7-5 按流程划分部门

1. 按流程划分部门的优点

(1) 符合专业化原则，能够有效利用专业技术和特殊技能，简化员工培训。

(2) 部门间的关系清晰，责任明确。

(3) 工作效率高。

2. 按流程划分部门的缺点

(1) 不适合培养全面的综合管理人才。

(2) 本位主义。各部门都只对本流程或环节的生产和质量负责而不对最后成果负责。

(3) 连锁反应。一个部门发生问题将直接影响到整个组织目标的完成。

(4) 需要部门间的紧密协调和高层的严格控制。

除以上几种主要部门划分方法外，还有按时间、按人数等进行的部门划分。

需要指出的是，几乎所有组织的部门划分都不是只采用一种办法而是同时采用多种办法，即多种划分方法的组合。例如，一个公司按产品划分为若干事业部，在事业部内部按职能进行划分，制造部门按流程划分，销售部门按地区划分。另外，部门划分会随着各种情况的变化而不断进行调整。

五、组织设计的层级化

组织设计的层级化是组织的纵向设计。要建立良好的组织结构，从纵向看必须科学设置管理层次与管理幅度，这是相互联系、具有因果关系的两个问题。

(一) 管理层次

管理层次是指从最高管理人员到最低工作人员中间所拥有的级数。层次是纵向的组织环节。管理层次过多和过少都是不行的。过多的管理层次需要过多的管理人员，既增加了他们之间的协调工作，又增加了管理费用；同时，使从最高层到最低层的信息传递速度减慢，信息传递容易出现遗漏和失真。而过少的管理层次又使上级意图不能得到准确贯彻，使上级把过多的精力用于对下级的协调中，难以集中精力处理大的决策问题。

究竟多少管理层次合适，要视具体情况而定。当组织规模较小时，管理层次一般不超过两个；当组织规模较大时，一般分为高、中、低三层。一些超大型企业，可能存在三四个中间管理层。

良好的层次设计在于既能使信息顺畅流通，真正准确地做到上情下达、下情上达，又能实现有效的控制，还能使下级人员的积极性和主动性得到有效的发挥。

（二）管理幅度

管理幅度也称管理宽度、管理跨度，是指一个管理者直接而有效领导与指挥下属的人数。管理幅度是有限的，管理者所管理的下属超过了一定的限度，就会降低管理的效率。

管理幅度受多种因素影响，不存在普遍的适用数。一般而言，管理幅度受下列因素的影响：

（1）管理人员的素质及其领导风格。在其他条件相同的情况下，如果管理人员素质高，他就可以管理更多的人，其管理幅度就大，反之则小。

（2）下属人员素质。如果下属素质高，其工作的主动性、积极性、责任心和能力强，则上级管理者的管理幅度就可以增大，反之则减小。

（3）管理工作的复杂程度。如果管理工作都是一些简单的问题，重复性大，则管理幅度就大。相反，如果存在较多的专业性问题，工作又多具有创新的性质，则管理幅度就要小。

（4）管理的规范性。如果管理是规范的，授权明确、责任清楚、考核具体，则管理幅度大；相反，如果目标不明，责权不清而又无从考核，则幅度要小。

（5）沟通和联络技术。如果沟通方便或采用了先进的沟通技术和联络手段，信息传递效率高，则管理幅度就大；相反，管理幅度就小。

（6）授权的程度。如果管理者善于把管理权限充分地授予下属，让下级有充分的自主权，则管理者本人需要亲自处理的问题相对减少，管理幅度就可增大；如果不能授权或不愿意授权，则管理幅度就小。

（7）空间距离的远近。如果管理者与下属在空间上距离较近，直接沟通很方便，管理的幅度就可以大一些；反之，管理幅度就必须小一点。

（8）外部环境。当外部环境变化很快、变化程度很大时，组织遇到的新情况、新问题就很多，管理人员需要花费较多的时间去关注环境的变化，考虑应变的措施，能够给予下属的指导就少，管理幅度就小；反之，当外部环境比较稳定时，各方面工作简单有序，管理幅度就大。

管理幅度的确定如表 7－1 所示。

表 7－1　管理幅度的确定

管理幅度小	管理幅度大
管理人员能力差	管理人员能力强
下属素质较低	下属素质较高
工作复杂，标准化程度低	工作简单，标准化程度高
计划、目标不明确，管理规范性不强	计划、目标明确，管理规范
上下级之间沟通不畅	上下级之间能进行有效沟通
不善于授权	善于授权
下属分散各处	下属工作地集中
内外部环境急剧变化	内外部环境稳定

专栏 7-2

史记·淮阴侯列传（节选）

上常从容与信言诸将能不，各有差。上问曰："如我能将几何？"信曰："陛下不过能将十万。"上曰："于君何如？"曰："臣多多而益善耳。"上笑曰："多多益善，何为为我禽？"信曰："陛下不能将兵，而善将将，此乃信之所以为陛下禽也。"

启示：刘邦统率将军，韩信统领士兵，管理层次不同，工作性质不同，管理幅度也不同。

（三）管理幅度与管理层次

在组织规模一定的条件下，管理层次与管理幅度成反比关系。即在其他条件相同的情况下，管理幅度越大，管理层次越少；相反，管理幅度越小，管理层次就越多。

这样就形成了两种基本的组织结构形态：垂直结构和扁平结构。

1. 垂直结构

垂直结构即多层次结构，最高层与作业层之间存在较多的管理层次，而每个管理层次的管理幅度小，属于集权型组织，如图 7-6 所示。

图 7-6 垂直结构

（1）垂直结构的优点。可以严密监督控制；有利于统一指挥，充分体现上级意图；层次分明，管理严密，组织的稳定性高。

（2）垂直结构的缺点。妨碍下属主动性发挥；管理人员增加，管理费用增加；信息传递渠道长。

在相对稳定的市场环境中，垂直结构是效率较高的一种组织结构。

2. 扁平结构

扁平结构是指管理层次少而管理幅度大的一种组织结构形态，属于分权型组织，如图 7-7 所示。

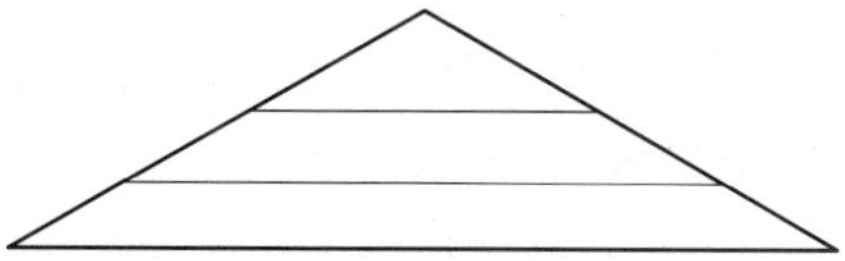

图 7-7 扁平结构

（1）扁平结构的优点。有利于缩短上下级距离，密切上下级关系，信息纵向流通快，管理费用低；由于管理幅度较大，被管理者有较大的自主性、积极性和满足感。

（2）扁平结构的缺点。由于管理幅度较大，权力分散，不易实施严密控制，加重了对下属组织及人员进行协调的负担。

在变化的市场环境中，扁平结构是效率较高的一种组织结构。目前组织结构有扁平化的趋势。

第三节　组织中的职权

组织中的职权

一、职权的概念

职权是组织设计中赋予某一管理职位的权力。这种权力是组织授予的，拥有职权的人在职责范围内对相应的事情发布命令并希望命令得到执行。

这一概念包括以下几层含义：

（1）职权的来源是组织，它是由组织授予的；

（2）职权的基础是职位，获得职权必先获得职位；

（3）职权是以履行职责为前提的，职权的大小决定于职责范围的大小。

二、职权的分类

职权的类型有直线职权、参谋职权与职能职权。

（一）直线职权

直线职权是按照等级原则和指挥链，由上级对下级逐级发布命令和进行指挥的权力。直线职权给予一位管理者指挥其下属工作的权力，也就是通常所说的决策指挥权，表现为三种：一是决策权，二是命令权，三是执行权。

（二）参谋职权

参谋职权是参谋人员所拥有的提出咨询建议，或提供服务与便利，协助直线机构和直线人员进行工作的职权。参谋人员所拥有的是建议权。

参谋职权存在的原因是：第一，直线领导专业知识的缺乏，需要参谋提出建议。第二，组织规模扩大，事务繁杂，需要参谋人员提供帮助。第三，缺乏有效的监督控制能力，需要参谋进行协助。

（三）职能职权

职能职权是根据高层管理者的授权而拥有的对其他部门或人员的直接指挥权。

由于管理活动日益复杂，主管人员仅依靠参谋的建议很难做出最后的决定，为了改善和提高管理效率，主管人员就可能将职权关系作某些变动，把一部分原属自己的直线职权授予参谋人员或某个部门的主管人员，这便产生了职能职权。

三、集权与分权

（一）集权与分权的含义

集权与分权是指职权的集中程度和分散程度。

1. 集权

集权即职权的集中化，是指决策权在很大程度上向处于较高管理层次的职位集中的组织状态和组织过程。

集权有利于集中领导和统一指挥，有利于部门与整体的协调一致，有利于加强控制，形成统一意志。但集权使领导过多地关注具体事物而不是重大问题，使组织缺乏必要的灵活性和适应性，易于死板僵化，限制了下属人员积极性、主动性和创造性的发挥。

2. 分权

分权即职权的分散化，也就是决策权在很大程度上分散到处于较低管理层次的职位上。当组织规模扩大，组织活动分散化，为了培养后备管理队伍，组织往往会分权。

分权有利于发挥下级的主动性和创造性，能够使下级自主工作，便于领导关注组织的重大问题，使组织有较强的灵活性和适应性。但分权不利于实行集中统一的指挥，容易导致各部门的本位主义倾向，影响整体利益，增加了协调和控制的难度。

集权与分权是相对的，没有绝对的集权，也没有绝对的分权。集权、分权各有利弊，过分的集权和过分的分权都有碍于组织目标的实现。在组织中职权应当在多大程度上集中或分散，要根据具体情况而定。

（二）影响集权与分权程度的因素

1. 决策的代价

如果某一项决策失误的时候影响很大，它可能是由高层做出，而若影响较小，则可能由低层做出。

2. 政策一致性的愿望

如果领导者认为政策的一致非常重要，要求一致性的愿望强，则管理趋于集权，即权力的集中程度较高。相反，如果认为要保持政策的灵活性和适应性，则更趋向于分权。

3. 组织的规模和经营特点

如果组织规模较大，则问题相对较多，为了提高效率，需要多人负责，就需要分权；相反，则倾向于集权。如果经营有不同特点，技术不复杂、连续性不强，则可以分权；相反，就需要集权。

4. 管理人员的性格素质

如果管理人员是专制型的或不放心别人决策，则更多倾向于集权；相反，则倾向于分权。

5. 控制技术

如果管理人员有较好的控制技术和工具，能够及时地了解职权的使用情况，避免重大失误，则分权程度就会高；相反，则趋向于集权。

6. 组织的历史和文化

如果组织是从小到大逐步发展起来，则更多倾向于集权；相反，如果组织是几个组织合并的，那么多少会保持一定的“独立性”，则倾向于分权。如果组织在最初创立时就习惯于分权，则趋向于分权性质；相反，则倾向于集权。

7. 环境的变化

如在经济高速增长的环境中，市场活跃，机会增多，为了抓住时机，可能分权多一些；相反，在宏观紧缩的环境中，为了集中力量摆脱困境则可能集权多一些。

四、授权

（一）授权的含义

授权是指上层管理人员将适当的权力授予下属，让下属在指定的职责范围内做出决定和支配资源。授权是实行分权的主要手段。授权者对被授权者有指挥权、监督权，职权委派给了下属之后，下属可以在其职权范围内自主决断、灵活处理问题，同时被授权者对授权者有报告和完成任务的责任。授权一方面是向下属分派任务，并授予其权力；另一方面也要明确责任。

（二）授权的原因

1. 管理幅度原因

一个管理者由于时间、精力的限制，能够有效管理的下属人数是有限的，超越了这个限度，就需要授权。

2. 经济、效率的原因

为了小事而误了大事被认为是不经济的，同样，事无巨细从头做起被认为是无效率的。

3. 知识限制的原因

有些专门知识，管理人员是知之有限的，需要专门人士去管理，因此，需要授权。

4. 培养管理人才的原因

为了使人才得到锻炼，需要委之以任，授之以权，让其在实践中进行锻炼和提高。

管理者不愿意授权的原因主要有：事必躬亲才是尽职，抓大不放小；过于高估自己的能力；担心大权旁落，过分看重手中的权力；不信任下属；对下属的能力认识不足；不重视对下属能力的培养；下属执行力不到位。

专栏 7－3

诸葛亮的领导缺陷

诸葛亮是蜀汉政权的主要领导者之一，为蜀汉政权的建立立下了汗马功劳。他“鞠躬尽瘁，死而后已”的臣子风范，是中国士子的楷模。然而，三国中蜀汉先亡，原因何在？有人认为“蜀汉成也诸葛，败也诸葛”，诸葛亮缺乏领导才能是蜀汉败亡的最根本原因，不善于授权是诸葛亮领导能力的最大缺陷。

诸葛亮本性谨慎，日理万机，事必躬亲，乃至“自校薄书”，“罚二十以上皆亲览”，最终造成蜀汉人才严重断层，“蜀中无大将，廖化作先锋”。

启示：管理者应善于授权，既让自己从烦琐的日常事务中解放出来，专注于重要工作，也使下属得到锻炼和成长。

（三）授权的要求

1. 明确职责

授予下属权力，要把所承担的职责及要求达到的结果讲清楚，要明确工作范围、权力范围、相互权力关系及评判标准。否则，被授权的人不了解职责的性质、范围和所要求的结果，就不知道该做什么，做到什么程度。

2. 根据预期成果授权

授权要根据所承担的任务、所负的责任和要实现的预期成果进行。所授权力若小于预期成果，则职责不能履行；若大于预期成果，则权力会滥用。权力要和任务相适应，以使接受权力的人能使用权力去完成任务，实现预期目的。

3. 授权对象适合

权力要授予那些真正愿意接受该权力的人，被授予权力的人要有运用权力完成任务的能力；否则，授权将是失败的。

4. 有适当的控制

管理者的责任不会因为授权而消失，所以必须确保所授出的职权确实是在为实现组织目标而使用。控制的目的是要及时地发现和纠正被授权者在使用职权时出现的问题，以免发生大的错误。

第四节　组织结构的基本类型

组织结构的基本类型

一、直线制

直线制组织结构是指高层领导不通过或只通过一个或少数的中间层次直接指挥下属，不设职能机构，实行上下垂直领导的一种组织结构形式，如图 7－8 所示。

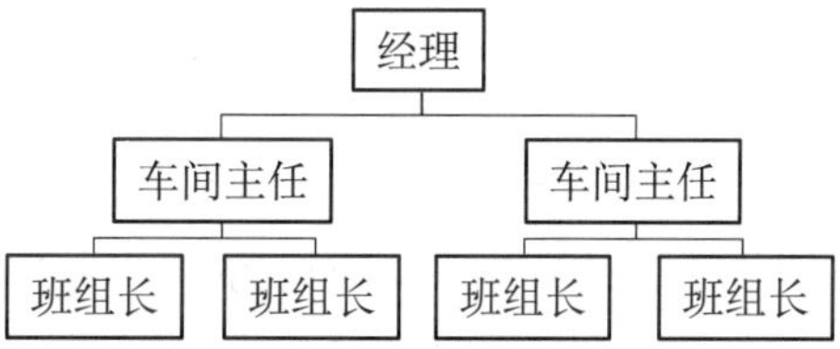

图 7－8　直线制组织结构

直线制的优点在于，领导隶属关系简单、明确，机构简单、指挥统一、上下信息传递迅速。缺点是组织最高领导人必须通晓各种知识和业务、处理各种具体工作，负担过重，无暇顾及组织长远的重大问题，在组织规模扩大时便无力应付，管理方式简单粗放。

这一组织形式只适用于比较简单的小型组织。

二、直线职能制

直线职能制是以直线领导为主，同时辅之以职能部门的参谋作用的一种组织结构，如图 7－9 所示。

这种组织结构既能实现统一命令和集中指挥，又能发挥职能管理和职能参谋的作用，形成有机的领导隶属、分工协作和指导监督关系，是一种良好的组织结构。

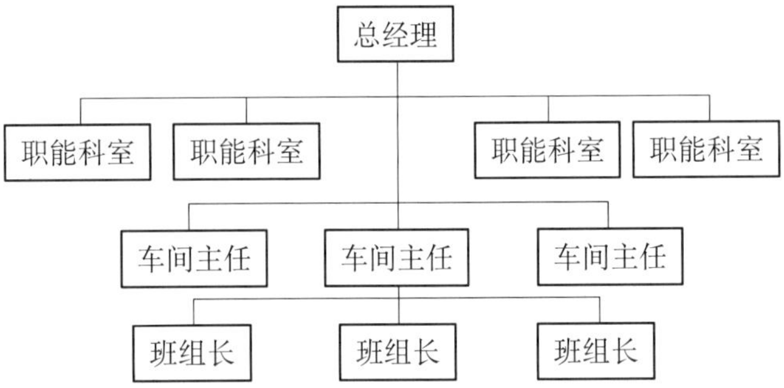

图 7－9　直线职能制组织结构

直线职能制的优点：

（1）分工细致，任务明确。

（2）有较高的效率。

（3）稳定性较高。

（4）保证集中统一的指挥。

（5）可发挥各类专家的专业管理作用。

直线职能制的缺点：

（1）各部门缺乏全局观点。

（2）不易于从组织内部培养熟悉全面情况的管理人才。

（3）分工很细，手续繁杂，反应较慢，不易迅速适应新情况。

直线职能制结构适用于环境比较稳定的中小型组织。

三、事业部制

事业部制组织结构也称为“斯隆模型”“联邦分权制”。它是在一个企业内对具有独立产品市场、独立责任和利益的部门实行分权管理的一种组织结构形式，如图 7－10 所示。

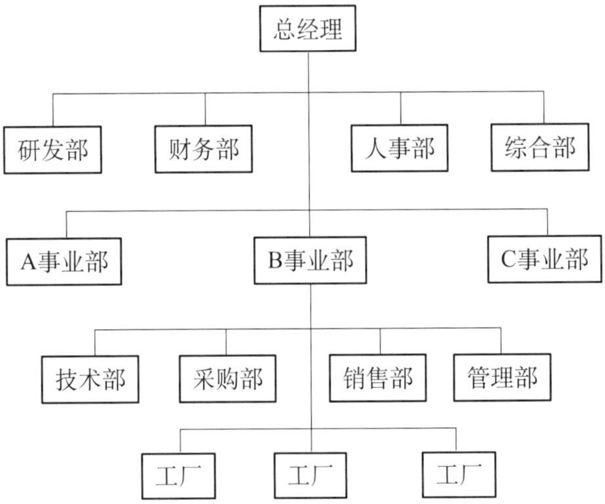

图 7－10　事业部制组织结构

（一）事业部制的特点

其基本特点是集中决策，分散经营。具体表现为：

（1）总公司成为投资决策中心，保留重大的人事决策、预算控制、战略决策等权力，主要利用利润指标对事业部进行控制。

（2）在总公司下按产品或地区分为许多个事业部或分公司，它们都是独立核算、自负盈亏的利润中心。

（3）下属的生产单位则是成本中心。

（二）事业部制的优点

（1）专业化管理和集中统一领导的有机结合。

（2）有利于最高领导层摆脱日常事务，集中精力考虑战略性决策，强化决策机构。

（3）各个事业部具有独立的利益，是一个分权单位，有利于调动其积极性。

（4）有利于培养综合型高级管理人才。

（三）事业部制的缺点

（1）容易使各事业部只考虑本单位的局部利益，影响事业部之间的协作和公司的整体利益。

（2）总公司与事业部都设置一套职能机构，造成机构相对重叠，管理人员过多。

（3）对事业部经理的素质要求较高。

（4）总公司对各事业部的协调任务较重。

事业部制适合环境比较复杂、从事多元化经营的、规模较大的组织。

四、矩阵制

在直线职能制垂直形态组织系统的基础上，再增加一种横向的指挥系统，就形成具有双重职权关系的矩阵制组织结构，如图 7-11 所示。

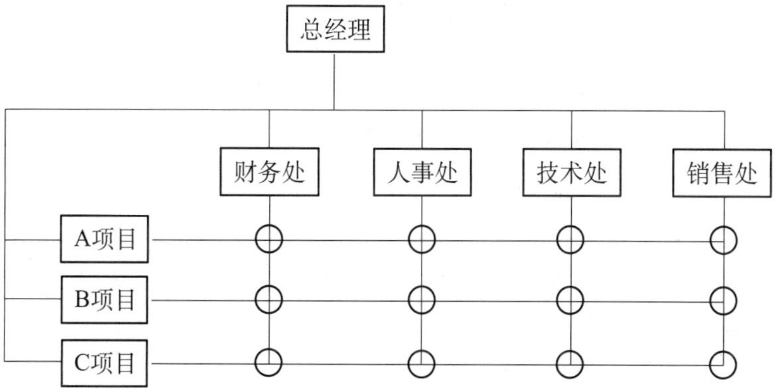

图 7-11　矩阵制结构

（一）矩阵制结构的特点

其特点表现在围绕某项专门任务成立跨职能部门的专门机构，如组成一个专门的产品

（项目）小组去从事新产品开发工作，在研究、设计、试验、制造各个不同阶段，由有关部门派人参加，力图做到条块结合，以协调有关部门的活动，保证任务的完成。

这种组织结构形式是固定的，人员却是变动的，需要谁，谁就来，任务完成后就可以离开。项目小组和负责人也是临时组织和委任的。任务完成后就解散，有关人员回原单位工作。因此，这种组织结构非常适合横向协作和攻关项目。

（二）矩阵制的优点

（1）将集权与分权、纵向和横向管理结合起来，提高管理效率。

（2）灵活机动，专业设备和人员得到了充分利用，适应性强。

（3）促进各种专业人员互相沟通、互相帮助，培养合作精神和全局观念。

（三）矩阵制的缺点

（1）成员位置不固定，稳定性差，持有临时观念，影响工作责任心。

（2）违背统一指挥原则。小组成员既要接受项目小组负责人的领导，又要接受原职能部门的领导。当这两个负责人意见不一致时，小组成员无所适从。

矩阵制结构适用于需要多部门相互配合或工作具有临时性的组织。

五、委员会制

（一）委员会制的含义

委员会制也是一种常见的组织形式，是集体工作的一种形式。委员会是由若干人组成的群体，委员会中各个委员的权力是平等的，依据少数服从多数的原则处理问题。它与一般会议的区别在于，委员会以处理组织业务以外的特别事项为主，而一般会议主要处理组织的业务问题。另外，参加委员会制会议的必须是委员会成员。委员会的特点是集体决策、集体行动。

委员会有临时和常设之分。临时委员会是由与某项工作相关的各部门代表临时组成的，当这项工作任务完成之后，委员会即行撤销，因此它具有较强的灵活性，适合处理突发性事项或临时性工作。常设委员会适合处理与协调长期性的、重要的工作，常设委员会一般都设有固定的办公机构和专职人员。无论是临时委员会还是常设委员会，其主要功能都是为了加强组织内部的横向联系，促进相互理解和相互协调。

（二）委员会制设立的目的

（1）集思广益，提高决策的正确性。

（2）集体决策，防止个别人或个别部门权限过大，滥用权力。

（3）加强沟通，了解来自各方面的意见和建议。

（4）鼓励参与，激发决策执行者的积极性。

（三）委员会制的优缺点

1. 委员会制的优点

（1）可以充分发挥集体的智慧，提供更多、更完整的信息，避免个别人的判断失误。

（2）少数服从多数，防止个人滥用权力。

(3) 委员会成员地位平等，有利于沟通和协调。

(4) 有更多参与的机会，可激发组织成员的积极性和主动性。

2. 委员会制的缺点

(1) 耗费时间，做出决定往往需要较长时间，有时议而不决。

(2) 受某人或少数人主导。

(3) 易出现从众现象或折中调和。

(4) 责任模糊，集体负责易导致无人负责。

六、团队结构

(一) 团队及团队结构的概念

所谓团队是指完成相互依存的任务，实现共同使命的一群人。团队成员由拥有不同背景、不同技能及不同知识的人员组成。组成团队后，成员们共同为某一特定的任务而工作，共同实现与组织目标相关的某一目标。团队以一项特定的任务为使命，如产品开发、产品装配、市场营销等。团队中通常有一人为领导人，但所谓领导，乃是按工作的逻辑而领导，在团队中并没有主管与部属之分。

团队结构是指整个组织由执行组织各项任务的团队组成的组织结构。组织由各种各样的团队组成，团队之间存在着相互协作的关系，构成了团队结构。

(二) 团队结构的特点

(1) 团队有共同的目标，这一目标与组织的目标密切相关。

(2) 团队具有自主决策权，团队要承担活动的全部责任。

(3) 每个团队成员都是多面手，团队中有分工，但更强调合作。团队是相互协作的群体。

(4) 团队结构对顾客的响应速度更快，服务质量和服务效率更高。

(三) 团队结构的优缺点

1. 团队结构的优点

(1) 每个成员都明确了解团队的工作并为之负责。

(2) 团队具有较强的适应性，能接受新的思想和新的工作方法，迅速分享信息，协调工作。

(3) 团队能够给顾客提供更卓越的服务。

2. 团队结构的缺点

(1) 团队的领导人如果不提出明确要求，团队就缺乏明确性。

(2) 稳定性差，团队必须持续不断地注意管理。

(3) 团队成员虽然了解共同任务，但不一定对自己的具体任务非常了解，甚至可能因为对别人的工作过于感兴趣，而忽略了自己的工作。

团队结构适用于组织中具有特定的期限和工作绩效标准的某些重要任务，或者任务是独特、不常见的、需要跨职能界限的专门技能。团队结构适用于两种情况：一是小型组织，以团队作为整个组织形式；二是大型组织，以团队结构作为正规化结构的补充，以弥补正规化结构的僵化和刻板。

人员配备

第五节　人员配备

一、人员配备的概念

人员配备是指为了实现组织的目标对人员进行恰当而有效的招聘、甄选、培训、绩效考核等，从而确定合适的人员去充实组织机构中所规定的各项职务，保证组织活动的正常进行。

人员配备的主要任务是通过分析人与事的特点，谋求人与事的最佳组合，将合适的人放在合适的岗位上，实现人与事的不断发展。

人员配备是为组织的每个岗位配备适当的人，它不仅考虑满足组织的需要，同时也必须关注组织成员个人的特点、爱好和需要，以便为每个人安排适当的工作。因此，从组织角度看，人员配备的任务是保证位得其人，提高组织的效率，不断培养和准备后备干部，提高员工对组织的忠诚度。

二、人员配备的特点

（一）人员配备以组织的目标和战略为指导

人员配备要根据组织长期发展战略的要求，制订出自己的战略计划；当组织的长期发展规划及目标和战略发生变化时，人员配备的计划也要作相应的调整。

（二）人员配备是以人为中心的管理

在组织的各要素中，人是具有决定性的关键因素。人员配备工作必须以人为中心，关心人、尊重人、理解人、依靠人，发挥人在组织各项工作中的积极性、主动性和创造性。

（三）人员配备是管理中最复杂的环节

人员配备涉及组织的各个方面，要把员工的招聘与甄选、培训与发展、绩效考核、奖惩、调职、离职等环节相互衔接、协调配合，进行全面的系统管理。所以说，人员配备是管理中最复杂的环节。

三、人员配备的原则

（一）因事择人

因事择人的原则是指根据岗位要求来选拔具备相应知识与能力的人员。要使工作卓有成效地完成，就要求在保证工作效率的前提下安排和设置职位，同时要求在此职位上的人应具备相应的知识和工作能力。因此，因事择人是实现人事匹配的基本要求。

（二）因才适用

所谓因才适用就是要根据人的不同特点来安排工作，使人的潜能得到最充分发挥。人尽其才，物尽其用。既不要学非所用、大材小用，也不要强人所难、小材大用。

（三）动态平衡

这一原则要求以发展的眼光看待人与事的配合关系，不断根据变化了的情况进行适时调整，最终实现人与工作的动态平衡。组织不断发展变化，组织对其成员的要求也在变化，同时，人的能力和素质也在不断地提高，因此，人与事的配合需要不断地协调和平衡。

四、人员配备管理

（一）招聘

1. 招聘的含义

招聘是指组织寻找、吸引符合条件的求职者来填补职位空缺的过程。准确地理解招聘的含义，需要把握以下两个要点：

第一，招聘活动所要吸引的人员应当是企业需要的人员，也就是说，要把那些能够从事空缺职位工作的人吸引过来，这可以看作对招聘工作质量的要求。

第二，招聘活动吸引人员的数量应当是适当的，不是多多益善，而是应当控制在适当的范围内，既不能太多也不能太少，这是对招聘工作数量方面的要求。

2. 招聘的方式

当组织中出现职位或岗位空缺时，人员的来源可以是多方面的，但总结起来不外乎内部和外部两方面。因此招聘的方式可分为内部招聘和外部招聘。即是“养兵千日，用兵一时”，还是“拿来主义”；是用“子弟兵”，还是用“空降兵”。

（1）内部招聘。

内部招聘是指当组织出现职位或岗位空缺时，在组织内部寻找具备条件的合适人员来填补空缺。这是一种明智的选择。

内部招聘的优点是：

1）了解全面，准确性高；

2）可鼓舞士气，激励员工，增强员工对组织的忠诚度；

3）有利于应聘者迅速开展工作；

4）使组织培训投资得到回报；

5）招聘费用低。

内部招聘的缺点是：

1）来源局限，水平有限；

2）容易“近亲繁殖”；

3）可能引发员工的内部矛盾。

（2）外部招聘。

外部招聘就是根据组织制定的标准和程序从组织外部选拔符合空缺职位要求的人员。

外部招聘的优点是：

1）来源广泛，选择余地大，易于招到一流人才；

2）来自外部的候选人能够为组织带来新思想、新观念、新方法；

3）可平息或缓和内部竞争者之间的矛盾；

4）人才现成，节省培训费用。

外部招聘的缺点：

1）招聘成本高；

2）对求职者无法深入了解；

3）进入角色慢，缺乏人事基础；

4）影响内部员工工作积极性。

（二）甄选

1. 甄选的含义

甄选是指综合利用心理学、管理学等学科的理论、方法和技术，对应聘者的任职资格、工作胜任程度等进行测量和评价到录用的过程。人员甄选是整个招聘工作中最关键，也是整个招聘工作中技术性最强、难度最大的一个环节。从20世纪50年代开始，在西方发达国家，企业招聘工作的重心就已经从寻找和吸引人员转移到了甄选方面。

2. 甄选的程序

（1）初选。先对每一位候选人进行初步的筛选，将明显不合乎要求的候选人排除在外。初步筛选一般采用申请表分析和资格审查方法。

（2）笔试。在初选的基础上，对初选合格者进行书面测试，包括智力测试、知识测试、个性测试和兴趣测试。

（3）面试。通过面对面的接触进一步了解应聘者各方面的情况。根据面试的结构化程度，面试可以分为结构化面试、非结构化面试和混合式面试。

1）结构化面试，也称标准化面试，是根据所制定的评价指标，运用特定的问题、评价方法和评价标准，严格遵循特定程序，通过测评人员与应聘者面对面的言语交流，对应聘者进行评价的标准化过程。

2）非结构化面试，是对与面试有关的因素不作任何限定的面试，也就是通常没有任何规范的随意性面试，应聘者在一定的议题范围内自由谈论，面试者随机提问。

3）混合式面试，是上述两种面试的结合，既预先设定面试的系列问题，又在面试过程中根据需要变换问题。

（三）培训

1. 培训的定义

培训是组织为改善内部员工的价值观、工作能力、工作行为和工作绩效而进行的有计划的、有针对性的学习活动和过程。培训是提高员工的素质，培养员工适应变化环境的能力，从而有效实现组织目标的重要措施。

2. 人员培训的目标

（1）掌握新的知识和技能。

（2）发展各方面的能力。

（3）形成统一的价值观。

（4）增强员工之间的信息交流。

3. 培训的方式

人员培训包括岗前培训、在职培训和脱产培训三大类。

（1）岗前培训。也称为职前引导或入职培训，是对新员工进行的导向性的培训。其目的是减少新员工在新的工作开始之前的担忧和焦虑，帮助员工了解和掌握组织的基本信息，并充分了解他应尽的义务和职责、绩效考核制度及奖惩制度等。

（2）在职培训。即在工作岗位上的工作与学习同步进行的培训。其特点是与工作直接联系，受训者置身于实际工作之中，边工作、边学习、边提高，简单易行，节省费用。

（3）脱产培训。也称为离职培训、脱岗培训，即让员工离开工作岗位，集中时间和精力参加培训活动。脱产培训的优点是比较系统、正规、有深度，培训效果较好，尤其适用于管理领域和专业领域的培训；缺点是会在短期内影响单位工作，培训成本也较高。

4. 培训的方法

常见的培训方法有课堂讲授、视听教学、模拟演练、工作轮换、实习等。

（四）绩效考核

1. 绩效考核的定义

绩效考核是指组织定期测量、评估和检验个人或群体小组的工作行为及业绩的一种正式制度。它与招聘、培训等相辅相成，是人员配备工作中的重要环节。

2. 绩效考核的意义

（1）绩效考核为决策提供了重要的参考依据。

（2）绩效考核为组织发展提供了重要的支持。通过绩效考核表扬和鼓励绩效优良的员工，鞭策表现较差的员工，引导员工努力的方向，使其能够跟上组织的发展。

（3）绩效考核为确定员工的工作报酬提供依据。绩效考核可作为确定或调整员工工作报酬的依据，对于具有不同绩效的员工，可以给予不同的报酬。

（4）绩效考核为人事调整提供了依据。绩效考核可以为管理者提供客观而正确的信息，作为员工人事调整的依据。一方面可以辨别出有提升潜力的员工和表现出色的团队，另一方面可以成为遣散、降级和辞退不合格员工的依据。

（5）绩效考核为培训提供了依据。绩效考核可用于员工培训需求的分析上，通过绩效考核了解员工在技术或知识方面的缺陷，作为培训的参考，使组织的培训有的放矢，避免培训的盲目性。

3. 绩效考核的方法

传统的绩效考核方法主要有：个人自我评价法、小组评议法、工作标准法、业绩表评估法、排列评估法等。现代的绩效考核更多采用目标管理法、关键绩效指标考核法、360度考评法、平衡计分卡等。

复习思考题

1. 什么是组织？你认为组织有何作用？有何特征？
2. 组织设计的原则有哪些？

3. 组织设计的影响因素有哪些？

4. 几种部门划分方法的优劣表现在哪里？

5. 什么是管理幅度和管理层次？它们之间有何关系？影响管理幅度的主要因素有哪些？

6. 什么是集权？什么是分权？影响集权与分权的因素有哪些？

7. 什么是授权？授权有哪些要求？

8. 有哪些常见的组织结构类型？它们各自的优缺点是什么？

9. 什么是人员配备？有何特点？

10. 人员配备的原则是什么？

11. 内部招聘与外部招聘各有何优缺点？

12. 人员培训的目标是什么？

13. 培训方式与方法有哪些？

14. 绩效考核有何意义？

案例分析

案例 1：伟业集团的集权与分权

伟业集团是一家集团公司，董事会是最高权力和决策机构，刘月是集团公司董事长兼总经理。由集团正副总和二级公司总经理组成的理事会实质上是协商和执行机构，无决策权。

在职能部门设置方面，董事会实际上只有董事会办公室是实体，其职能并未与董事会的需求相吻合。理事会的一办四部是最近才设立的，职能也未明确界定。从人员配置上看，各部部长都是由对应的主管副总兼任。刘月每天要签审公司报账的财务票据，其他大小事情几乎都要他拍板，总有做不完的事。他平均每天只睡 4 个小时，最近就有两次晕倒在办公室，再这样干下去肯定不行。他也知道要分权，而且曾坚决奉行“用人不疑”的原则，可是教训太大了。2020 年放权，贸易公司经理用假提单卷走了 980 万元人民币，至今没有下落。刘月只得集权，不到两年，实在不行，只好再度放权，没想到这次是总经理携款 1 500 万元跑到国外去了。刘月只好再次集权，如今他是董事长、总经理一肩挑，每天 8:00—10:00 就成了审批资金报告的专门时间。刘月知道这不是长久之计，但现在实在不知道该怎么办。

分析与讨论：

1. 伟业集团在职权设计上存在什么问题？

2. 针对伟业集团存在的问题，你有什么好的解决办法？

案例 2：咨询公司的组织结构

某咨询公司是全球著名的管理咨询公司之一，有 50 多年的经营历史，为全球诸多不同规模的企业提供过咨询服务。王鑫是某高校人力资源管理专业的优秀毕业生，凭借专业能力和在应聘过程中的出色表现，成功获得了该咨询公司北京分公司的录用通知书。

入职一年后，王鑫进入管理咨询部。公司的咨询业务实行项目制，对于公司的每一项咨询业务，销售部在承揽后，会综合分析客户的要求和项目的目标，在公司内指派或招募一个项目经理。项目经理人选确定后，由项目经理按项目的规模、要求和咨询范畴召集和组建项目组。项目组的成员多来自管理咨询部，他们往往在专业领域里各有所长，比如擅长财务运营、市场分析、客户分析等。

王鑫加入了一个项目组，这个项目是为一家中等规模的地产公司提供市场调研，并根据市场调研情况做出调整公司产品和服务的规划建议。在项目经理的带领下，项目组成员通力协作，积极参与，很好地完成了该项目，获得了客户的极大认可和高度评价。王鑫在项目中的表现也得到大家的认同。

分析与讨论：

1. 该咨询公司的组织结构属于什么类型？
2. 这种组织结构的优点是什么？

在线自测

扫一扫　练一练

第八章　组织变革

本章导读

组织不可能一成不变，也不可能一劳永逸。组织工作实际上是组织设计与再设计的集合。组织的再设计就是组织变革。

组织必须根据内外环境的变化而进行改革和适应，这一过程就是组织变革。推动组织变革的因素既有外部因素，也有内部因素。组织变革的目标是使组织更具环境适应性，使管理者更具环境适应性，使员工更具环境适应性。组织变革的方式可以分为渐进式变革和激进式变革。组织变革包括人员变革、结构变革、技术变革和组织文化变革。

组织变革是解冻—变革—再冻结的完整过程。有效的组织变革是一个增强变革动力和降低变革阻力的过程，有一些方法可以帮助管理者克服变革的阻力。

在适应环境变化的过程中，当代的组织变革出现了许多新举措：组织结构扁平化，组织运行柔性化，组织协作团队化，组织虚拟化，组织结构的多元化，大企业内部“小企业化经营”。

学习目标

通过本章的学习，掌握组织变革的动因、方式、内容，了解组织变革目标；掌握组织变革的过程，理解组织变革的阻力来源，熟悉克服组织变革阻力的方法；了解当代组织变革新举措。

关键概念

组织变革　渐进式变革　激进式变革　人员变革　技术变革

组织变革概述

第一节　组织变革概述

一、组织变革的含义

随着环境的变化，组织也处于不断变化中。在当今社会，组织面临着内外部的各种变化，按部就班地固执于以往的做事方式几乎是不可能的，变革是常态，所以人们常常讲，唯一不变的就是变革。组织如何才能经受环境变迁的历练，不断发展壮大？答案只有一个：变革！变则通，通则久，适者生存，只有变才有出路。

组织变革是组织根据内外环境的变化而进行的调整、改革和适应的过程。任何组织，无论过去多么成功，都必须随着环境的变化而不断调整自己，以求与环境相适应。不变革，组织终将被环境所淘汰。组织变革具有复杂性和动态性。组织变革的根本目的是提高组织的效能。对企业而言，组织变革永远不可能是一项一劳永逸的工作。

二、组织变革的动因

推动组织变革的因素主要可从内部和外部两大方面分析。

（一）组织变革的外部动因

一般环境及特殊环境中的要素都有可能促使组织进行变革。

1. 宏观政治经济环境的变化

诸如政治经济政策的调整、经济体制的变革以及市场需求的变化等，都会引起组织内部深层次的调整和变革。

2. 科技进步的影响

当今科技的发展日新月异，新产品、新工艺、新技术、新方法层出不穷，网络技术、信息技术、数字技术、智能技术等蓬勃发展，使组织原有运行机制面临强有力的挑战。

3. 环境资源的影响

组织发展所依赖的环境资源，如人力资源、资金、原材料、能源、专利使用权等，它们对组织发展发挥重要的支持作用。组织必须能克服对环境资源的过度依赖，同时要及时根据资源的变化顺势进行组织变革。

4. 竞争观念的改变

未来，市场竞争将会越来越激烈，竞争的方式也将多种多样，组织要想适应未来竞争的要求，就必须在竞争观念上顺势调整。竞争观念的改变，必然也要求组织不断调整和变革。

5. 全球化

随着世界经济的全球化，每个组织都面临复杂多变的全球化环境，所以必须通过组织变革适应全球化的环境并在其中生存和发展。

（二）组织变革的内部动因

导致组织变革的内部原因有多方面。

1. 战略的调整

组织战略的改变就要求组织结构做相应的调整，以适应战略的要求，否则战略就得不到有效的实施。组织结构追随战略，战略的变化必然带来组织结构的更新。

2. 设备引进与技术的变化

技术进步使过去以手工操作为主转变为机械化、自动化、智能化，对组织结构提出了不同的要求。信息技术、数字技术、智能技术等在组织中的广泛使用，促使组织结构变得更具柔性和有机性。

3. 员工受教育程度的提高

随着知识经济时代的发展，员工受教育程度逐渐提高，知识型员工的比例越来越高。

他们对工作的自主性和能力发展的需求会增加，要求更多地参与到组织的活动中，更多地体现自主性，集权型组织就会变革为分权型的组织。

4. 组织规模和范围扩大

组织的规模和范围的扩大，使原来的组织结构变得不适应，所以必须随之调整。例如，组织在成长的早期，组织结构往往简单、灵活、集权，通常采用直线制的组织结构。随着组织规模的扩大和业务的复杂，组织结构变得正规、集权，通常采用直线职能制结构。当组织的经营进入产品多元化和跨地区市场后，分权的事业部制组织结构可能更为适宜。组织进一步发展后，各种创新的组织结构便会应运而生。

三、组织变革的目标

（一）使组织更具环境适应性

组织要想在动荡的环境中生存并得以发展，必须顺势变革自己的任务目标、组织结构、决策程序、人员配备、管理制度等，才能有效地把握各种机会，识别并应对各种威胁，使组织更具环境适应性。

（二）使管理者更具环境适应性

一方面，需要调整过去的领导风格和决策程序，使组织更具灵活性和柔性；另一方面，要能根据环境的变化重构层级之间、工作团队之间的各种关系，使组织变革的实施更具针对性和可操作性。

（三）使员工更具环境适应性

通过不断进行再教育和再培训，在决策中更多地重视员工的参与和授权，使员工充分地认识到变革的重要性，顺势改变员工对变革的观念、态度和行为方式等。

四、组织变革的方式

组织变革的方式可以分为渐进式变革和激进式变革。

（一）渐进式变革

渐进式变革是管理者逐步地修正和改正一些事情，以渐进的方式对变化做出反应。这种方式强调循序渐进，逐步深入，一步一个脚印，不急于求成。每解决一个问题，就向变革目标迈进了一步。这种变革步子迈得较慢，每一次的改变幅度都不是很大，变革的阻力较小，变革较稳妥。

（二）激进式变革

激进式变革是管理者快速地抛弃传统的习惯做法，以激进的方式对变化做出反应。这种方式强调速战速决，快刀斩乱麻，以迅雷不及掩耳之势进行变革。在较短的时间内全面出击，以求达到变革的目标。这种变革由于速度快，能够抓住机会彻底改变局面，但变革的幅度较大，阻力较大，变革承担较大风险。

现实中，当环境变化缓慢的时候，组织可以采取渐进式变革；而当环境变化多端的时候，组织可采取激进式变革。当然，也不能一概而论。

五、组织变革的内容

组织变革可以是某一方面的改变，也可以是全方位的变化。当然，某一方面的改变不可能不影响到别的方面。总的来看，组织变革的内容包括以下几方面。

（一）人员变革

人员变革是指组织成员在工作态度、期望、认知和行为上的改变。通过改变人来实现组织的变革，就是试图以改变员工的动机、态度和技能来改变员工的行为，提高组织成员的积极性和创造性，实现变革的目的。人员变革一般可以通过学习、培训、改变组织中的人员构成和组织发展等途径实现。人员变革的重点在于组织成员之间对于权力和利益等资源的重新分配。

（二）结构变革

组织系统的正常运行，要求有与之相适应的运行载体，即合理的组织结构。一定的组织结构总是与相应的组织规模、市场环境相联系并随之而改变。结构变革是对组织模式、权力关系、协调机制、集权程度、职务与工作再设计等方面进行的变革。管理者可以对组织结构要素的一个或多个加以变革。例如，可将几个部门合并在一起，或者减少管理层次、拓宽管理幅度使组织扁平化，或者通过提高分权化程度使决策更快速。管理者也可以对组织结构做出重大的改变，例如，由直线职能制结构向事业部制结构转变，或者形成矩阵制结构，或者改变工作流程等。

（三）技术变革

组织的任何活动都需要利用一定的技术和反映一定技术水平的特殊手段来进行。技术变革是对组织所使用的设备、工具、技术、工艺、方法等方面进行的变革。管理者可以对上述要素的一个或多个加以改变。例如企业由以人为主进行生产转变为以机器为主进行生产就是一种技术变革，这一变革必然要求改变生产设备。近几年来最明显的技术变革是网络技术、信息技术、智能技术等在组织中的普遍推行，从而在很多方面改变了组织内外部的运作。

（四）组织文化变革

当组织文化变得与组织不适应时，就要对组织文化进行变革。从某种意义上说，组织文化变革是难度最大、时间最长的变革。一种文化的形成需要很长一段时间，而一旦形成后又不易改变。组织文化变革的核心是要确立新的价值观来取代旧的落伍的价值观。一般情况下，当大规模危机出现、新的领导人上任、组织新创立而规模小时，有利于组织文化的变革。

专栏 8－1

某公司的组织结构变革

某汽车公司进行了一次组织结构方面的重大变动，废除了处、科体制，而实现以重视工作能力、以工作成绩为中心的工作小组制，把企业建成具有“客户至上”形象的组织。

原各技术、事务部门的部、处、科等金字塔式的纵向组织结构，经过改革，成为没有层次的扁平的组织，即工作室制。具体做法是把原来部门中的2～3个处合并建立工作室，而各工作室之间根据各个时期任务不同，临时建立各种相应的工作小组。这样做的目的有两个：(1) 使得部长或室长一个人就能解决室内的事务，加快了决策的速度；(2) 从部长到组员都是室内的普通一员，小组的领导是根据任务的不同而随时换人的。也就是说，原来的部长、处长、科长的各种工作，根据不同情况而临时选人担任。这样，在公司的实际工作中，就取消了各种等级职务。由于要考虑到资格、待遇等因素，因此在新组成的工作小组中全都是一般组员，而在代表公司对外处理问题时还可保留原来的头衔。通过这种灵活的组织结构，实现了繁重工作所要求的高效率，取得了理想的效果。

启示：体现在组织结构扁平化上的组织结构变革，可以使组织更灵活、更高效。

第二节　组织变革的过程与阻力

组织变革的过程与阻力

一、组织变革的过程

心理学家库尔特·卢因提出了一种三步骤的变革过程分析方法，即“解冻—变革—再冻结”模型，被许多管理者采用。

（一）解冻

解冻就是对现有状态的否定，打破旧习惯，与传统决裂，去掉对过去的留恋，营造必须变革的气氛。如果人们不能结束旧的东西，也就不能很好地接纳新的东西。在这一阶段，管理者要描绘组织变革后的新蓝图，告诉员工，“旧的奶酪将被拿走，我们将会有新的奶酪”，同时要进行广泛的沟通，从而激起员工们的认同和对新蓝图的向往。解冻是变革的前奏，管理者对此不可掉以轻心，良好的铺垫将使变革顺利进行，否则变革的阻力足以使变革夭折。

专栏 8-2

温水煮青蛙

通用电气生产增长面临困境，总裁让韦尔奇接管公司。

韦尔奇上任后，首先思考的是企业的出路在哪里。他指出，世界在不断变化，我们也必须不断变革，我们拥有的最大力量就是认识自己命运的能力，认清形势、认清市场和顾客、认清自我，从而改变自我，掌握命运。韦尔奇提出了著名的“温水煮青蛙”理论：如果将一只青蛙丢进滚烫的热水中，它会立即跳出来以免一死。但是，如果把青蛙放进冷水锅中逐渐加热，则青蛙不会挣扎，直到死亡，因为到水烫得实在受不了时，青蛙已无力挣扎。韦尔奇以此告诫员工，通用电气绝不能像温水中的青蛙那样，面临危险而得过且过，否则不出10年企业必败。

启示：企业面临困境时，需要打破现状，使组织觉醒，让全体员工感到变革的必要性。

（二）变革

变革就是建立新习惯，进入新状态，实施具体的变革行动。这是实质性的阶段。这一阶段管理者要积极利用变革的动力，减少变革的阻力，变消极因素为积极因素，鼓励全体员工参与变革，为变革出谋划策。在这一阶段，要学习一种新的观点，或确立一种新的态度，看其他人是如何做的，要向榜样学习，并从心理上认同这个榜样。对涉及面广的重大变革，为了稳妥，可分阶段进行：先做局部的试验，从中总结经验教训，对变革方案做进一步的修正，在局部试验取得实效后再全面铺开。

（三）再冻结

再冻结就是巩固新习惯，强化变革的成果。在这一阶段，组织将会处于一个新的平衡位置，要利用必要的强化方法使新的态度和行为方式固定下来，并使之持久化。如果新习惯没有巩固，旧的习惯就会反弹，变革成果就会付诸东流。没有冻结阶段，变革将是短暂的。这一阶段管理者要采取措施巩固和强化变革的成果，比如对实施变革有贡献的员工进行奖励、对有新习惯的员工加以肯定、形成新的制度或规则等。

二、组织变革的阻力及管理

（一）组织变革的阻力

组织变革的阻力是指反对、阻挠、对抗变革的制约力。组织变革从来就不是一帆风顺、轻而易举可以完成的，变革总会面临各种阻力，这些阻力可能来源于个人或群体，也可能来自组织本身甚至外部环境。对于不确定性的恐惧、对于可能失去利益和权力的恐惧、保守的组织文化、缺乏竞争的市场环境等都可能影响变革。

1. 个体的阻力

个体对组织变革的阻力，主要是因为其固有的工作和行为习惯难以改变、就业安全需要、经济收入变化、对未知状态的恐惧以及对变革的认识存有偏差等引起。

2. 群体的阻力

群体对变革的阻力，可能来自群体规范的束缚，群体中原有的人际关系可能因变革而受到改变和破坏等。

3. 组织层次的阻力

组织层次的阻力包括现行组织结构的束缚、组织运行的惯性、变革对现有责权关系和资源分配格局所造成的破坏和威胁，以及追求稳定、安逸和确定性甚于革新和变化的保守型组织文化等，这些都是可能影响和制约组织变革的因素。

4. 外部环境的阻力

外部环境的阻力是组织变革过程中需要面对的挑战。政策法规、市场竞争、经济形势等因素可能会对企业原有的经营模式产生影响，市场竞争的激烈程度可能会影响企业的变革进程，等等。这些外部环境阻力可能会影响企业对组织变革的决策和实施，从而对变革过程造成阻力。

（二）克服组织变革阻力的方法

变革是破旧立新的过程，有效的组织变革是一个增强变革动力和降低变革阻力的过程。克服变革阻力的方法主要有以下几种。

1. 开诚布公地与员工沟通

加强沟通，是克服变革阻力的有效途径。通过沟通特别是双向的沟通，使员工了解变革的原因和变革的必要性，减少他们对变革的顾虑，建立相互信任、相互依赖的关系。这样才能随时排除变革过程中遇到的抵制和障碍。

2. 让员工参与到变革中

当员工能够参与有关变革的设计讨论时，抵制变革的情况就会减少，变革就能顺利实现。因此，要让员工发表他们的看法，参与变革的策划和实施，使他们发挥主动性，就能降低变革阻力。

3. 利用成功的变革模式

可以把对变革持怀疑态度或有代表性的人组成一个小团队去参观变革成功的典型，往往会很有帮助。

4. 减少不确定性

对变革内容进行公开的交流，可以减少员工的不确定性，谣言的减少往往意味着变革阻力的减少。

5. 谈判

在变革阻力较大时也可通过谈判的方式来解决，使某些人或某些组织的利益得到满足，有时要做必要的妥协，从而消除阻力。

第三节　当代组织变革新举措

当代组织变革新举措

随着环境的剧烈变化，国内外企业纷纷展开了轰轰烈烈的组织变革热潮，产生了许多组织变革新举措。

一、组织结构扁平化

随着互联网的发展，信息的收集、整理、传递和控制手段的现代化，使传统的金字塔形的垂直结构正在向较少层次、扁平化的组织结构转化。传统的组织结构中，决策层与作业层之间存在着庞大的中间层。中间层的存在，一方面是在信息处理能力有限的情况下负责信息的收集与传递，起到信息“中转站”的作用；另一方面则是因为管理幅度有限，中层管理人员负责对基层管理人员的监督与控制。信息技术的迅速发展使组织的中间层次变得不像过去那么必要，高层与基层可以直接通过信息系统进行沟通；同时，沟通的方便和简捷，也使管理者可以与更多的下属沟通；管理幅度加大，也可以降低成本的压力等，这些都导致中间管理人员的消失，组织结构趋向扁平化。组织结构的扁平化无疑增强了组织快速反应的能力，面对市场环境的瞬息万变，企业组织能快速反应并迅速地决策以保持企业的竞争优势。

专栏 8-3

海尔组织结构的扁平化

1999 年以前，海尔和大多数企业一样，实行的是垂直的“金字塔”组织结构。后来，海尔压扁“金字塔”，对内部的管理和结构进行了全新的调整和改造。例如，海尔的冰箱二厂原来一共有 6 级管理层次，厂长下面还有生产厂长、生产调度、车间主任、大组长和工人。现在的层次减为 2 个，操作工直接对厂长负责。原来的 23 个管理人员缩减成 9 个，结构一下子扁平化了。结构的改变使工人和市场需求的距离被拉近了，每个部门、每个员工直接对市场负责，海尔可以最快的速度适应市场的要求。

启示：面对市场环境的瞬息万变，企业组织必须快速反应并迅速地决策以保持企业的竞争优势。组织结构的扁平化无疑增强了组织快速反应的能力。

二、组织运行柔性化

柔性的概念最初起源于柔性制造系统，指的是制造过程的可变性、可调整性，描述的是生产系统对环境变化的适应能力。“柔性生产线”就是典型的例子。一些汽车制造厂将原来一条生产线只能生产一种型号汽车进行改造创新，在一条生产线上可以装配几十种汽车，并且可以根据顾客的不同要求组建工作团组，研究作业方案，对生产线做出调整，最后把调整步骤输入电脑，这些生产线就可以根据需要自动控制设备和调节生产线上的各种活动，使原来主要用于大规模生产的生产线“柔性化”，从而适应小批量、多品种的生产。

将生产制造过程的柔性化应用到组织运行中，就是指组织结构的可调整性，对环境变化、战略调整的适应能力。组织的各个部门、各个人员都可以根据组织内外环境的变化进行灵活调整和变动。组织结构保持柔性可以减少组织变革所造成的冲击和震荡。

三、组织协作团队化

团队是由技能互补的成员组成的群体，团队成员拥有共同的宗旨、绩效目标和通用方法，并且共同承担责任。在团队中，没有拥有制度化权力的管理者，只有组织者；人员不是专业化的，而是多面手，具有多重技能；团队不像传统组织那样分工明确，相互协作是最重要的特征。

组织环境变化日新月异，动荡不定，如果组织的决策由一个人来承担，风险便会加大。另外，科学技术的发展越来越快，创新由一个人完成变得越来越难。因此，在复杂变化的环境中，组织成员必须具备与他人合作的能力，必须掌握团队解决问题的方法，组织协作呈现团队化趋势。

四、组织虚拟化

按照德国经济学家 H. 布里格（H. Bulliger）的解释：虚拟企业是这样一种网络组织，由于信息技术和通信技术的高度发达，企业之间突破了传统的合作关系，而是通过网络，应用信息技术和通信技术进行分散的互利合作，一旦合作目的达到，合作关系便宣告解除。虚拟组织的界限模糊，你中有我，我中有你；虚拟组织内部网络成员组织结构精简，有利于网络成员保持各自的弹性和创造性；虚拟组织具有强有力的竞争优势，它将各个成员的优势整合在一起，使得整个网络组织具有单个网络成员所不具有的强大竞争优势。战略联盟成为企业间竞争与合作的基本形式。虚拟组织是一种暂时的、跨越空间的合作形式，未来组织会越来越多地呈现虚拟化。

五、组织结构多元化

随着网络经济的发展，竞争的日益激烈，消费者需求的多样化、个性化，企业不再被认为只有一种合适的组织结构，不同行业的企业、企业内部不同的部门、不同地域的组织结构不再是统一的模式，而是根据具体环境及组织目标来构建不同的组织结构。企业还应该根据自身的战略目标，逐步调整和完善组织结构，使之更好地为战略目标服务。没有一种完美的组织结构，只有最适合当前企业战略目标的组织结构。

六、大企业内部“小企业化经营”

随着市场竞争的日益激烈，越来越多的大公司认识到，庞大的规模和臃肿的机构设置不利于企业竞争力的提高。因此，许多大公司在精简机构和缩小经营范围的基础上，对企业的组织结构进行重新构造。大企业内部“小企业化经营”就是有意识地学习和借鉴小企业的经营方式，化整为零，组建小型、自主和创新的经营单元，把小企业灵活的经营优势引入到大企业的经营机制中。大企业内部“小企业化经营”并不是简单的权力分散和促使企业内部现有各单位转变成经济实体，而是组织变革的行动，其目的是让企业内部的每个“小企业”都能成为富有竞争力的“战斗堡垒”。

复习思考题

1. 什么是组织变革？
2. 组织变革的动因与目标是什么？
3. 组织变革的内容与方式有哪些？
4. 组织变革的过程包括哪些？
5. 消除变革阻力的方法主要有哪些？
6. 当今组织变革有哪些新举措？

案例分析

美的，东山再起

1995—1997年，曾经创造了辉煌业绩的中国家电业巨子美的集团，由许多具有传奇色彩的创业故事构筑的光环暗淡下来。面临空调市场的严峻考验，美的退出了市场的中心。

美的最初是由23个伙伴、5 000元资本组成的，从一个乡土味浓郁的乡镇作坊发展成为称霸一方的家电集团，从“小舟”变成了“航空母舰”。然而，无数的泪水和汗水聚炼成的企业成长经验和法宝，在市场竞争格局发生巨大转变时，却一一变成了桎梏。

创业时的美的，老总有锐利的目光、果断的行事方式，集权的直线式管理模式令目标明确，环节清晰。但是企业集团化之后，老总再没有了昔日的潇洒，一天到晚忙得焦头烂额，着实成了企业的“大保姆”。

美的老总坦言，美的运作是典型的“企业外部搞市场经济，企业内部搞计划经济”，是纯粹的中央集权的计划管理体制，所有的生产计划、销售计划、供应计划均由集团总部制订和下达，生产、销售和供应各不相干，互不负责，都各自成为经营过程中的一个环节，最终导致没有任何一个部门对利润负责。供应部门只管买回材料交给生产部门，至于库存多少，它并不理会；生产部门只管把产品生产出来，至于能否卖得出去，会不会被市场接受，也不需负责；而销售部门则只要把产品卖出去就行，把价格降到最低，卖了货就完事，到底能不能挣钱，也不是他们的事。

可以想象，当所有的人、财、物都随着总裁的一支笔来流动时，这个渠道如何能够畅通？由于集团内部资源、信息、人才流通的渠道不畅，导致生产和销售严重脱节，就像美的人所言：“一辆三轮车开上了高速路。”

问题已经摆在了美的人的面前：危机从1995年开始，1996年进一步加剧，1997年发展到最严重的状态。

从根本上讲，这是集团内部计划经济体制的问题，因此企业最迫切需要解决的是机制创新，即美的必须从中央高度集权管理体制过渡到分权的管理体制，从火车头式（所有部门都要靠老总拉动）的管理模式过渡到联合舰队式的模式，让每一个部门都有战斗力。

具体做法是组建独立经营的事业部，将原有的五大类核心产品生产单位分别组建成五个事业部，分灶吃饭，实行供应、生产、销售、开发、监管、服务在一个事业部内的一体化，实行大企业、小经营，由生产导向全面转变成市场导向的经营模式。

改革是艰难的，也是痛苦的，在抵御了来自集团内部方方面面的反对，克服了各种可能的风险，承受了各方面压力之后，经过一年多的酝酿，到1997年改革全面实施。

改革带来的成效也是显著的，在把责权利紧紧绑在一起后，人的约束猛然解开，释放出难以估量的能量。1997年之后，企业业绩的增长，超出了所有人的预期。在市场环境不利的1998年，“另类”的美的发生了“裂变”式的增长，整体增幅达70%。在此基础上，1999年再猛增50%，成为家电行业增长最快的公司之一。

分析与讨论：

1. 美的集团改革前后的组织结构各是什么？
2. 导致美的集团组织变革的原因是什么？

在线自测

扫一扫　练一练

第九章　领　　导

本章导读

领导是管理活动过程中的一项重要而独特的职能，与管理既有联系又有区别。领导工作具有人与人互动的性质，领导者正是通过他与被领导者的双向互动过程，促使组织成员更有效地实现组织的目标，这一点使领导职能与其他管理职能构成了明显的区别。

领导的本质就是影响力，而影响力形成的基础是权力。按来源不同，权力可分为法定权、奖赏权、强制权、专长权、个人影响权。前三种主要与领导者所处的职位相关，其他则与领导者的个人因素相关，所以前者被称为职位权力，后者被称为个人权力。正式组织中的有效的领导者应该是兼具职位权力和个人权力的领导者。

领导工作能否产生预期的效果，主要取决于领导者自身的素质、领导方式（领导风格）、领导工作所面临的情况这三大因素，据此可以将有关领导工作及其效能的研究划分为领导特质理论、领导风格理论和领导权变理论三类。领导特质理论主要研究领导者与非领导者以及有效的领导者与无效的领导者之间的素质或特质差别。领导风格理论则将研究重点从领导者可能具有哪些特质转向了领导者应当如何行为的方面，并对领导方式或风格做了各种角度的区分。领导权变理论则认为有效的领导方式是因不同情况而权变的，只有与特定情境相适合的领导方式才可以成为有效的，而与特定情况不适合的领导方式则往往是无效的，即领导的有效性＝f（领导者，被领导者，环境）。

领导工作具有较强的艺术性，它涉及领导活动的各个方面。领导者灵活性地、创造性地、技巧性地应用领导艺术是提高领导效能的重要方式。

学习目标

通过本章的学习，能概述领导的基本含义、领导与管理的不同点；掌握领导特质理论、领导风格理论和领导权变理论；了解领导艺术在现代管理中的重要性及基本的领导艺术。

关键概念

领导与领导者　权力　领导特质理论　X理论与Y理论　管理方格理论　菲德勒模式　领导生命周期理论　领导艺术

第一节　领导与权力

领导与权力

一、领导的含义

有关领导的定义表述，迄今为止还没有一个为大家所接受的权威定义。

孔茨认为："领导是一种影响力，它是影响人们心甘情愿地和满怀热情地为实现群体目标努力的艺术或过程。"他还认为："领导是一种影响过程，即领导者和被领导者个人的作用和特定的环境相互作用的动态过程。"

《中国企业管理百科全书》把领导定义为："率领和引导任何组织在一定条件下实现一定目标的行为过程。"

从管理学意义上来讲，领导的定义可概括为：领导是指领导者依靠影响力，指挥、带领、引导和鼓励被领导者或追随者，实现组织目标的活动和艺术。其基本含义包括以下几个方面：

（1）领导包含领导者和被领导者两个方面。领导者是指能够影响他人并拥有管理的制度权力、承担领导职责、实施领导过程的人。领导是领导者与被领导者之间的一种关系，如果没有被领导者，领导者将变成光杆司令，其领导关系也就不复存在。

（2）领导是一种活动，是引导人们的行为过程，是领导者带领、引导和鼓舞部下去完成工作、实现目标的过程。

（3）领导的实质是影响力。领导者需要拥有影响被领导者的能力或力量，正是依靠这种影响力，领导者在组织或群体中才能实施领导行为。

（4）领导的目的是实现组织的目标。领导的根本目的在于影响下属为实现组织的目标而努力。

二、领导的权力

领导的实质就是要有影响力，而要有影响力必须拥有权力，权力即影响他人行为的能力。领导的权力主要来源于两个方面：一是源自组织赋予的权力，即正式权力或职位权力，包括法定权、奖赏权和强制权；二是源自领导者个人，即个人权力或非职位权力，包括专长权和个人影响权。

（1）法定权。指组织内各领导职位所固有的合法的、正式的权力，它来自人们在组织中的地位，是以组织职位的高低为基础的。组织职位越高，法定权就越大。

（2）奖赏权。指决定提供报酬、奖赏的权力。如经理可以根据情况给下级增加工资、提升职务、提出表扬等。下属认识到服从上司的意愿会带来积极的奖励，由此会产生服从行为。所以，奖赏权源于被领导者期望奖励的心理，这种心理期望越强烈，被领导者受领导影响的程度就越高，领导者控制的奖励手段越多，其奖赏权就越大。

（3）强制权。这是建立在惧怕之上的权力，下属认识到不服从上司的意愿会导致被惩罚（如分配不称心的工作，申斥）。所以，强制权源于被领导者的恐惧，是在运用惩罚手段中产生的，是建立在人们这种认识基础上的，即领导者有能力将自己不愿意接受的事实强加于自己，如果不执行，会受到相应的处罚。由于强制权容易引起不满，因此必须谨慎对待。

（4）专长权。这种权力是知识力量的表现。拥有这种权力的人一般具有某方面的专门知识或特殊技能。拥有较多知识和能力的人会赢得人们的尊敬、依赖和服从。

（5）个人影响权。也称为感召权，这是由个人的品德、奖励、榜样或感情所产生的一种影响力，品行优秀、德高望重的人会令人敬佩，使人们乐于接受他的影响。

上述五种权力的基础是不同的，前三项一般与个人在组织中的地位或职务正相关，地位、职务越高，权力越大，反之亦然。所以，其权力基础是职权，属于外因。后两项是由领导者本身的品德和素养决定的，属于内因。外因与内因，即正式权力与非正式权力是构成完整领导权力的基础，二者相辅相成，缺一不可。一方面，领导者的决策权、指挥权、奖赏权、人事权等都属于职权的范围，由于这种权力是由领导者在组织中的地位决定的，因此，其范围比较明确，相应的职务就有相应的权力，它不是依据年龄的大小、资历的深浅而定。另一方面，领导者凭借个人素质对被领导者形成影响力，也就是威信。它的高低取决于领导者的德才学识、思想情操、道德品质、作风修养等，所以是因人而异的。领导者应该主要不仅仅是凭借权力，而更多的是凭借威信、毅力、丰富的经验、多方面的工作以及卓越的才能来影响被领导者。

三、领导与管理的区别

通常人们都习惯把管理和领导当作同义语来用，似乎管理者就是领导者，领导过程就是管理过程，而实际上，管理和领导是两个不同的概念，二者既有联系，又有区别。传统的管理理论中，领导是管理的四大基本活动（计划、组织、领导、控制）之一，但是，随着管理科学的发展，领导越来越被作为一个独立的活动加以研究和应用。管理和领导在类似的活动中有着不同的侧重点：

首先，从本质上说，管理是建立在合法的、有报酬的和强制性权力基础上对下属命令的行为。而领导可能建立在上述基础上，但更多的则是建立在个人的影响力、专长权以及模范作用等的基础之上。

其次，从两者的功能特征上讲，管理强调的是计划、组织、控制和解决问题，是整合各种资源，借助各种手段来达到既定的目标。而领导强调的是提供方向、影响人和组织的凝聚力，以及激励和鼓舞人，所以，领导通常关注意义和价值，关注所要达到的目标是否正确，是否值得。

再次，从两者的作用结果上讲，管理比较注意细节、手段、技术、过程的应用，追求的是秩序、条理性、程序性和规范性。而领导关注人的尊严、人的价值、人的潜能、人的激励和发展。领导侧重人文和目的，侧重结果和艺术，追求的是创新、变革、突破，是与变革和创新紧密相连的。

由于管理重秩序，因此管理强调的是共性和刚性，不管什么对象什么时候都用相同的方式去管理。由于领导重变革，因此领导强调的是个性和柔性，强调根据不同的对象、不同的情境来选择不同的领导方式。

管理和领导构成同一过程中既相互区别又相互联系的两个体系，它们各自有功能和特点，同时又是组织取得成功不可缺少的组成部分。美国哈佛大学教授约翰·科特在《变革的力量——领导与管理的差异》一书中详细地分析了两者之间的区别，如表 9-1 所示。

表 9-1　组织中领导与管理的主要区别

区别内容	管理	领导
计划制订过程	计划预算过程——确定实现计划的详细步骤和日程安排，调拨必要的资源实施计划	确定方向——确定将来，并为实现远期目标制定进行变革的战略

续表

区别内容	管理	领导
发展完成计划所需要的人力网络	企业组织和人员配备——根据计划要求建立组织机构，配备人员，赋予他们完成任务的权力与责任	联合群众——通过言行将所确定的企业经营方向传达给员工，争取有关人员的合作，并形成影响力，得到更多的支持
执行计划	控制、解决问题——相当详细地监督计划的完成情况，发现问题及时解决	鼓励和鼓舞——鼓励人们战胜变革过程中遇到的各种障碍
人的观念	管理者是把事情做正确——强调结果	领导者是做正确的事情——强调方向
结果	在一定程度上实现预期计划，维持秩序	引起变革，通常是激烈的变革，并形成非常积极的变革潜力

专栏 9-1

领导的重要性

唐太宗李世民领导有方，开创了我国历史上有名的“贞观之治”。美国约翰·科特教授说：“无论对于企业还是对于其他组织而言，取得成功的方法是，75%～80%靠领导，20%～25%靠管理”。

启示：现实中许多事例均充分说明，在同样的条件下，不同的领导者可以给组织带来完全不同的结果，不管是对于企业，还是对于国家、政府、团体来说都是如此。

第二节　人性假设与领导方式

人性假设与领导方式

一、人性假设与领导方式的关系

领导方式是指管理者实施领导行为所采取的各具特色的基本方式与风格。人性假设在管理学上是对人的本性的根本看法。

人性假设理论认为领导行为与管理方式是建立在对人性不同认识基础上的，也就是人性假设作为管理思想、管理观念的认识基础，直接决定着管理者的领导方式。领导者对员工持有不同的人性观，就会采用不同的领导方式。

人性假设观点不存在对错之分，只有适合与否。有效的领导者，应在综合分析不同员工人性特点的基础上，采取更为适宜的领导方式。

二、经济人假设与领导方式

“经济人”又称“理性-经济人”“实利人”“唯利人”。这种假设最早由英国经济学家亚当·斯密在《国富论》中提出。他认为人的行为动机根源于经济诱因，人都要争取最大的经济利益，工作就是为了取得经济报酬。这种假设起源于享乐主义，再经 19 世纪合理主义的影响而形成。此假设认为，人的一切行为都是为了最大限度地满足自己的利益，工作动力是为了获得经济报酬。

美国管理学家麦格雷戈在《企业的人性面》一书中，提出了两种对立的管理理论，即X理论和Y理论，其中，X理论就是对“经济人”假设的概括。其基本观点如下：

（1）多数人十分懒惰，他们总想方设法逃避工作；

（2）多数人没有雄心大志，不愿负任何责任，而心甘情愿受别人指导；

（3）多数人的个人目标都是与组织目标相矛盾的，必须用强制、惩罚的方法，才能迫使他们为达到组织的目标而工作；

（4）多数人工作都是为了满足基本的需要，只有金钱和地位才能鼓励他们工作。

基于这种假设所引出的管理方式是：

（1）组织应以经济报酬来使人们服从并做出绩效；

（2）组织应以权力与控制体系来保护组织本身及引导员工，其管理重点在于提高效率和完成任务，人们的感情和士气方面是次要的；

（3）组织管理特征是订立各种严格的工作规范，加强各种法规和管制。

泰勒制是“经济人”观点的典型代表，其“胡萝卜加大棒”的管理，即为了提高士气用金钱刺激，同时对消极怠工者严厉惩罚就是“经济人”假设的典型实践。

三、社会人假设与领导方式

社会人假设理论是管理学家埃尔顿·梅奥在“霍桑实验”中得出的。社会人假设认为：在社会上活动的员工不是各自孤立存在的，而是属于社会成员的“社会人”，是一种社会存在，具有社会性的需求，人与人之间的关系和组织的归属感比经济报酬更能激励人的行为。因此，社会人“不仅有追求收入的动机和要求，而且在生活和工作中需要友谊、安全、尊重和归属感”。

社会人假设为管理实践开辟了新的方向，即人们在工作中得到的物质利益并不是调动员工生产积极性的唯一重要的手段，人们最重视的是工作中与周围人的友好关系。良好的人际关系是调动员工生产积极性的决定因素。因此，不仅要用规章制度来管理，更要人性化管理，相应的管理措施是：

（1）管理的重点不应只注意生产任务，而应注意关心人，满足人的需要，发挥人的特长，强调以人为中心的管理。

（2）管理人员的职能不应只注意指挥、计划、组织和控制，而应重视员工间的人际关系，沟通信息，了解情况，上传下达，重视培养员工的归属感和整体感。

（3）提出了新型的“参与管理”的形式，即让员工不同程度地参加企业决策的研究和讨论。满足其社会性需要，使得对员工的外来控制转变为员工的自我控制。

（4）在奖励时提倡集体奖励，不主张个人奖励制度。

社会人假设的贡献：

（1）加深了对人性的认识，在看到人的自然性需要的同时，更要重视人的社会性需要。

（2）丰富了激励理论，从满足人的社会需要入手进行管理，可以收到比单纯的物质刺激更好的效果。

(3) 改变了管理重心，开创了以人为本的管理模式，促进了管理水平和生产效率的提高。

专栏 9－2

社会人假设的生活案例

甲、乙两人逛公园，突然甲问乙："我打你两耳光，然后给你 1 000 元可以吗?" 乙想了想，感觉挺值，于是让甲打了两耳光，甲也履行了约定付了钱。但是付完钱后，甲和乙都感觉不爽，甲感觉钱付得不值，乙感觉挨的耳光不值。于是乙提出打甲两个耳光并支付 1 000 元。甲同意，于是乙打了甲两个耳光，并履行诺言支付了 1 000 元。然而甲乙两人发现他们彼此挨了两个耳光却并没有获得任何东西。

启示： 人是社会人，社会行为学假设了个体之间在交易时会出现报复行为，且仅仅只是为了报复。

四、自我实现人假设与领导方式

自我实现人假设是马斯洛在"需要层次论"中最早提出的，其观点是：人类需要的最高层次就是自我实现，人们要求提高和发展自己，期望获取个人成功。这种自我实现的需要就是"人希望越变越完美的欲望，人要实现他所能实现的一切欲望"。具有这种强烈的自我实现需要的人，就叫"自我实现人"。

麦格雷戈总结了马斯洛及其他人的类似观点，结合管理问题，提出了 Y 理论，Y 理论的观点与自我实现人的假设相一致，与 X 理论是根本对立的，其基本内容如下：

(1) 大部分人并不抗拒工作，人们在工作上体力和脑力的投入就跟在娱乐和休闲上的投入一样，工作是很自然的事；

(2) 人们具有自我调节和自我监督的能力，即使没有外界的压力和处罚的威胁，他们一样会努力工作以期达到目的；

(3) 人们愿意为集体的目标而努力，在工作上会尽最大的努力，以发挥创造力、才智等，希望在工作上获得认同，所以，能够自觉遵守规定；

(4) 在适当的条件下，人们不仅愿意接受工作上的责任，且会寻求更大的责任；

(5) 许多人具有相当高的创新能力去解决问题；

(6) 在大多数的机构里面，人们的才智并没有充分发挥。

基于以上假设，该理论认为管理者应对员工授予更大的权力，让员工有更大的发挥机会，以激发员工对工作的积极性。具体管理措施是：

(1) 把管理的重点从重视人的因素，转移至创造良好工作环境、把人作为宝贵资源、提供挑战性工作、使得员工能力得到最充分的发挥。

(2) 管理者的主要任务在于如何发挥人的才智、创造适宜的条件、减少和消除职工自我实现过程中所遇到的障碍。

（3）将奖励方式分为两类：一类是外在奖励（物质奖励），如工资、提升等；另一类是内在奖励（精神奖励），即在工作中使人能增长知识和才干，发挥自己的潜力。只有内在奖励才能满足人的自尊和自我实现的需要，从而极大地调动起职工的积极性。

（4）管理制度应保证职工能充分地表露自己的才能，达到自己所希望的成就。

专栏 9-3

自我实现人

马斯洛提出的“自我实现人”有哪些特点？

马斯洛认为“自我实现人”具有以下 15 个优秀品质：1. 对现实有较强的洞察力，能对现实采取客观态度；2. 接纳自然、他人与自己；3. 自发、坦率、真实；4. 以问题为中心；5. 超然的独立性及离群独居的需要；6. 高度的自主性；7. 对普通生活常有新的愉快体验；8. 常有“高峰体验”；9. 关心社会，对他人具有真诚的感情；10. 能与他人发展深刻的人际关系；11. 民主的态度和作风；12. 强烈的道德感和独立的善恶判断能力；13. 富有哲理的、善意的幽默感；14. 富有创造性；15. 反对盲目遵从。

启示： 对于自我实现需要高的员工，管理者需为他们创造适当的条件，以充分发挥他们的个人才能。管理一定要做到因人而异。

五、复杂人假设与领导方式

复杂人假设是在 20 世纪 60 年代末、70 年代初由沙因提出，认为人是很复杂的，不能把人归为一类。虽然“经济人”“社会人”“自我实现人”的假设各有其合理性的一面，但是并不适用于所有人。

与复杂人假设相应的是超 Y 理论，该理论是由美国心理学家约翰·莫尔斯和杰伊·洛希通过对不同企业的反复研究在 1970 年发表的《超 Y 理论》一文中提出的，是根据“复杂人”的假设提出的一种新的管理理论。其基本观点是：

（1）人的需要是多种多样的，而且随着人的发展和生活条件的变化而不断变化。每个人的需要各不相同，需要的层次亦因人而异。

（2）人在同一时间内有各种需要和动机，它们会发生相互作用并结合为统一的整体，形成错综复杂的动机模式。例如，两个人都想得到高额奖金，但他们的动机可能很不相同。一个人可能是要改善家庭的生活条件，另一个人可能把高额奖金看成是达到技术熟练的标志。

（3）人在组织中的工作和生活条件是不断变化的，因此，会产生新的需要和动机。

（4）一个人在不同单位或部门工作会产生不同的需要。

（5）因为人的需要、能力不同，对不同的管理方式会有不同的反应。因此，没有一套适合于任何时代、组织、个人的普遍有效的管理方法。

鉴于以上原因，要求管理人员善于观察职工之间的个体差异，根据具体情况，随时、随地、随人、随境不断变化采取灵活多变的管理方法。

第三节 领导特质理论与领导风格理论

一、领导特质理论

领导特质理论与领导风格理论

领导特质理论是20世纪最流行的领导理论，也是最早对领导活动及行为进行系统研究的尝试。其创始人是阿尔波特，代表人物有斯托格迪尔、吉普、吉赛利和鲍莫尔。该理论侧重于研究领导人的心理、性格、知识、能力等方面的特征，试图探求一种有效领导者的标准，即从优秀的人物身上寻找共同的东西，希望了解：为什么他们能够成为领导？什么是领导力的决定因素？领导者区别于普通人的到底是什么？早期的研究集中于找出领导者实际具有的特性或个人品质，以期预测具备什么样的人格特征或品质的人最适合充当领导者，有所谓“伟人说”理论，认为领导者的特质主要是由先天性的因素所造就的，也就是说领导者必须具备某些天赋。后期的理论，特别是现代领导特质理论则认为领导者的个性特征和品质是在后天的实践中形成的，并且可以通过培养和训练加以造就。

（一）斯托格迪尔的领导个人因素论

斯托格迪尔在全面研究了有效领导应具备的素质方面的文献后，总结了与领导有关的个人因素，主要有以下几方面的内容：

（1）五种身体特征：精力、外貌、身高、年龄、体重。

（2）两种社会性特征：社会经济地位、学历。

（3）四种智力特征：果断性、说话流利、知识渊博、判断分析能力强。

（4）十六种先天特性：有良心、可靠、勇敢、责任心强、有胆略、力求革新与进步、直率、自律、有理想、良好的人际关系、风度优雅、胜任愉快、身体健康、智力过人、有组织能力、有判断力。

（5）六种与工作有关的特征：责任感、事业心、毅力、首创性、坚持、对人关心。

（6）九种社交特征：能力、合作、声誉、人际关系、教育程度、正直、诚实、权力需要、与人共事的技巧。

（二）吉普的天才领导者特点论

心理学家吉普提出，天才的领导者应该具备七种个性特点：外表英俊潇洒，有魅力；善言辞；智力过人；具有自信心，心理健康；善于控制和支配他人；性格外向；灵活敏感。

（三）鲍莫尔的领导品质论

美国普林斯顿大学的鲍莫尔教授曾对领导者应具备的条件做过研究，他提出一个领导者应具备下面十个方面的条件：

（1）合作精神：能赢得人们的合作，愿意与其他人一起工作；

（2）决策能力：依据事实而非想象来进行决策，有高瞻远瞩的能力；

（3）组织能力：善于组织人力、物力和财力；

（4）精于授权：能抓住大事，把小事授权给下属去完成；

（5）善于应变：权宜通达、机动进取而不抱残守缺、墨守成规；

（6）勇于负责：对上下级以及整个社会抱有高度责任心；

（7）勇于求新：对新事物、新环境、新观念有敏锐的接受能力；

（8）敢担风险：敢于承担改变现状时遇到的风险，并有创造新局面的雄心和信心；

（9）尊重他人：重视和采纳别人的合理化意见；

（10）品德高尚：在品德上为社会和企业员工所敬仰。

（四）吉赛利的领导品质论

美国管理学家吉赛利在《管理才能探索》一书中，研究的八种个性特征和五种激励特征是：

1. 个性特征

（1）才智：语言与文辞方面的才能；

（2）首创精神：开拓新方向、创新的愿望；

（3）督察能力：指导别人的能力；

（4）自信心：自我评价较高；

（5）适应性：与下属关系亲近；

（6）决断能力；

（7）性别（男性或女性）；

（8）成熟程度。

2. 激励特征

（1）对工作稳定的需求；

（2）对金钱奖励的需求；

（3）对指挥别人的权力需求；

（4）对自我实现的需求；

（5）对事业成就的需求。

吉赛利的这些性格研究，由于有严密的科学性而受到尊重。他的研究结果还指出了这些个人特征的相对重要性，如表 9－2 所示。

表 9－2　领导个人特征价值表

重要程度	重要价值	个人特征
非常重要	100	督察能力
	76	对事业成就的需求
	64	才智
	63	对自我实现的需求
	62	自信心
	61	决断能力
	54	对工作稳定的需求
	47	适应性（与下属关系亲近）

续表

重要程度	重要价值	个人特征
次重要	34	首创精神
	20	对金钱奖励的需求
	10	对指挥别人的权力需求
	5	成熟程度
不重要	0	性别（男性或女性）

需要说明的是：（1）才智和对自我实现的需求对于取得成功关系重大。（2）对指挥别人的权力需求并不是很重要。（3）督察能力主要是指运用管理职能来指导下级的能力。（4）性别这一特征与管理成功与否没有多大关系。

二、领导风格理论

领导风格是指领导者在行使权力过程中的领导作风或领导行为方式，它直接影响着领导的有效性。影响领导风格的因素有多种，如领导者的个性特征、权力欲望、对员工的人性看法、对工作的态度等，这些因素的不同组合决定了不同的领导风格。分析比较各种不同风格及其效果的差异，找出能产生最优领导效果的领导风格，是领导风格理论的研究重点。

（一）勒温的三种基本领导风格

心理学家勒温把权力定位为基本变量，把领导者在领导过程中表现出来的极端的工作作风分为三类。

1. 独裁式领导——权力定位于领导者个人手中

独裁式领导亦称专制或专权式领导，把权力完全集中于领导手中，所有决策均由领导者做出，然后命令下属不容置疑地遵从执行。其特点是：（1）个人独断专行，从不考虑别人的意见；（2）除工作命令外，从不把更多的消息告诉下属，下属没有任何参与决策的机会，只能接受命令；（3）领导事先安排一切工作内容、程序与方法，下属只能服从；（4）主要依靠行政命令、纪律约束、训斥处罚来维护领导权威，很少或只有偶尔的奖励，以权力服人；（5）领导者很少参加群体的社会活动，与下属保持相当的心理距离。

2. 民主式领导——权力定位于群体

民主作风的领导人实行参与领导，将权力交给群体，其特点是：（1）领导者在做出决策之前，往往要组织群体成员共同讨论工作计划和目标，鼓励他们积极表达自己的意见；（2）分配工作时尽量照顾员工的能力、兴趣与爱好；（3）给下属较大的工作自由、较多的选择性和灵活性；（4）主要运用个人的影响力、权威影响员工，以理服人；（5）领导者与下属有较多的交流，关心下属，尊重下属，把自己看作群体的一员。

3. 放任式领导——权力定位于每个职工手中

放任式领导的主要特点是极少运用权力影响下属，实行无政府管理，把权力放手交给每个组织成员，给每个成员以高度的独立性。领导者既不想评价管理活动，也不关心群体成员的需要和态度，一切放任自流。

比较三种不同的领导风格对组织产生的影响，可以明显地看到，放任式领导作风工作效率最低。他所领导的组织在工作中只达到了社交的目标，而没有达到工作目标。独裁式的领导，虽然通过严格的管理，使组织达到了工作目标，但组织成员的消极态度和对抗情绪也在不断增长。而民主式的领导作风工作效率最高，他所领导的组织不仅达到了工作目标，而且达到了社交目标。

（二）密歇根大学的双中心论

密歇根大学的调查研究是由 R. 李克特及其同事在 1947 年开始进行的，研究的主要内容是探寻群体效率与领导者行为之间的关系，即群体效率如何随着领导者行为的变化而变化。研究小组将领导行为划分为两个维度，称之为员工导向和生产导向。员工导向的领导者被描述为重视人际关系，他们总会考虑到下属的需要，并承认人与人之间的不同。相反，生产导向的领导者倾向于强调工作的技术或任务事项，主要关心的是群体任务的完成情况，并把群体成员视为达到目标的工具。

研究发现员工导向的领导者与群体生产率和工作满意度成正相关；而生产导向的领导者则与低群体生产率和低工作满意度联系在一起。

（三）俄亥俄州立大学的四分图论

1945 年，美国俄亥俄州立大学也进行了研究，试图找出领导的有效性与哪些行为因素有关。研究小组把领导行为进行了分类，概括为“关心组织”和“关心人”两种基本倾向。

“关心组织”强调以工作为中心，关心工作是否有效完成，重视组织设计、职权关系、工作效率，而忽视员工本身的问题，对员工进行严密监督控制。而“关心人”则强调以人为中心，包括建立互相信任的气氛、尊重下级的意见、注意下属的感情和问题等。他们认为，领导行为是这两种行为的具体组合，领导者的行为可以用二维坐标上的“四分图”来表示，如图 9－1 所示。

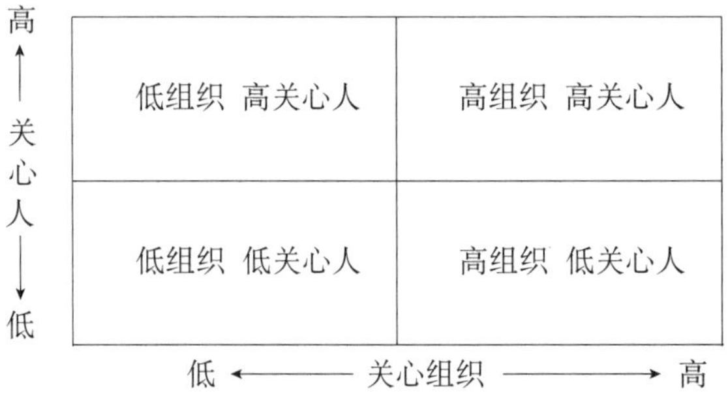

图 9－1　领导方式四分图

（1）高组织、低关心人——领导者最关心的是岗位工作，例如计划作业、信息沟通等。

（2）低组织、高关心人——不大关心工作进展，只关心员工间的人际关系，对处世方面多能保持一种互尊互信的气氛。

（3）低组织、低关心人——既不关心工作也不关心人。

（4）高组织、高关心人——既关心工作也关心人。

该理论认为，一位两方面都高的领导人，比其他三种类型的领导者更能使下属取得高工作绩效和高满意度。但是，双高风格并不总能产生积极效果。比如，当工人从事常规性工作时，高组织特点的领导者行为会导致高抱怨率、高缺勤率和高离职率，员工的工作满意度也低。俄亥俄州立大学的研究表明，一般来说，双高风格的领导能够产生积极效果，但同时也有足够的特例表明这一理论还需加入情景因素。

（四）管理方格理论

在俄亥俄州立大学的领导行为四分图的基础上，罗伯特·布莱克（Robert Blake）和简·莫顿（Jane Mouton）于1964年就组织中的领导方式提出了管理方格图。这是一张九等分的方格图，横坐标表示管理者对生产的关心程度，纵坐标表示管理者对人的关心程度。两条坐标轴各划分为从1到9的九个小格作为标尺。整个方格图共有81个小方格，每个小方格表示“关心生产”和“关心人”这两个基本倾向相结合的一个领导方式，如图9-2所示。

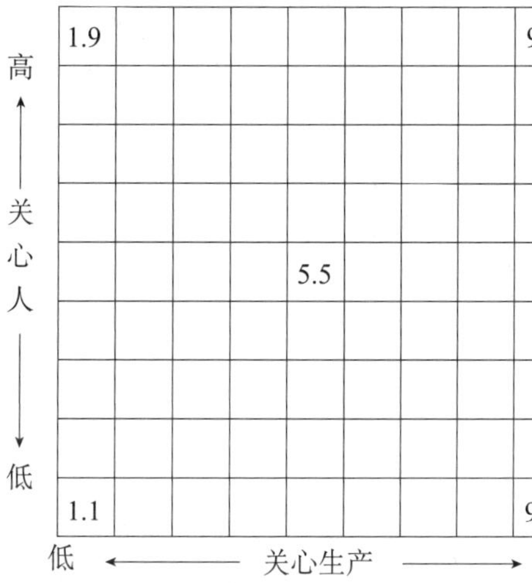

图9-2　管理方格图

在管理方格中，有下列五种领导行为方式具有代表性：

（1）1.1型：贫乏型领导方式。领导者既不关心生产，也不关心员工，对组织运行放任自流，放弃领导应有的责任，仅以最小的努力来完成必须做的工作。所以，是一种无效率的领导方式，这是很少见的极端情况。

（2）9.1型：任务型领导方式。领导者集中注意力于工作效率的要求，注重计划、指导和控制员工的工作活动，但不关心人的因素，很少注意员工们的发展和士气。

（3）1.9型：俱乐部型领导方式。领导集中注意力于对员工的支持和体谅，注重员工的需要，努力创造一种舒适和睦的组织气氛和工作节奏，认为只要员工心情舒畅，生产就一定能好，因此，对规章制度、指挥监督和任务效率等很少关心。

（4）5.5型：中间型领导方式。这种领导对员工的关心程度和对生产的关心程度虽然都不算高，但能保持平衡。一方面比较注意管理者在计划、指挥和控制上的职责；另一方面也比较重视对员工的引导和鼓励，设法使他们的士气保持在满意的水平上。但是，这种领导方式缺乏创新精神，只追求正常的效率和可以满意的士气。

（5）9.9 型：团队型领导方式或战斗集体型领导方式。这种领导方式的特点是对员工、对生产都极为关心，努力使员工个人的需要和组织的目标最有效地结合起来，注意使员工了解组织的目标，关心工作的成果。因此，员工关系协调，士气旺盛，会进行自我控制，生产任务完成得极好。

布莱克和莫顿认为，9.9 型的领导方式是最有效的领导方式。领导者应该客观地分析组织内外的各种情况，分析自己的领导方式，将自己的领导方式转化为 9.9 型，以求得最高的效率。

第四节　领导权变理论

领导权变理论

一、领导权变理论的理解

领导权变理论亦称领导情境理论，是西方管理学者关于领导方式研究的又一新观点，于 20 世纪 60 年代至 70 年代初形成。该理论认为，不存在一种绝对的最佳的领导方式。要找到一个适合于任何组织，任何性质的工作和任务，任何对象的固定的领导性格特质、领导行为方式，都是不现实的。领导是领导者、被领导者及其环境因素相互作用的动态过程。领导有效性＝f（领导者，被领导者，环境），即领导的效果与领导者所处的具体情境和环境有关，要根据具体情况来确定领导方式，不能用固定的模式进行管理。

最具代表性的领导权变理论包括菲德勒模式、领导生命周期理论、领导方式连续统一体理论。

二、菲德勒模式

美国管理学者弗雷德·菲德勒对企业的领导方式问题进行了多年的研究，提出了“领导的权变模式理论”，他认为，虽然不存在一种普遍适用的最佳领导方式，但在不同情况下都可以找到一种与该特定环境相适应的有效的领导方式。

菲德勒首先假设了两种主要的领导方式类型：一是工作任务导向型，即领导者倾向于追求工作任务的完成，并从工作成就中获得满足；二是人际关系导向型，即领导者倾向于追求良好的人际关系，并从中获得被尊重的满足。

在明确了两种基本的领导风格之后，菲德勒指出，主要有三个工作环境因素影响领导风格的有效性：

（1）上下级关系，即一个组织的成员对其领导人的信任、喜爱或愿意追随的程度，程度越高，则领导人的权力和影响力就越大，这是影响领导方式最重要的因素；

（2）工作结构，即对工作规定明确与否的程度，程度越高，则领导人的权力和影响力就越大；

（3）职位权力，即领导者所拥有的与职位相关联的权力，其大小是由领导者对其下属有多大的权力来决定的。

菲德勒按照这三种因素的状况，把领导者所处的环境从最有利（三种因素都有利于加强领导的权力）到最不利分成八种类型，如表 9－3 所示。

表 9－3 不同环境下的有效领导类型

组织环境类型	非常有利			中间状态			非常不利	
上下级关系	好	好	好	好	差	差	差	差
工作结构	高	高	低	低	高	高	低	低
职位权力	强	弱	强	弱	强	弱	强	弱
有效领导方式	任务导向			关系导向			任务导向	

菲德勒得出以下两点结论：

（1）以工作为中心的领导者，在对领导者非常有利或非常不利的组织情景中，能取得最好的成绩；

（2）以人际关系为中心的领导者，在中等有利程度的组织情景中，能取得最好的成绩。

因此，菲德勒认为，不应当简单地谈论什么是好的领导或差的领导。一位在某一情况下取得成功的领导者，在另一情况下未必也能取得成功。“工作导向型”领导与“关系导向型”领导在一定的情况下都能发挥最好的作用，取得最好的成绩。任何一种领导方式既可能是有效的，也可能是无效的，这取决于情境，所以领导要依情境的变化而变化。

三、领导生命周期理论

领导生命周期理论把下属的成熟度作为一个重要的情境变量，认为领导的有效性是由工作行为、关系行为和下属的成熟度这三个因素决定。成熟度指员工对成就的要求、承担责任的意愿、工作的熟练程度和自我控制能力。随着下属由不成熟走向成熟，领导方式也相应地改变，形成了领导的生命周期，即“高工作、低关系—高工作、高关系—低工作、高关系—低工作、低关系”这样一个周期，相应的领导方式就是四个基本形式，命令型—说服型—参与型—授权型。如图 9－3 所示。

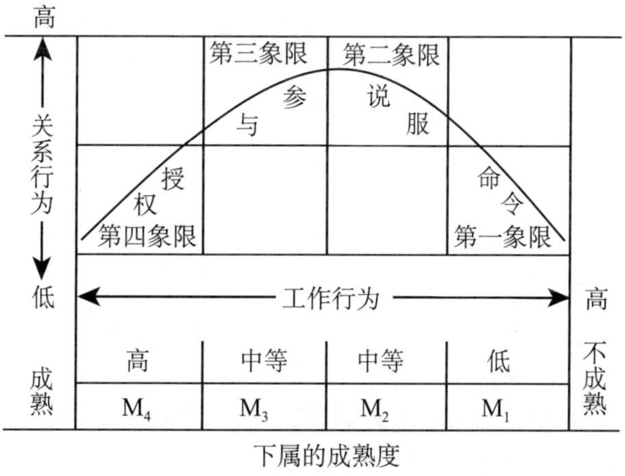

图 9－3 领导生命周期理论

（1）命令型：即高工作、低关系。它适用于成熟度低的下属（M_1），需要领导者采用单向沟通的方式，向下属明确规定任务，确定工作规程，告知应该在何时、何地、以何种方法去做好工作，以使下属较快地学会工作。

（2）说服型：即高工作、高关系。它适用于较不成熟的下属（M_2）。随着下属成熟度有所提高，这时领导者以双向沟通信息的方式给下属以直接指导，并从心理上增加他们的意愿和热情，使下属加强自我控制来完成任务。

（3）参与型：即低工作、高关系。它适用于比较成熟的下属（M_3）。这类下属能胜任工作，但不乐意领导者对他们有过多的指示和约束。这时领导者应通过双向沟通和悉心倾听的方式，与下属互相交流信息、讨论问题，支持下属发挥他们的才能。

（4）授权型：即低工作、低关系。它适用于高度成熟的下属（M_4）。这种下属具有承担工作责任的能力、愿望和自信心，所以，领导者只需起监督作用，赋予下属权力，自行决定如何工作则可。

领导生命周期理论中所提出的领导方式是一种动态的、灵活的领导方式，它更直观，也更容易理解。如果运用恰当，不但能激励下属，而且会促使下属趋向成熟。

四、领导方式连续统一体理论

1958年，组织行为学家坦南鲍姆和施密特在《哈佛商业评论》上发表了《怎样选择领导模式》一文，提出了领导方式连续统一体理论。他们认为领导方式是一个连续变量，从“独裁式”的领导方式到极度民主化的“放任式”领导方式之间存在着多种的领导方式，不能抽象地讲某一种领导方式好，而另一种不好。好与不好只是相对而言，具体要取决于各种客观的因素。这一理论列举出了七种有代表性的模式，如图9-4所示。

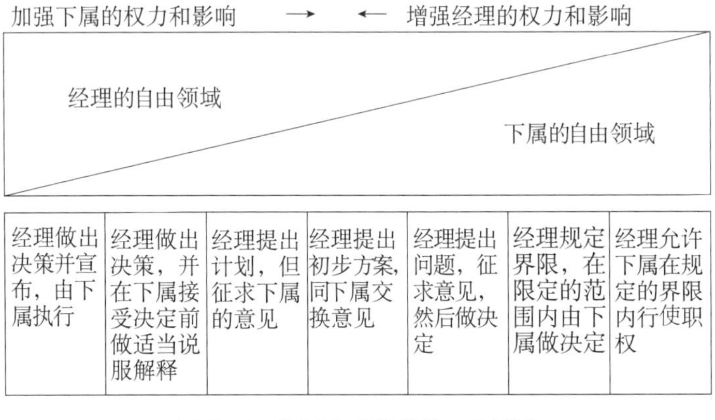

图9-4 领导方式连续统一体理论

（1）经理做出决策并宣布，由下属执行；

（2）经理做出决策，并在下属接受决定前做适当说服解释；

（3）经理提出计划，但征求下属的意见；

（4）经理提出初步方案，同下属交换意见；

（5）经理提出问题，征求意见，然后做决定；

（6）经理规定界限，在限定的范围内由下属做决定；

(7) 经理允许下属在规定的界限内行使职权。

从图 9－4 中可以看出，左端是独裁的领导方式，右端是民主的领导方式，从左至右，领导者运用职权逐渐减少，下属的自由度逐渐加大，从以工作为重逐渐变为以关系为重。图 9－4 中的下方依据领导者把权力授予下属的程度不同，决策的方式不同，形成了一系列领导方式。因此，可供选择的领导方式不是仅民主与独裁两种，而是有多种。

第五节 领导艺术

一、领导艺术概述

领导艺术

领导艺术属于方法论范畴，是领导者的素质、才能、知识、胆略等的综合反映，是在领导过程中表现出的一种非模式化、富有创造性的才能与技巧。它强调要从实际出发，具体情况具体分析，富有创造性地应用领导方法。

领导艺术具有以下特点：

(1) 灵活性。强调对同一个问题，不同的领导者会采取不同的方法去进行处理，这就是领导艺术的灵活性。

(2) 创造性。对于一些比较特殊的事情，领导者需要能创造性地去特殊处理，这是领导艺术的真正体现。

(3) 随机性。任何一种领导艺术都不是一成不变的，它总会随着时间的推移和环境的改变而变化，这就是它的随机性。

(4) 综合性。领导艺术是在综合了各方面的知识及情况的基础上产生的，这就是它的综合性。

领导艺术涉及领导活动的各个方面，主要包括用人艺术、用权艺术、授权艺术、决策艺术、协调艺术、沟通艺术、激励和指导的艺术、提高领导工作有效性的艺术等。灵活性地、创造性地、技巧性地应用领导艺术是提高领导效能的重要方式，需要领导者在实践活动过程中不断总结、丰富和提高。

二、提高工作效率的艺术

提高工作效率是一项十分重要的领导艺术，国外不仅有专门的论著，而且有专门的训练班对领导进行提高工作效率的训练。领导者要提高工作效率，有以下几点值得注意。

(一) 恪守职责，恪尽其能，凡事不能包揽

领导者干领导的事，这是提高效率的第一条。领导者必须时时记住自己的工作职责，决不让精力与时间有不必要的消耗。为此，就要做到：

(1) 不干预下一层次的事。美国前总统罗斯福有一句名言："一位最佳领导者，是一位知人善任者，在下属甘心从事于其职守时，领导要有自我约束力量，而不可插手干涉他们。"领导者随意干预下一层次工作的后果必然是：一方面浪费了自己的宝贵时间与精力；另一方面只会造就没有主见、没有责任感的下属，又反过来加重自己的负担。所以，国外

许多关于领导工作效率的论著中都指出："凡可以授权给他人做的，自己不要去做"，"当你发现自己忙不过来的时候，你就考虑自己是否做了下属可做的事，那就把权分派下去"。

（2）不颠倒工作的主次。学会对工作进行 ABC 管理，理清工作重点，分清工作主次，把精力放在对整个工作有影响和有支配作用的关键环节上，切忌眉毛胡子一把抓。

总之，样样管是小生产的习惯，事必躬亲是小生产的"美德"，这些都是现代的领导者应该力求避免的。

专栏 9－4

徽宗与仁宗

据史料记载，元顺帝在欣赏宋徽宗的书画时称赞不已，而奎章阁学士说："徽宗是位多才多能的人，唯独一件事没有才能。"顺帝问是什么事，学士回答说："唯独不能当皇帝。他身体受侮辱，国家受破坏，都是不能当皇帝所造成的。凡是当君主的，重要的就是能当好君主，而徽宗却不是这样的。"而《北窗炙裸记》中周正夫说宋仁宗"百事不会，只会做官家"。徽宗不能做好君主，而缺乏才能的仁宗却能做好君主；多能的反而丧身辱国，少能的反而成为明君。

启示：重要的一点是领导要明白，什么该取就应毫不犹豫地获得，什么该舍就应毫不犹豫地放弃。

（二）任何工作都要问三个"能不能"

美国威斯豪斯电器公司前任董事长兼总经理唐纳德·C. 伯纳姆是一位享有盛誉的管理专家，他在名著《提高生产率》中提出了提高效率的三条原则：当你处理任何工作时必须自问：（1）能不能取消它？（2）能不能与别的工作合并？（3）能不能用更简便的东西代替？这就是说，可做可不做的坚决不做，可以节省大量的时间和精力；与别的工作合并，无形中效率就提高了；更简便的方法就包含着更高的效率。一项大的工作可以首先分解成若干小的部分，然后对每个部分问三个"能不能"，提高效率的途径就会逐步显现出来。这是一位现代企业领导者的真知灼见，也是他长期实践的深刻体会，值得借鉴。

（三）总结经验教训

领导者应该善于从自己的工作实践中总结经验教训，这是提高工作效率的一种重要方法。美国大学的经营管理教育特别强调从失败的事例中学习。如哈佛大学备有 5 万个案例，并且每年更新 20%，一个研究生必须学完 2 000 个案例才能毕业。

总结经验教训不只放在大事上，就是日常工作也应注意总结。要逐日记录自己的工作，每日、每周、每月、每季都进行总结分析，这样就可以看出自己的工作哪些是有效率的，哪些是浪费的，有哪些"自由时间"，就可以找到提高时间利用效率的线索，避免浪费，合并"自由时间"，以获得较长的整段时间以资使用。

（四）善于运筹时间

"时间就是金钱""时间就是生命"这是我们最熟悉的口号了，但如何珍惜时间、应用好时间却并不容易。善于运筹时间是领导者提高工作效率最重要的内容。1968 年，美国麻省理工学院对 3 000 多名经理做了调查研究，发现凡是优秀的经理都能做到精于安排时间，使时间的浪费减少到最低限度。

美国企业管理顾问艾伦·莱金专门从事对节约时间的研究。他写了一本书《如何控制你的时间和生命》，其中提倡每天编制工作时间表，他认为领导者每天的事情很多，不可能件件做完，因而可将事情分成 ABC 三类。A 类的事情最重要，B 类次之，C 类可以放一放。如果 AB 两类事情办好，就完成了工作的 80%，这就是“要事先办”。

美国《今日世界》杂志曾列举了企业管理者节约时间的十条秘诀：

(1) 处理公事切忌先办小的后办大的，一定要先办当天最重要的事情，然后再办其他的事情；

(2) 用大部分时间去处理最难办的事情；

(3) 把一小部分工作交给秘书去做；

(4) 少写信，打电话能解决的就打电话，必须写信就写便条；

(5) 减少会议；

(6) 拟好安排工作的时间表；

(7) 分析自己利用时间的情况，看有多少时间被浪费掉了；

(8) 减少不必要的报告文件；

(9) 把传阅的文件减少到最低限度；

(10) 尽量利用空闲时间看文件。

事实上产生时间浪费的原因是很多的，如一个系统的制度不健全，就要花去大量的协调时间；人浮于事，往往要用大量的时间处理“人群关系”；组织机构不健全，也会造成成堆的会议；咨询功能不灵，就会迫使领导者每事必须亲自过问。这些都会使领导者成天沉湎于事务堆中，直接或间接导致时间浪费。

三、知人善任的艺术

人是管理中的核心因素，拥有人才是组织成功的重要保障。松下幸之助先生说：“我的企业之所以成功，是因为我能善用不同的人才。”知人善任，选才用人是领导者的基本职能，也是实现决策目标的根本保证。“只有无能的管理，没有无用的人才”，“垃圾是放错了位置的人才”，管理学的这些名言深刻地揭示了管理者知人善任的重要性。要做到知人善任，除了管理者本身的素质如公正、有学识、有经验外，还要讲究技巧，技巧的灵活运用构成领导艺术的重要方面。

知人善任包括了两方面的内容：一是知人，即发现人才，识别人才；二是用人，即合理使用人才。发现人才固然重要，合理使用人才更加重要，可以说，识别人才、选准人才是用人的基础和前提，两者是一个长期的相互反馈过程。

（一）知人

怎样发现人才，识别人才，选择人才，避免贤人落选，这对许多领导者来讲是一个需要不断总结经验的过程，要求领导者必须掌握一些鉴别人才和考察人才的技巧与方法。

首先，明确知人的原则，做到全面地看人、历史地看人、发展地看人、在实践中看人、在关键时刻看人。

其次，掌握知人的基本技巧与方法。

最后，识才要有慧眼，要善于发现人才。要做到这一点，一是要有眼界，二是要有眼力。眼界，就是领导干部不能只盯着身边的、围着自己转的人，要开阔视野，把眼睛放宽，做到：眼睛向内，又要向外；眼睛向上，又要向下；眼睛向"明"，又要向"暗"；眼睛看"土"，也看"洋"。眼力，就是具有"剖石为玉、淘沙为金"的能力，善于发现人才，慧眼识金。所以，要不拘一格选人才，打破选人、用人上的条条框框，树立"看主流、看本质、看发展"的观念，全面、正确、客观地看待人才，切实做到人尽其才，才尽其用。

（二）用人

用人是知人善任的关键，有人才不用或错用，其后果是不可想象的。用人必须遵循原则，以原则为准则使用干部，才不会用人不当，防止用人失误。

1. 明确用人的原则

根据大量经验，用人过程中需要遵循以下原则：

（1）德才兼备的原则，用人强调有德有才，德才兼备，但现实中两者往往是不完全统一的，要针对具体情况选用人才，不过分求全兼备，原则是德看主流，才重一技。

（2）量才任职的原则，做到人尽其才，要因人而异，宜文则文，宜武则武。

（3）授权的原则，敢于授权、善于授权，这是用人的重要原则。只有这样，才能充分调动其聪明才智，发挥其主动性与积极性。

（4）晋升的原则，提升干部既是培养人才之所需，也是激励人才的有效方法。人心向上是人的本能所决定的。组织要不断培养提拔接班人，让长江后浪推前浪，后继有人不断线，保持干部队伍强大活力，长盛不衰。

2. 掌握用人的技巧与艺术

用人不仅是把人选用在合适的岗位上，而且关键在于如何充分发挥下属的作用，为此，有下述技巧供参考：

（1）扬长避短，用其所长。世界上本就没有"完人"，作为领导者认识和把握人才的长处和短处，善于用其所长，且能在短处中见其所长，是衡量领导水平的重要标尺。

（2）用人不疑，疑人不用。这是用人的定律。理解与信任是对人才最好的激励方式。

（3）五湖四海，宽以待人。要善于起用各种人才，避免任人唯亲。

（4）提携新人，用当其时。在用人上要破除论资排辈的陈腐观念，要能不断起用新人，这样才能使组织保持活力。

3. 用人的禁忌

（1）任人唯亲。

（2）对人才求全责备。

（3）武大郎"心态"。

（4）在人才使用上要注意合理搭配，切忌"伏龙凤雏一把抓"。

专栏 9-5

点石成金

1974 年，美国政府为清理自由女神像翻新时扔下的废料，公开向社会招标。但几个月过去了，没人应标。正在法国度假的一位商人得知消息后，立即从巴黎飞往纽约，在仔细查看了女神像下堆积如山的“垃圾”后，未提任何条件便欣然签约。

随后，商人开始组织工人对“垃圾”进行分类：将废铜熔化，铸成小自由女神像；将废旧木块加工成铜像底座；将废铅、废铝铸成纽约广场的钥匙……就连女神身上扫下来的尘土，都加工后包装起来出售给花店。不到三个月的时间，如山的“垃圾”就创造出了 350 万美元的价值。

启示：在一名优秀企业家的眼中，是不应该有“废物”的，因为任何东西都有潜在的价值，关键看你是否有“点石成金”的慧眼。

四、协调人际关系的艺术

领导者工作的特点就是每天都要和各种各样的人打交道，如果人际关系能够处理得好，可以使用自己生活愉快、工作顺利，从而在事业上获得成功。因此，领导者必须懂得人际关系学，其中特别是要妥善处理上、下、左、右的关系，群众关系。

（一）正确处理上级关系

上级与下级之间的关系实质上是一种权力关系，或者说是权力与服从关系。其中领导者是权力主体，是权力化身，而下级则是客体，他们具有相互协作、相互支持、相互竞争、相互选择、相互提防等诸关系的特征。所以，要处理好与上级和与下级的关系。

首先，处理好同上级的关系。每一个领导者要做好本职工作，取得事业成功，除自己主观努力外，还需要上级领导的关怀和培养，因此处理好与上级的关系是十分重要的。

（1）从工作方面看，圆满地完成上级交给的任务，是搞好同上级关系的基础；

（2）从组织原则方面看，下级要尊重、服从、维护、支持上级；

（3）从思想作风上看，要不唯上、不抗上、不欺上，坚持实事求是；

（4）从自我约束方面看，既要经得起上级的表扬，更要经得起上级的批评；

（5）找准位置，出力而不越权；

（6）善于掌握上级领导者的性格特点和习惯；

（7）善于体贴领导者的难处。

（二）正确处理与下级的关系

善于调动下级的积极性，是领导者出色地完成各项任务的重要因素。为此，要注意以下几方面的问题：

（1）上级充分发挥领导作用，正确指导下级工作是搞好与下级关系的基础；

（2）上级既要有统一集中的指挥，又要大胆放手，下放权力，以充分调动和发挥下级人员的积极性；

（3）上级要公正廉明，对下级不分亲疏，一视同仁，不搞帮派，唯人唯贤，赏罚分明，功过清楚；

（4）上级对下级全面负责，全面关心，既要使用，又要培养与考核；

（5）从自我修养方面看，上级领导应当成为下级的表率。

（三）正确处理同级的关系

同级关系是一种横向人际关系，可分为两种类型，即不同部门之间和同一部门内部。同级关系具有目标一致、地位平等、频繁接触、相互依存等特点。所以，在处理同级之间关系时要做到：

（1）相互信任，以诚相待；

（2）积极合作，正当竞争；

（3）互相支持，热情帮助；

（4）分清职责，掌握分寸；

（5）严于律己，宽以待人；

（6）沟通思想，消除隔阂。

（四）正确处理领导者与群众的关系

下级追随是领导成功的关键。只有领导和群众相结合，才能取得事业的成功。所以要做到：

（1）谦虚待人，与群众打成一片；

（2）爱护体贴，关心群众疾苦；

（3）作风正派，对群众一视同仁；

（4）多谋善断，使群众心悦诚服。

专栏 9－6

鲶鱼效应

挪威人爱吃沙丁鱼，但是当渔民将捕捞的沙丁鱼运回渔港时，发现大多数的沙丁鱼已经死了。死鱼卖不上价，怎么办呢？聪明的渔民想出了一个办法，那就是将沙丁鱼的天敌——鲶鱼与沙丁鱼放在一起。每当渔民出海捕鱼时，总先准备几条活跃的鲶鱼，一旦把捕获的沙丁鱼放入水槽后，便把鲶鱼也放入水槽，鲶鱼因其活力而四处游动，偶尔追杀沙丁鱼。沙丁鱼则因发现异己分子而自然紧张，四处逃窜。整槽鱼上下浮动，也使水面不断波动，从而氧气充分，如此这般，就能保证沙丁鱼活蹦乱跳地运回渔港。这一现象被称为“鲶鱼效应”。

启示：“鲶鱼效应”这个原理常常被引用到管理活动中去，并逐步演变为一种竞争机制。作为一种竞争机制，“鲶鱼效应”在人力资源管理和领导艺术中，也能充分发挥作用。

复习思考题

1. 领导的定义是什么？领导者的权力是怎样形成的？

2. 试分析领导与管理的异同。

3. 如何理解几种人性假设理论？试举例进行分析。

4. 领导方式的基本类型有哪些？它们的特点各是什么？

5. 简述双中心论、四分图论、管理方格论的基本观点。

6. 举例说明领导方式连续统一体理论的主要观点。

7. 菲德勒模式的主要观点是什么？你如何看待这一理论？

8. 简述领导生命周期理论的主要观点。

9. 你认为领导者应怎样正确选择领导方式？

10. 如何看待领导工作的艺术性？领导应如何用人、授权、协调人际关系、提高工作效率，请谈谈你的看法。

案例分析

案例 1：哪种领导类型最有效？

某公司是一家中等规模的汽车配件生产企业。最近，对该公司的三个重要部门经理进行了一次有关领导类型的调查，三个部门负责人的情况如下。

一、安建伟

安建伟对本部门的产出感到自豪。他总是强调对生产过程、产量控制的必要性，坚持下属人员必须很好地理解生产指令并能迅速、完整、准确地反馈。当遇到小问题时，安建伟会放手交给下属去处理，当问题很严重时，他则委派几个有能力的下属人员去解决问题。通常情况下，他只是大致规定下属人员的工作方针、工作要求及完成的期限，他认为只有这样才能带来好的合作，避免重复工作。

安建伟认为应对下属人员采取敬而远之的态度，他不主张公开谴责或表扬某个员工，相信他的下属人员都有自知之明。但安建伟在工作中遇到的最大问题是下属不愿意接受责任。他认为下属人员可以有机会做许多事情，但他们并不是很努力地去做。安建伟感觉上司对他们现在的工作运转情况非常满意。

二、陈刚

陈刚认为每个员工都有人权，他偏重于相信管理者有义务和责任去满足员工需要的理论。他常为员工做一些小事，如给员工两张下月举行的艺术展览的入场券。他认为，每张门票才 20 元，但对员工来说却远远超过 20 元。通过这种方式，也是对员工过去几个月工作的肯定。

陈刚说，他每天都要到工厂去一趟，与至少 25%的员工交谈。陈刚不愿意为难别人，也不喜欢死板的管理方式。

陈刚知道在他的部门中存在一些不利于管理的因素，但他认为这大都是由于生产压力造成的。为此，他试图以一个友好、粗线条的管理方式对待员工以减轻员工的压力。他承认尽管在生产率上不如其他部门，但他相信他的员工有高度的忠诚与士气，并坚信他们会因他的开明领导而努力工作。

三、李远鹏

李远鹏面临的基本问题是与其他部门的职责分工不清。他认为不论是否属于他们的任务都安排在他的部门，似乎上级并不清楚这些工作应该谁做。

李远鹏承认他没有提出异议，他说这样做会使其他部门的经理产生反感。他们把李远鹏看成是朋友，而李远鹏却不这样认为。

李远鹏说过去在分工会议上，他感到很窘迫，但现在适应了，其他部门的领导也不以为然了。

李远鹏认为管理就是使每个员工不停地工作，预测各种问题的发生。他认为作为一个好的管理者，没有时间告诉每一个员工他们正在从事一项伟大的工作。他相信如果一个经理经常声称用提薪与晋职对员工的工作进行考核，员工就会只顾自身的工作而缺乏协作，由此产生更多问题。

他主张，一旦给一个员工分配了工作，就放手让员工以自己的方式去做，取消工作检查。他相信大多数员工是有能力完成好工作的。

李远鹏非常希望有机会与公司单独交流目前工作中与其他部门职责混乱的问题及一些意见。然而，他又担心这样做会引起风波。

分析与讨论：

1. 你认为这三个部门经理各采取了什么领导方式？这些领导方式是建立在什么人性假设的基础上的？

2. 不同的领导方式是否都有效？为什么？

案例 2：三位不同的领导

三个 20 世纪 60 年代著名大学的大学生，毕业后各奔前程，少有来往，某天在党校学习时不期而遇。由于工作的需要，他们都被推上了领导岗位，分别在三个局级单位担任主要领导职务。老同学聚会，自然而然地谈起了各自走马上任后的情况。

甲说，他上任后做的第一件事是，分别召开各机关处室负责人的座谈会，通过这种座谈形式，让大家了解自己，也使自己熟悉各处室负责人，从而对单位内的整个情况有个大概了解。乙和甲的情况不同，他做的第一件事是，与单位领导班子的其他成员逐个谈心，向他们了解单位里的情况，同时也谈了自己新上任的一些想法，借以沟通思想，使彼此有所了解，为今后顺利开展工作打下了基础。

丙上任后的第一件事是，通过多种渠道，采取各种形式，广泛地开展调查研究，在较短的时间内，基本上掌握了该单位的历史、现状，以及当前面临的问题，同时与上下左右沟通了思想，建立了感情，密切了相互之间的联系。甲与乙两人对丙的做法很感兴趣，丙接着说，他上任后的第二件事是，要求单位各个处室群策群力，拿出“两制一规范”的方案。所谓“两制”，就是岗位责任制、奖惩制；所谓“一规范”，就是职位分类规范。丙与各处室领导密切配合，分工合作，出主意，想办法，制定了岗位责任制、奖惩制、职位分类规范。使大家明确，单位职能部门、机关是为基层服务的，通过“两制一规范”的制定，也使单位行政部门的全体成员各司其职，各负其责，减少了扯皮现象，克服了官僚主义，提高了工作效率，做到优胜劣汰，奖罚分明。这样，逐步建立起一支素质好、技术过硬、效率高、有实绩的干部队伍。丙上任后的第三件事是，提议创办一张小报（《快讯》），他与大家一起讨论办报方针和信息输入、信息输出渠道等事宜，通过讨论使小报编辑人员明确，这是一张信息快报，要求编辑人员把从国外书报杂志中看到的新技术、新知识、新书目及时传递，其中，涉及经济、科技、规划、管理等新动向的信息，要及时反映给局领导。

丙谈完后，三个老同学展开了热烈的讨论。

请根据上述情况，回答下列问题：

1. 甲、乙、丙三位领导上任后，甲、乙两人通过接触领导，丙通过各种形式广泛调查研究开始各自上任后的第一件事，你认为哪种方式最好？

A. 甲领导的方式

B. 乙领导的方式

C. 丙领导的方式

D. 没有最好，关键在于适合本单位的具体情况

2. 根据你的认识，甲和乙借鉴丙的经验，上任后应该做的第一件事是什么？

A. 广泛开展调查研究，了解情况，沟通思想

B. 制定配套的规章制度，严格管理

C. 办一份内部小报，加强沟通

D. 不分先后，全面铺开，同时进行

3. 总结丙的经验，你认为下列表述哪一条最准确？

A. 严字当头，快字领先，狠抓落实

B. 摸清情况，制定措施，加强沟通

C. 以身作则，严于律己，宽以待人

D. 从调查研究入手，以整顿和改革开路，大抓信息建设

4. 从管理知识和实际经验看，你认为丙上任后做的三件事哪一件是最根本的？

A. 抓调查研究　　B. 抓制度建设　　C. 抓信息沟通　　D. 身体力行

5. 甲、乙、丙三位局长之所以都被推上局级领导岗位，不是偶然的。从上述案例提供的信息分析，你认为下述原因哪一条更重要？

A. 他们都是著名大学毕业生。

B. 他们年龄合适，有实际工作经验，工作努力。

C. 他们工作有思路，都注重沟通。

D. 他们有敬业精神，注重学习，包括学习别人的领导工作经验。

6. 如果你参加三位局长的讨论，从领导的职能出发，你认为丙在其所做的三件事之后还应该做的一项工作是什么？

A 决策　　B. 用人　　C. 沟通　　D. 激励

在线自测

扫一扫　练一练

第十章 激 励

本章导读

组织的领导者要想实现组织的目标，就必须了解员工的需要，根据组织活动的需要和员工个体素质与能力的差异帮助他们实现各自的愿望，以此提高员工的工作积极性。员工只有受到适当的激励，才能发挥他们内在的动力和潜力。因此，无论何种组织，给予员工充分的激励，是组织得以发展的最重要的工作之一。

激励是指激发人的需要与动机，引导行为指向目标的活动过程，激励的目的就是提高员工的工作积极性。研究激励的理论可以分为内容型激励理论、过程型激励理论和行为改造型激励理论。内容型激励理论包括需要层次理论、双因素理论、成就需要理论。过程型激励理论包括期望理论和公平理论。行为改造型激励理论包括强化理论和归因理论。

激励应遵循一定的原则才能起到应有的作用。同时，激励需要采取一定的方法进行。

学习目标

通过本章的学习，能掌握激励的概念，熟悉激励的过程及作用；掌握激励的理论；熟悉激励的原则和激励的方法。

关键概念

激励　需求　需要层次理论　双因素理论　成就需要　期望理论　公平理论　强化理论

第一节 激励概述

激励概述

激励是管理中的核心问题，它实质上是探讨人的行为动力，即如何有效地调动人的积极性问题。管理水平的高低很大程度上体现在激励员工水平的高低上，有效的激励是有效管理的关键和核心。

一、激励的概念

激励是指激发人的需要与动机，引导行为指向目标的活动过程。简言之，激励就是激发、鼓励的意思，是指通过调动人的积极性，使其把潜在的能力充分地发挥出来。

需要是使某种结果变得有吸引力的一种心理状态，是指人们对某种目标的渴求。人的需要主要有两种：一种是物质需要，另一种是精神需要。物质需要主要是人们的生理需要，它是人们对自己生命延续和发展所必需的客观条件的要求，包括衣、食、住、行、用等。精神需要是人们的社会需要，是人们对知识、友谊、爱情、尊敬、文化、艺术、理想、事业等方面的要求，是人们对生活丰富、完美的要求。了解人的需要是对其在工作中的行为进行激励和引导的前提。

动机是驱使人产生某种行为的内在力量。动机是行为产生的内在的直接原因，它引导人们从事某种活动，规定行动的方向。动机是由个体未满足的需要产生的。

行为是人们受思想支配而表现出来的外在活动，即行动。

心理学家一般认为，人的一切行为都是由某种动机引起的。动机是任何行为发生的内部动力，动机对行为有激发、引导和维持的作用，没有动机就没有行为。动机的性质不同，强度不同，对行为的影响也不同。

专栏 10－1

为何而跑？

一条猎狗将兔子赶出了窝，一直追赶他，追了很久仍没有捉到。牧羊犬看到此情景，讥笑猎狗说："你们两个相比，小的反而跑得快。"猎狗回答说："你不知道我们两个的跑是完全不同的！我仅仅为了一顿饭而跑（行为：尽力而为），他却是为了性命而跑呀（行为：全力以赴）！"

启示：动机不同，行为也不同。

二、激励的基本过程

人们做什么事都是有理由的，一切人类活动即行为都具有一定的目的和目标，这种行为又总离不开人们的动机与愿望，而这种动机与愿望又产生于人们的需要。也就是说，需要产生动机，动机导致行为，这就是人类行为的共同特征，如图 10－1 所示。任何人都是如此。这就构成了人类行为模式，反映了人类行为的共同规律。

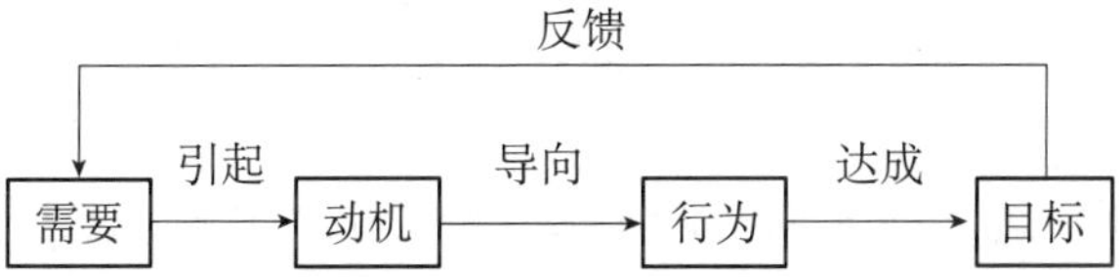

图 10－1 人类行为模式

管理心理学认为，得不到满足的需要是激励过程的起点，也是激励存在的基础。当人们的需要没有得到满足的时候，会产生内心的不平衡和一种心理紧张状态。为了消除这种紧张状态，人们就需要行动，去寻找解决的办法，这时管理者就需要把人们的行动导向组织目标和工作，通过取得一定的绩效来获得需要的满足。一种需要得到满足后，会产生新的需要，开始新的需要满足的过程，这个过程周而复始、不断进行、不断升华，如图 10－2 所示。

因此，管理者应善于识别下属未满足的需要，有针对性地设置目标，通过适当的激励措施和手段，满足下属的需要，并把下属的行为导向组织目标的实现轨道。

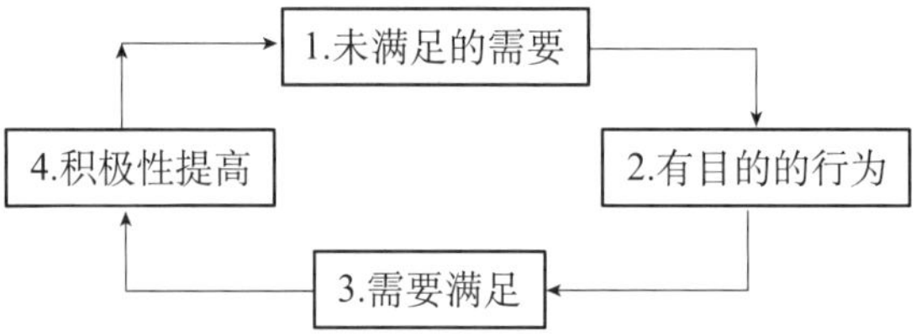

图 10－2　激励的过程

专栏 10－2

李兰提拔后

朱彬是一家房地产公司负责销售的副总经理，他把公司里最好的推销员李兰提拔为销售部经理。李兰在这个职位上干得并不怎么样，她的下属说李兰不关心下属，几乎得不到她的指导与帮助。李兰也不满意这工作，当推销员时，她做成一笔买卖就可立刻拿到奖金，可当了经理后，她干得好坏取决于下属的工作，她的奖金也要到年终才能定下来。李兰工作时无精打采，和过去判若两人，朱彬被搞糊涂了。一位管理咨询专家被请来研究这一情况，他的结论是，对李兰来说，销售部经理一职不是她所希望的，她不会卖力工作以追求成功。

启示：激励只有针对员工的需要，才能调动其积极性。如果激励手段与员工的需要不一致，就起不到激励的效果。

三、激励的目的及衡量

激励的目的是提高员工的工作积极性。积极性的高低是通过员工的行为探知的。一般来讲，可以通过以下几方面来衡量一个人的积极性：

（1）干劲。干劲的高低可以通过考察员工是否愿意从事某种工作来衡量。它主要通过出勤率、工时利用率、员工流失率、要求调动率等指标及在日常工作中员工遇到比较艰苦、困难的任务时的态度反映出来。

（2）责任心。指员工对待工作尽心的程度。可以从是否遵守操作规程、重视质量、爱护设备工具、节约费用、认真记录和传递工作信息等方面衡量。

（3）主动性。指员工与监督、分工有关的表现。可以通过在不同监督程度下员工干劲与责任心的高低，对待“分内”“分外”工作的不同态度，以及完成“无指令”任务的多少等方面衡量。主动性强的员工，不管领导有无指令，是“分内”还是“分外”，是否有人监督，只要对组织有利，都会干劲十足，认真负责地去完成任务。

（4）创造性。指员工与改进工作有关的表现。完成同一种任务可有许多方式与方法，按常规经验和既有规定去干，既省力又保险，但积极性高的员工为了提高经济效益，总是努力探索新的理论、新的操作方法，研究新产品、新工艺，或主动向上级提出合理化建议。因此，根据工作中这些创新表现来判断员工积极性，也是一个重要方面。

四、激励的作用

人的生产力的高低在很大程度上取决于他们的积极性。美国一项研究报告指出，实行计时工资的员工仅发挥20%～30%的能力（保证其不被开除），而受到充分激励的员工的能力可发挥至80%～90%，工作水准相差十分明显。这说明，管理者只要采取适合各类人员的激励手段和激励措施，就能调动人的内在潜力，去实现组织目标。

激励的作用主要有：

（1）通过激励可以把有才能的、组织需要的人吸引过来，并长期为组织工作；

（2）通过激励可以使在职员工最充分地发挥其技术和才能，保证工作的有效性和效率；

（3）通过激励可以进一步激发在职员工的创造性和革新精神，大大提高其工作绩效。

第二节　内容型激励理论

内容型激励理论

一、需要层次理论

需要层次理论是研究人的需要结构的一种理论，是美国心理学家马斯洛（Abraham Maslow）提出的一种理论。他在1943年发表的《人的动机理论》一书中提出了需要层次论。该理论的构成根据三个基本假设：

第一，人要生存，他的需要能够影响他的行为。只有未满足的需要能够影响行为，满足了的需要不能充当激励工具。

第二，需要按重要性和层次性排成一定的次序，从基本的需要（如食物和住房）到复杂的需要（如自我实现）。

第三，当人的某一级的需要得到最低限度满足后，才会追求高一级的需要，如此逐级上升，成为推动继续努力的内在动力。

马斯洛认为人类的多种需要分为五个层次，如图10－3所示。

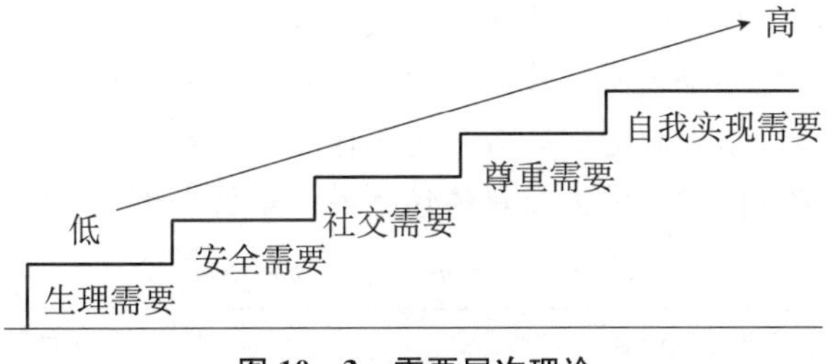

图10－3　需要层次理论

（1）生理需要。这是人类最原始的基本需要，包括衣、食、住、行等生理机能的需要。这些需要得不到满足，人类生存就成了问题。所以，在所有需要都未得到满足之时，生理需要居支配地位。正如马斯洛说："如果一个人所有需要都不能得到满足，这个人就会被生理需要所支配，而其他需要却退到隐蔽的地位。"

（2）安全需要。包括对人身安全的保障、工作的保障、生活的保障、老有依靠和生病有保障等。从管理角度讲，体现在力图保障有工作的安全感和企图获得更多的收入保障。

（3）社交需要。这是感情与归属上的需要，包括友谊、忠诚、爱情以及归属于某一群体及组织的需要。社交需要得不到满足，可能会影响个人的精神健康。

（4）尊重需要。这是自尊和能得到别人尊敬的需要，包括对一定社会地位、名誉、个人能力及成就得到社会承认、能独立自主地工作和生活等的需要。这一需要得到满足，能增强自信心和威望等。

（5）自我实现需要。这是实现个人理想、抱负，最大限度地发挥自己才干的需要，这是最高一层的需要，是一个人如何能充分发挥潜在能力，使自己达到理想目标并从中得到满足的需要。

马斯洛认为上述五种需要是按次序逐级上升的，下一级需要基本满足后，追求上一级的需要就成为行为的主要驱使力。他还认为生理需要和安全需要是人们的较低级需要，可以通过外部条件予以满足，是外在性需要；社交需要、尊重需要、自我实现需要是较高级需要，是指人的内心得到满足，是内在性需要，它对人的积极性具有更稳定、更持久的作用。

马斯洛需要层次理论的启示是：管理者要调动员工积极性，不仅要弄清员工有哪些需要，而且要弄清当前最迫切的需要及其发展趋势。

马斯洛的需要层次理论得到了普遍认可，尤其是在从事实际工作的管理者中。这主要是由于该理论简单明了、易于理解、具有内在的逻辑性。但实际上，人的需要是复杂和多变的，有的人的需要并未遵循马斯洛所说的由低到高五个层次。

二、双因素理论

双因素理论又称激励-保健因素理论，是由美国行为科学家弗雷德里克·赫茨伯格（Fredrick Herzberg）提出来的。

（一）保健因素与激励因素

20世纪50年代末期，赫茨伯格和他的助手们在美国匹兹堡地区对200名工程师、会计师进行了调查。调查主要围绕两个问题：在工作中，哪些事项是让他们感到满意的，并估计这种积极情绪持续多长时间；哪些事项是让他们感到不满意的，并估计这种消极情绪持续多长时间。调查研究结果表明，使员工感到不满意的因素和满意的因素是不同的，前者是由外界的工作环境因素引起的，后者多为工作本身因素引起的。赫茨伯格把前者叫做保健因素，后者叫做激励因素。两大类具体包括的因素如表10-1所示。

表10-1 保健因素与激励因素

保健因素	激励因素
● 公司政策与行政管理 ● 监督方式 ● 关系 ● 工资福利 ● 安全 ● 工作条件 ● 个人生活 ● 地位	● 工作上的成就 ● 才能获得承认 ● 工作本身的性质 ● 个人发展机会 ● 提升 ● 责任感 ● 奖金

保健因素的满足可以预防人们的不满而不具有激励作用。即当这些因素恶化到人们不能接受的程度时，就会产生对工作的不满。但是，当人们认为这些因素很好时，它只是消除了不满意，并不会使人们产生积极的态度。

激励因素是能带来积极态度、提高满意度的因素，即那些能满足个人自我实现需要的因素。具备了这些因素，就能对人们产生更大的激励，反过来，不具备这些因素，人们也不会有不满情绪。从这个意义出发，赫茨伯格认为传统的激励假设，如工资刺激、人际关系的改善、提供良好的工作条件等，都不会产生更大的激励。它们能消除不满意，防止产生问题，但这些传统的“激励因素”即使达到最佳程度，也不会产生积极的激励。

（二）双因素理论的贡献

赫茨伯格的双因素理论同马斯洛的需要层次理论有相似之处。他提出的保健因素相当于马斯洛提出的生理需要、安全需要、社交需要等较低级的需要；激励因素则相当于尊重的需要、自我实现的需要等较高级的需要。当然，他们的具体分析和解释是不同的。

双因素理论有一定的科学性，对管理实践有较实际的应用价值。在管理工作中，要调动员工积极性，首先需要提供“保健因素”以消除员工的不满情绪，但更重要的是利用“激励因素”激发员工的工作热情。物质需求的满足是必要的，没有它会导致不满，但是即使满足了员工的物质需求，它的作用往往是很有限的、不能持久的。要调动员工的积极性，不仅要注意物质利益和工作条件等外部因素，更重要的是要注意工作的安排，量才录用，各得其所，注意对员工进行精神鼓励，给予表扬和认可，给员工以成长、发展、晋升的机会。随着员工的基本生活需要得到满足，这种内在激励的重要性就显得越来越重要。

专栏 10－3

1 000 元现金福利的作用

一家公司的老板，每年中秋节都会额外给员工发放一笔 1 000 元现金的福利。但几年下来，老板感到这笔福利正在丧失它应有的作用，因为员工在领取 1 000 元的时候反应相当平和，每个人都像领取自己的薪水一样自然，并且在随后的工作中也没有人会为这 1 000 元表现得特别努力。既然福利起不到激励的作用，加上行业不景气，老板决定停发，这样做也可以减少公司的一部分开支。然而停发的结果却大大出乎意料，公司上下几乎每个人都在抱怨老板的决定，有些员工情绪明显低落，工作效率也受到不同程度的影响。老板很困惑：为什么有福利的时候，没有人会为此在工作上表现得积极主动，而取消福利之后，大家都不约而同地指责、抱怨甚至消极怠工呢？

启示：激励因素能够调动员工的积极性，保健因素能够预防员工的不满。激励因素使用不当，会转化为保健因素。

三、成就需要理论

美国管理学家大卫·麦克利兰（David McClelland）提出了成就需要理论（也有人称为后天需要理论）。这一理论认为，人类的许多需要都不是生理性的，而是社会性的，而且人的社会性需求不是先天的，而是后天的，来自于环境、经历和培养教育等。在人的一生中，有些需要是靠后天获得的。

（一）三种基本需要

人类在环境的影响下形成三种基本需要，即成就需要、权力需要和社交需要。

1. 成就需要

成就需要是指争取成功、追求优越感，希望做得最好的需要和获得某种高的成功标准、超过别人的需要。成就需要具有挑战性，引发人的快感，增加奋斗精神。有成就需要的人对胜任和成功有强烈的要求。

麦克利兰在研究中发现，成就动机激发企业家的创业活动，进而促进企业发展，甚至成为影响经济增长的重要因素。但是，在具备强烈成就动机的人中，却很少出现率领众人前进的领导者。在一定意义上，成就动机强，领导能力就弱，二者负相关。麦克利兰将造成这种现象的原因归结于成就感强烈的人习惯于专注做好自己的事，不喜欢牵涉他人。这就像一个很会搭积木的孩子那样，通常，他总是喜欢通过自己的努力搭出尽可能高或者漂亮的图案，而不喜欢其他人参与其中。

2. 权力需要

权力需要主要是指对影响力和控制力的向往。具有高度权力欲的人对施加影响和控制他人表现出极大的关注。

麦克利兰以大量资料分析论证后指出，成就需要强的人，首先会考虑自己如何做好；权力需要强的人，首先会考虑让谁去做更好。比如，大规模的企业中，必须有专人负责分工、协调、监督、控制等工作，而成就需要强烈的人并不一定能够胜任这样的工作。另外，领导者的责任是鼓励众人去取得成就，而不是只专注于个人的成就。激发他人产生成就需求，同自己具有成就需求相比，是两种完全不同的动机，要采用不同的方法。

3. 社交需要

社交需要指希望与他人建立亲近和睦关系的愿望。具有这方面需要的人，通常从人际交往中得到快乐和满足。

麦克利兰指出，注重社交需要的管理者容易因为讲究交情和义气而违背或不重视管理工作原则，从而会导致组织效率下降。

（二）成就需要理论的结论

（1）高成就需要者更喜欢具有个人责任感、可以获得工作反馈和中等冒险程度的工作环境。有强烈成就需要的人，是那些倾向于成为企业家的人。

（2）对权力的强烈需要则总是与在组织中获得高地位联系在一起。

（3）有强烈社交需要的人通常能够与他人建立和谐的工作关系，他们是成功的协调者。

麦克利兰认为，具有高成就需要的人对企业和国家都起着重要作用。企业中这类人越多，企业发展就越快，获利也越多；国家拥有这类人越多，就会越昌盛。因此，组织的成长同人们成就需要的高低有密切关系，应通过教育和培训来培养和提高人们的成就需要。

第三节 过程型激励理论

过程型激励理论

一、期望理论

（一）期望理论的基本观点

美国心理学家弗鲁姆（Victor Vroom）在1964年提出了期望理论。弗鲁姆认为：一种激励因素作用的大小取决于两方面因素：一是激励因素所能实现的可能性（或期望）的大小；二是激励因素对其本人的效价大小。激励的潜力、期望和效价的关系可用下列公式表示：

$$M=V\times E$$

其中：

M表示激励力，即调动一个人积极性，激发其内在潜力的强度；

V表示效价，指人们对某一目标的重视程度与评价高低，即人们在主观上认为奖酬的价值大小；

E表示期望值，是采取某种行为可能导致的绩效和满足需要的概率。

效价和期望值的不同结合，会产生不同的激励力。一般存在以下几种情况：

高$E\times$高$V=$高M

中$E\times$中$V=$中M

低$E\times$低$V=$低M

高$E\times$低$V=$低M

低$E\times$高$V=$低M

这个理论的公式说明，人的积极性被调动的大小取决于期望值与效价的乘积。也就是说，一个人对目标的把握越大，估计达到目标的概率越高，激发起的动力越强烈，积极性也就越大。若期望和效价有一方为零，激励作用也就消失。例如，某销售经理对其员工说："你如果能完成今年的任务，我就提拔你。"这里，"提拔"就是目标效价，是员工对提拔的偏好程度。"完成今年的任务"的概率，就是期望值，完成任务得到提拔的概率也是期望值的一部分。如果该员工非常希望得到提拔，完成今年任务的可能性很大且销售经理说话算数，该员工的积极性就会很大。如果该员工对提拔无所谓，对完成任务没有把握，销售经理常常言而无信，该员工就不会被激励。

（二）期望理论的启示

管理者如果想使员工获得较大的激励，可以从这两方面入手：一是要清楚所要做的事情对于员工的重要性；二是要明白做该事情成功的可能性有多大。即要员工明确：

（1）工作能提供给他们真正需要的东西；

（2）他们想要的东西是和绩效联系在一起的；

（3）只要努力工作就能提高他们的绩效。

只有这样，调动下属的积极性才是有意义的。

专栏 10-4

“有意义的礼物”

一家制药企业的一个药品刚刚获得了一项评审极其严格的质量产品奖。企业的所有员工废寝忘食，牺牲了个人的正常生活，通过半年多的努力，最终赢得了这个奖项。

当得知获得了这个奖项时，大家都兴奋不已。公司领导很快就召集全体员工开庆祝会，由总裁表达对每位员工的感谢，宣布这个奖项对公司的意义。他总结性地说道：“为了庆祝这次巨大的成功，大家都会得到一份很有意义的礼物。”

此时，从后面传来一句：“现在就发吧!”大家都笑了，那时大家的心情就像过节一样。

总裁点了点头，示意公关部经理揭开了罩在神秘礼物上的帷幕——竟是由无数塑料杯子搭建起的金字塔造型。

会场上先是死一般的寂静，接着爆发出震耳欲聋的喊声。员工们摇着头，苦笑着领走了奖品。随后的几个星期里，杯子成了公司里人人嘲讽和挖苦的象征品。

启示：员工对追求的目标价值估计很大，而管理者给予的效价不高时，就会挫伤员工的积极性。

二、公平理论

公平理论是美国心理学家亚当斯（J. Stacy Adams）在1965年首先提出来的，也称社会比较理论，主要研究报酬的公平性对人们工作积极性的影响。

公平理论指出：人的工作积极性不仅与个人实际报酬多少有关，更与人们对报酬的分配是否感到公平有关。也就是说，组织中的员工不仅关心从自己的工作努力中所获得的绝对报酬，而且还关心自己的报酬与他人报酬之间的关系。人们总会自觉或不自觉地将自己付出的劳动代价及其所得到的报酬与他人进行比较，并对公平与否做出判断。公平感直接影响职工的工作动机和行为。亚当斯指出，人们将通过横向和纵向两个方面的比较来判断其所获报酬的公平性。

横向比较是个人与相关他人的比较，相关他人是个人所在组织中的某些群体或组织外的相近群体。可用公式表示如下：

$$\frac{\text{个人所得的报酬}}{\text{个人的贡献}}=\frac{\text{他人所得的报酬}}{\text{他的贡献}}$$

纵向比较是个人现在与个人过去的比较。

这里的报酬包括物质和精神的，如薪酬、名誉地位、领导的赏识、晋升等；贡献包括体力与脑力的消耗，如贡献出自己的时间、经验、努力、知识、智慧、负责精神、工作态度等。

亚当斯认为，当员工感到不公平时，他会采取以下一些行为纠正这种不公平感：

（1）改变自己的投入。如感觉公平率低时，不再那么努力；感觉高时更加努力。

（2）改变自己的产出。如感觉公平率低时，要求增加工资。

（3）选择其他参照对象。如我可能不如张三挣的钱多，但相比李四来说好多了。

（4）离开。如辞职、换工作。

公平理论对管理有着重要的启示：

（1）管理者用报酬或奖赏激励员工时，一定要使员工感到公平与合理；

（2）管理者应注意横向比较，以免员工由于感觉不公平而离职，影响组织的稳定性；

（3）公平与否也源于个人的感觉，人们往往高估别人的报酬、低估别人的贡献，由于感觉上的错误，就会产生不平衡心态。管理人员应善于识别个人主观上的认识偏差，进行必要的说明解释，以利于个人和组织的发展。

专栏 10-5

该不该给李建加薪？

李建是公司的老员工，在公司干了好几个人的工作，负责质检、技术支持、研发、出差拓客，甚至公司的电路和电脑维修、设备维护也都是李建干。

随着物价上涨，李建感觉工资不够用，他了解其他公司的待遇后发现自己的工资偏低，向老板申请加薪到 7 000 元。老板不同意，说李建还需要更加努力，以后公司会考虑加薪。

李建辞职找到新的工作，薪资待遇给到 9 000 元，只负责技术，非常轻松。后来，听说原来的老板找了四个员工来替代李建的岗位，每个人的薪资为 5 000 元。原老板打电话让李建回去工作，李建拒绝了。

启示：员工的贡献大而收入不高时，他会要求所得与贡献相匹配，如果要求得不到满足，就会因感到不公平而辞职。新工作的收入付出比明显高于原公司，李建何必要回去？

第四节　行为改造型激励理论

行为改造型激励理论

一、强化理论

强化理论是美国的心理学家和行为科学家斯金纳（Burrhus Frederic Skinner）提出的一种理论。该理论认为人的行为是其所获得刺激的函数。如果这种刺激对他有利，则这种行为就会重复出现；如果对他不利，这种行为就会减弱直至消逝。所谓强化，从其最基本的形式来讲，指的是对一种行为的肯定或否定的后果（奖励或惩罚），它在一定程度上会决定这种行为在今后是否会重复发生。

（一）强化的种类

（1）正强化。就是奖励那些符合组织目标的行为，以便使这些行为得以进一步加强，重复出现，从而有利于组织目标的实现。如员工积极承担了困难的工作，经理马上给予表扬和奖励就是正强化。它产生于行为之后，是最有力和最有效的影响行为工具。正强化的方法包括奖金、对成绩的认可、表扬、改善工作条件和人际关系、提升、安排担任挑战性的工作、给予学习和成长的机会等。

（2）负强化。预先告知某种不符合要求的行为和不良绩效可能引起的后果，从而减少和削弱不希望出现的行为。如经理预先强调不能按期完成任务将受到惩罚，员工会受此引导主动修正自己的行为，尽量避免产生不能按期完成任务的结果。

（3）惩罚。即在消极行为发生后，以某种带有强制性、威慑性的手段（如批评、行政处分、经济处罚等）表示对某种不符合要求的行为的否定。如经理严厉批评未能按时完成工作的员工，开除拿回扣的采购员等。

（4）自然消退，又称衰减。既不认可，也不惩罚，对某种行为不予理睬以使其自然消退。例如，企业曾对职工加班加点完成生产定额给予奖酬，后研究认为这样不利于职工的身体健康和企业的长远利益，因此不再给奖励，从而使加班加点的职工逐渐减少。

（二）强化理论的行为原则

（1）目标原则。要树立鼓舞人心的目标，使人的行为有明确的目的，以使行为不断得到正强化。

（2）小步子原则。即把一个复杂过程划分成若干小步骤来完成，使人在工作中步步有成果，从而不断得到正强化。

（3）及时反馈原则。就是使人及时了解到行为结果，这本身就具有强化作用，好的结果能鼓舞人心，使人努力；坏的结果能提醒人分析原因，自我纠正。一个人在实施了某种行为以后，即使是领导者表示“已注意到这种行为”这样简单的反馈，也能起到正强化的作用。如果领导者对这种行为不予注意，这种行为重复发生的可能性就会减小以至消失。

（4）正、负强化相结合原则。即对正确行为及时给予正强化，对错误行为及时给予负强化，奖惩结合，才能有效控制行为。

（三）强化策略

（1）固定间隔。不考虑行为怎样，以一个固定的时间间隔提供强化。如按月付给薪金，按季度给予奖金等。

（2）可变间隔。以时间为基础安排的强化，但每次强化的时间间隔是变动的。当领导者在运用表扬或察访时给予某种其他形式的奖酬等都适合采用这种形式。

（3）固定比率。是指不考虑行为的时间间隔，在行动达到一个固定数字后即给予强化。这种强化方式通常刺激性较大，如计件工资等就属于这种强化。

（4）变动比率。不考虑时间因素，通常需多种行为发生后才给予一次强化。

强化理论强调行为是其结果的函数，通过适当运用及时的奖惩手段，集中改变或修正员工的行为。强化理论的不足之处在于它忽视了诸如目标、期望、需要等个体要素，而仅仅注重当人们采取某种行动时会带来什么样的后果。因此强化并不是员工工作积极性存在差异的唯一解释。

二、归因理论

奥地利社会心理学家海德（Heider）于1958年提出归因理论，后由罗斯（L. Ross）等人加以发展。该理论主要解决的是日常生活中人们如何找出事件的原因。在海德看来，行为的原因或者在于环境或者在于个人。如果在于环境，则行动者对其行为不负什么责任；如果在于个人，则行动者就要对其行为结果负责。

海德认为事件的原因无外乎有两种：一是内因，比如情绪、态度、人格、能力等；二是外因，比如外界压力、天气、情境等。例如，一个学生考试不及格，可能由于个人原因：他不聪明、不努力等；也可能由于环境原因：课程太难、题目难度太大等。一般人在解释别人的行为时，倾向于性格归因；在解释自己的行为时，倾向于情景归因。

人们对行为结果的归因将对其今后的认知和情感反应产生影响。例如，当人们将成功归因于努力、勤奋等内部因素时，他们往往会产生自豪、高自尊、高自我效能感等情感，从而对未来的再次成功抱有很高的期望；归于外因，会使人感到幸运和感激。把失败归因为稳定因素，则会预期未来再次失败，从而产生绝望和挫败感，会使人动摇信心，降低以后的积极性；归因为不稳定因素，人们会继续保持努力行为，提高以后的积极性。

因此，归因理论可以帮助管理者分析自己及下属成功与失败的原因，进行有针对性的引导，从而有利于以后的成功。

第五节 激励的原则与方法

激励的原则与方法

一、激励的原则

（一）组织目标与个人目标相结合

在激励机制中，设置合理的目标是一个关键环节。组织通过有效的激励，目的是达到组织目标的实现，因此目标设置要体现组织目标的要求；同时，目标设置必须满足员工个人的需要，否则就无法提高员工的目标效价，达不到满意的激励效果。因此，组织目标与个人目标必须相结合，使个人目标导向组织目标的实现轨道，通过个人的努力，实现组织目标，进而个人目标也得以实现，这样个人的努力才会持续下去。

（二）物质激励与精神激励相结合

物质需要是人类基本的需要，因此物质激励是最基本的激励手段，也是最古老、最传统的激励方式。随着生产力水平和人们素质的提高，人们的精神需要越来越多，应更加注重满足人们较高层次的精神需要。实践证明，单纯的物质激励和单纯的精神激励都有局限性，只有物质激励与精神激励相结合，才能充分调动员工的积极性。

专栏 10-6

韦尔奇的奖励观

美国通用电气公司的前首席执行官韦尔奇认为：对一位表现出色的员工进行奖励是管理过程中一个很重要的部分。奖赏对员工而言，不应是可望而不可即的，就像鼻子碰着玻璃而穿不过去那样，我希望他们能得到他们应得的。精神鼓励和物质奖励都是必要的，两者缺一不可。我遇到过只给员工发奖章的老板，他认为多给钱是愚蠢的。我认为这大错特错，金钱和精神鼓励应双管齐下。

启示：对员工来说，物质激励和精神激励都是必要的，二者应该相结合。

（三）正激励与负激励相结合

简单而言，正激励强调正面的奖励和肯定，负激励则强调负面的惩罚和否定。显而易见，正激励与负激励都是必要的，通过肯定积极因素和否定消极因素，赏罚分明，使组织形成良好的风气。但负激励具有一定的消极作用，容易使人产生挫折感，因此要慎重使用，尽可能做到对事不对人。

（四）差异化与多样化相结合

所谓差异化就是针对不同的人采用不同的激励方式；所谓多样化就是视情况不同，灵活运用多种激励方式。激励的起点是员工的需要，但员工的需要千差万别，因人而异，因时而异，只有满足员工最迫切的需要，才能取得最好的激励效果。因此，激励不可能一劳永逸，管理者要不断深入了解员工需要的发展变化，采取针对性的差异化与多样化相结合的激励措施。

（五）公平与公正

公平理论认为人们需要公平，而公平是在比较中获得的，人们不仅注重所得的绝对量，更注重所得的相对量，因此管理者应充分考虑一个群体内以及群体外相关人员激励的公平性。公正就是要在激励中赏罚分明，赏罚适度，不论亲疏，一视同仁，使受奖者心安理得，受罚者心服口服。

专栏 10-7

“金鱼缸”法则

金鱼缸是玻璃做的，透明度很高，不论从哪个角度观察，里面的情况都看得一清二楚。

启示：“金鱼缸”法则运用到管理中，就是要求领导者增加各项工作的透明度，从而强化领导者的自我约束机制，也保证管理的公平机制。

二、激励的方法

（一）物质利益激励

组织可以运用的物质利益激励手段包括工资、奖金、分红、员工持股和各种福利待遇等。物质利益激励是最基本的激励手段，同时员工收入及生活条件也影响其社会地位、社会交往，甚至学习、文化娱乐等精神需要的满足感。世界各国都十分重视这一激励手段的运用。美国管理学家孔茨指出，经济学家眼中的大多数主管人员倾向于把金钱看作是比其他激励因素更重要的因素。

专栏 10-8

晋商的身股制

晋商对商号的大掌柜、二掌柜等经营管理人员和业务人员给予股份。企业的股份由两部分构成：银股和身股。银股和身股同股同利，但性质不同。银股的股东是真正的东家，身股是东家对员工的一种奖励，这种奖励采取股份的形式，使掌柜和伙计有了股东的感觉。身股负盈不负亏，身股不能继承，离开即取消。

启示：股权激励可以使员工与企业结成命运共同体，形成长期激励的效果。

（二）目标激励

大多数人都有成就需要，希望不断获得成功。成功的标志就是达成预定目标。有目标，才能产生动力，因此目标是一个重要的激励因素。

目标激励就是指通过设置具有挑战性的目标以及把目标和员工需要相结合来实现有效激励的一种激励方法。当人们通过不懈的努力最终实现目标后，将会有一种巨大的成就感。

树立一个具有挑战性的目标是一个非常好的激励方式。目标不能设置得高不可攀，但也不能轻而易举就可实现，目标要具有一定的挑战性，“跳一跳、够得着”；同时组织目标和员工需要相结合，员工参与目标的设置及自主地完成目标，从而使员工产生责任感、成就感。

可以产生激励作用的目标包括两类：一类是组织目标，如降低原材料消耗5%等；另一类是个人目标，如掌握某种工作技能等。应当充分利用这两类目标的激励作用。

专栏 10－9

篮球架子为什么这么高?

你留意过篮球架子吗？篮球架子为什么要做成现在这么高，而不是像两层楼那样高，或者与一个普通人差不多高？不难想象，对着两层楼高的篮球架子，几乎谁也别想把球投进篮筐；而跟一个人差不多高的篮球架子，随便谁不费多少力气便能“百发百中”，大家也会觉得没啥意思。正是由于现在这个跳一跳、够得着的高度，才使得篮球成为一个世界性的体育项目，引得无数体育健儿奋争不已，也让许许多多的篮球运动爱好者乐此不疲。

启示：组织在设立目标时，应当给员工设置“跳一跳，够得着”的目标，才能最大限度发挥员工的激励性。

（三）工作激励

工作激励是指通过对工作进行再设计和多样化地安排工作时间来改变工作方式，从而激发组织成员工作热情的一种激励方法。工作激励是利用工作本身来激励职工。例如，一项符合自己专长或兴趣的工作，一个富有挑战性的工作，在工作中取得成就等都能产生激励作用。按照行为科学理论的观点，工作激励属于“内在激励”，其付出的代价小，作用持久。

工作激励的方式包括：

（1）合理分配工作。尽可能使分配的工作适合员工的兴趣和工作能力。

（2）合理进行“职务设计”。在职务设计中充分考虑到技能的多样性、任务的完整性、工作的独立性，并阐明每项工作的结果，从中产生高度的内在激励作用。

（3）工作丰富化。使工作具有更丰富的内容、更大的挑战性和更高的成就感。工作丰富化的内容包括：工作的多样性、任务的整体性、任务的重要性、工作的自主性和反馈的及时性。

（4）弹性工作制。在工作衔接允许和保证任务完成的前提下，灵活安排工作时间。如把每天的工作时间分为两段，一段为固定工作时间（人人必须在岗工作），一段为灵活时间（员工可以在岗工作，也可以不在岗工作）；对于一些特殊工作（如研究、设计等），不固定上下班时间，甚至允许在家办公。这些方式可以满足组织成员多方面的需要，有助于提高他们对工作的满意度，并产生出激励效用。

（四）榜样激励

榜样激励是通过树立榜样，满足员工模仿和学习的需要，把员工的行为引导到组织目标所期望的方向。一位榜样就是一面旗帜。用榜样带动员工，形成向心力、凝聚力，是促进组织发展的很好选择。榜样的力量是无穷的。管理者要学会利用榜样的激励作用，一方面，管理者要以身作则，做全体员工的榜样和表率；另一方面，通过在企业里评选楷模，为大家树立榜样，增强员工的上进心，使他们更加努力地工作。但榜样的树立一定要实事求是，不要拔高、“神化”，以免引起员工的逆反心理。

专栏 10－10

榜样的力量

艾可卡就任美国克莱斯勒公司总经理时，公司正处于一盘散沙状态。他认为经营管理人员的全部职责就是动员员工来振兴公司。在公司最困难的日子里，艾可卡主动把自己的年薪由100万美元降到1 000美元，这100万美元与1 000美元的差距，使艾可卡超乎寻常的牺牲精神在员工面前闪闪发光。榜样的力量是无穷的，很多员工也都像艾可卡一样，不计报酬，团结一致，自觉为公司勤奋工作。不到半年，克莱斯勒公司就成为拥有亿万资产的跨国公司。

启示：当企业处于困境时，领导者要身先士卒，做好榜样，带给下属自信与保障。行为有时比语言更重要，聪明的领导者很清楚这一点。

（五）培训激励

当代社会发展日新月异，知识更新换代的周期越来越短，人们自身发展的需求越来越强烈。因此，对员工进行不断的培训成为一种重要的激励手段。

培训的激励作用是多方面的，它可以满足员工求知的需要；通过培训，可提高员工达成目标的能力，为承担更大的责任、更富有挑战性的工作及提升到更重要的岗位创造条件。

世界著名的化工企业——德国的巴斯夫公司把培训职工、提高其工作能力作为激励的五项基本原则之一。公司认为员工接受培训，既提高了知识，又培养了职业素养，同时，他们会在今后的工作中获得更多的承认、更高的级别和更高的挑战，这对公司是十分有利的。

（六）荣誉激励

荣誉激励是一种重要的激励手段，它主要是把工作成绩与晋级、提升、选模范、评先进联系起来，以一定的形式或名义固定下来。其主要的方法是表扬、奖励、经验介绍、设立光荣榜、以发明者的名字命名某项发明等。荣誉可以成为不断鞭策荣誉获得者保持和发扬成绩的力量，还可以对其他人产生感召力，激发比、学、赶、超的动力，从而产生较好的激励效果。

美国国际商业机器公司（IBM）有一个“百分之百俱乐部”，当公司员工完成他的年度任务，就会被批准成为该俱乐部会员，他和他的家人被邀请参加隆重的聚会。结果，公司的员工都将获得“百分之百俱乐部”会员资格作为第一目标，以获取那份光荣。

荣誉激励的作用显著，在应用时有以下几点要求：一是要满足员工的自尊需要；二是对员工的贡献要公开表示承认；三是不要吝啬头衔和名号。

（七）组织激励

组织激励是指动用组织责任及权利对职工进行激励。行为科学家认为，大多数人都愿意承担责任，员工希望有自我控制的权利。实行组织激励，要求尽可能明确每个工作人员应负的责任，让他们承担更多的责任，并享有相应的权利。为此，组织在建立严格的责任制的同时应当实行各种形式的民主管理，如让职工或其代表参与组织重大决策的审议，监督各级领导干部的工作，广泛开展班组民主管理及合理化建议活动等。

（八）制度激励

组织中的各项规章制度，一般来说都与一定的物质利益相联系，其对员工的消极行为是个约束。但另一方面，规章制度也为员工提供了行为规范与社会评价标准。员工遵守规章制度的情况还与自我肯定、社会舆论等精神需要相联系。因此，其激励作用是综合的。例如，组织用工制度若规定可以辞退表现不好或技能过低的人员，这无疑对员工的工作造成一定的强制性压力。对员工激励作用较大的规章制度，包括员工守则——员工行为的基本规范，用工制度——与员工的职业保障相联系的制度，用人制度——涉及个人前途、地位的制度，责任制度——与员工的工作评价有关的制度，考勤考绩制度，等等。

专栏 10－11

拉绳实验

法国工程师林格曼曾经设计了一个引人深思的拉绳实验：把被试者分成一人组、二人组、三人组和八人组，要求各组用尽全力拉绳，同时用灵敏度很高的测力器分别测量其拉力，结果，二人组的拉力只是单独拉绳时二人拉力总和的95％，三人组的拉力是单独拉绳时三人拉力总和的85％，而八人组的拉力是单独拉绳时八人拉力总和的49％。

拉绳实验中出现“1＋1＜2”的情况，明摆着是有人没有竭尽全力，这说明人有与生俱来的惰性，单枪匹马地独立操作，就竭尽全力，到了一个集体，则把责任悄悄分解到其他人身上。社会心理学研究认为，这是集体工作时存在的普遍特征，并概括为“社会浪费”。

启示：人的潜力极限需要刺激，而最长效、最管用的刺激手段，莫过于建立“人尽其才、人尽其力”的激励机制。责任越具体，人的潜力发挥得越充分，耍滑头的人越少，用真劲的人越有发展空间。这样，既能在人力资源管理上挖潜节能，又可让“南郭先生”无法滥竽充数，最大限度地减少社会浪费。

（九）信息激励

信息是一种重要的资源，它是人才成长的营养液，是人们智力培养和提高的有效载体，也是激励员工的有效手段。在信息爆炸和互联网时代，面对大量信息，能否迅速地捕捉、掌握和运用大量的信息决定了人们能否在竞争中持有有效的武器，能否跟上瞬息万变的时代形势。为此，培养员工掌握应用信息的能力，既是提高组织活力的要求，也是激励员工的重要手段，而绩效信息的及时反馈更是员工激励的重要方式。

复习思考题

1. 什么是激励？激励的过程是怎样的？
2. 举例阐述激励的目的与作用。
3. 什么是需要层次理论？该理论把人的需要划分为哪些层次？
4. 什么是双因素理论？哪些是激励因素？哪些是保健因素？试举例说明。
5. 什么是公平理论？对管理实践的启示有哪些？
6. 什么是期望理论？它对管理者有何借鉴作用？
7. 强化理论的基本观点是什么？有哪几种强化类型？
8. 什么是归因理论？
9. 激励的原则有哪些？
10. 激励的方法有哪些？试举例说明。

案例分析

案例：京博集团的员工激励实践

山东京博集团经过 30 多年的发展，现已成为集现代制造业、现代服务业、现代农业和新兴产业四大板块于一体的现代化产业集团，2019 年名列中国制造企业第 151 位。

京博集团董事长认为企业文化是一个企业的灵魂，为此，集团将中国传统儒家文化作为企业管理的本源，基于员工、客户和社会形成了以“仁孝”为核心的企业文化体系，打造独具特色的管理文化。

安心可靠的权益保障。公司现有在岗职工 12 106 人，女性员工占比 34.1%，而且员工年龄和学历均呈多元化的结构。在保障员工基本权益的基础上，公司建立起具有京博特色的薪酬激励模式，员工的薪酬由岗位工资、绩效工资、文化工资、改善工资等七部分构成，岗位工资保证了员工的基础收入，绩效工资能够充分调动员工的工作积极性，各种福利补贴体现了公司对员工的关爱，让员工深刻体会到付出就有回报，充分调动了员工工作的积极性。

安全健康的工作环境。京博集团一直秉承“安全是天，生命重于泰山”的安全管理理念。为了将这一管理理念落实，公司专门成立了安全环保与质量委员会，并将其纳入集团治理体系中，制定并监督产业公司执行集团安全规划，不断完善安全制度体系和安全生产责任管理。这些措施给员工提供了安全感。

价值实现的成长平台。京博集团管理者认为新时代的年轻人找的不是一份工作，而是一个平台，不仅仅着眼于短期的物质利益，更重要的是看未来的发展空间，因此京博一直致力于将自身打造为员工价值实现的平台。京博重视培养员工工匠精神，通过组织技术比武、选派优秀技工参与职业技能竞赛等方式，为员工搭建磨炼技能、展现技能的平台，并给予优秀员工物质和荣誉奖励。在第十届全国石油和化工行业职业技能竞赛上，京博选派的化学检验员代表队和机修钳工代表队分别获得全国“团体一等奖”“团体三等奖”荣誉，四名成员分别被授予“全国石油和化工行业技术能手”“全国石油和化工行业优秀技能人才”荣誉称号。公司员工小王说：“没想到自己还能获得如此高的荣誉，非常感谢公司给自己的机会，自己也会更加努力把京博建设得更好!”

分析与讨论：

结合需要层次理论分析京博集团是如何对员工进行激励的。

在线自测

扫一扫 练一练

第十一章　沟　通

本章导读

沟通是人与人之间进行信息交流的活动。沟通是组织得以生存、运行和发展的必要条件。沟通包括四个基本的要素：信源、信息内容、信宿和信道。沟通以人际沟通为主，因此，沟通会受到沟通双方心理因素的影响，它既是信息传递过程，又是感情交流过程。对组织而言，沟通既是加强民主管理、保证决策科学的基本前提，又是改善人际关系、建立良好工作环境的基本手段。

沟通按照不同的标准分为不同种类，每一种沟通类型各具优点和缺点。了解这些特点有助于提高沟通的有效性。在管理实际中，沟通障碍是普遍存在的。这些障碍可能来自沟通过程中的各个方面。为了克服信息沟通的障碍，需要遵循一定的原则，做好一系列工作。

学习目标

通过本章的学习，了解沟通的概念与必要性、要素与特点，明确有效沟通的基本原理与条件，理解沟通在管理中的重要性；掌握沟通的原则与过程，了解人际沟通与组织沟通的类型和形式，知道构成组织信息网络的五种基本结构；清楚组织沟通中所特有的障碍及克服沟通障碍的途径；掌握改善人际沟通的技巧。

关键概念

沟通　人际沟通　正式沟通　沟通网络　沟通障碍

第一节　沟通概述

沟通概述

一、沟通的概念及必要性

从一般意义上讲，沟通就是人与人之间进行信息交流的活动，它是人们社会生活的基本要求之一。

从管理角度讲，沟通是为了完成设定的目标，把信息、思想和情感在个人或群体间传递，并达成共同协议的过程，即通过沟通，使组织成员对组织的任务与目标获得了解并最终达成共识。为此，沟通要具备三个条件：一是要有一个明确的目标，这是沟通最重要的前提；二是要达成共同的协议，只有形成了协议才叫做完成了一次沟通，否则，不能称之为沟通；三是沟通信息、思想和情感，即沟通的内容不仅仅是信息，还包括更加重要的思想和情感。

沟通在人们的学习生活工作中是不可缺少的。而在组织管理中的沟通之于组织，就好比血液循环之于生命有机体一样不可或缺。一个组织如果没有沟通，这个组织就根本无法正常运转，更不用说发展了。这是因为：

第一，如果上下级之间缺乏沟通，那么一方面上级的指令、决策、计划无法传递给下级，更谈不上有效地贯彻执行；另一方面，下级的信息也无法反馈给上级，使上级难以进行有效的决策，或者说，决策的依据就不足。

第二，组织内部部门之间如果缺乏沟通，就不可能做到行动的协调一致，难以进行有效的配合。

第三，个人之间如果缺乏沟通，就缺少相互之间的了解和合作，不仅难以建立起良好的人际关系，而且难以提高组织的凝聚力、战斗力。

第四，在组织外部，如果缺少了组织与客户之间、组织与组织之间的沟通，就不可能了解顾客的需求、市场的变化，在激烈的市场竞争中就会难以立足，甚至会被市场淘汰。

可见，沟通是组织得以生存、运行和发展的必要条件之一，自然也是管理的重要内容。

二、沟通的要素与特点

（一）沟通的要素

沟通包括四个基本的要素。

1. 信源

信源，也称信息发送者。在一个沟通过程中，总有一方是信息的主动发送者，发送者需要向接收者传递信息。

2. 信息内容

信息内容，即沟通的内容。组织中沟通的信息内容多种多样，既包括上级下达的指令、计划、决策，下级上报的报告、反映的情况、提出的意见和建议，又包括非正式场合中人与人之间的感情交流、谈心等。作为沟通内容的信息，可以是书面的，也可以是口头的，还可以是非语言方式的。

3. 信宿

信宿，即信息的接收者。在沟通的不断循环过程中，信息的发送者与信息接收者的身份会不断改变，无论是沟通双方的哪一方，都既要充当信息的发送者，又要充当信息的接收者。

4. 信道

信道，即信息交流的渠道。不同沟通渠道的沟通效率是不一样的。对组织而言，不仅要建立完整的沟通渠道，而且还要使沟通渠道保持畅通无阻。例如，某网站刊登一则招聘广告，广告中的职位、条件、待遇就是信息的内容，这些信息是通过这个网站登载出来的，人们阅读网站上这条广告也就是接收了广告者所力图反映的某种信息。这个例子说明，信息沟通就是发送者通过一定的渠道将特定内容的信息传递给接收者的过程。

（二）沟通的特点

沟通以人际沟通为主要形式，其特点主要体现在以下几个方面。

1. 心理因素对沟通的影响很大

心理因素首先会影响信息发送者发送信息所选用的语言、表达方式、沟通形式。例如，当信息发送者对接收者有好感时，他会详细、完整，甚至不厌其烦地解释需要传递的信息，反之，则有可能生硬、模糊地传递信息。其次，心理因素也会影响信息接收者对信息的理解和把握。同样一句话，在不同人的口中，在不同的场合，以不同的方式表达，会代表不同的信息。所以，沟通不是简单、机械式的语言传递，而是带有丰富感情色彩的人际交流。

2. 沟通既是信息传递过程，又是感情交流过程

正因为沟通中人的心理因素会起作用，所以，伴随信息传递产生的是人与人之间感情和思想的交流。如果沟通得好，不仅有利于信息及时、准确、完整地传递，而且有利于人与人之间进行感情和思想的交流，建立良好的人际关系。

3. 沟通主要以语言为载体

人与人的交流中，语言是最基本的工具，这里所说的语言包括口头语言、书面语言，甚至可以是身体语言，如一个动作、一种手势等。选择何种语言进行沟通，对沟通的效果有直接的影响，因此，选择的形式要适当。例如，领导者下达一项指令，可以用文件形式，可以派秘书传达，也可以自己直接传达，其效果往往不一样，领导者直接传达，其下级还可以从其身体语言，如表情、语气、动作等方面感受、判断这一指令的意义。

4. 在人际沟通过程中会出现沟通障碍

这种障碍不仅是由于信息渠道（即传递）的失真或错误，而且还是人所特有的心理障碍。例如，由于人的知识、经历、能力、职业、价值观等不同，对同一信息可能有不同看法和不同理解。

三、沟通的作用

沟通是组织得以生存、运行和发展的必要条件之一，自然也是管理的重要内容。在一个组织中，沟通的作用主要表现在以下几个方面。

（一）沟通是保证决策科学的基本前提

决策的依据是信息，科学的决策离不开及时、完整、准确的信息。领导者能否及时获取完整、准确的信息，关键在于沟通的效率。

（二）沟通是改善人际关系的基本手段

组织内人际关系的好坏，很大程度上与是否能形成良好的沟通有着极大的关系。如果组织内部有着畅通的沟通渠道、畅所欲言的氛围，互相信任、互相帮助、互相尊重、和睦相处，就容易形成一个令人心情舒畅的工作环境，提高员工工作的积极性与责任心，进而增加组织的凝聚力。

（三）沟通是改变员工行为的重要方法

理解是接受的前提，在一个组织内部，一项决策、一项措施能否得到切实贯彻落实，

关键在于下级是否真正接受，这就需要良好的上下沟通，获得广大员工的理解、支持，否则，就会出现上有政策下有对策的现象，即使下级违心接受，也只能是消极执行，不可能有积极性和创造性。

（四）沟通是适应外部环境的重要途径

组织同外部的沟通是组织沟通的重要内容之一，通过沟通，组织可以从外界环境中获得生存和发展所需的信息。例如企业要想在市场经济中求生存、谋发展，就必须了解顾客的需要，遵循市场的规律，把握市场动态，这样才能生产出适销对路的产品。此外，还必须让市场了解本企业的产品，激发用户的购买欲望。所有这些，都需要企业与市场进行充分的信息交流。一句话，闭门造车，对外界不闻不问，必将被社会所淘汰。

四、沟通的原则与过程

（一）沟通的原则

沟通具有社会性，与其他社会活动一样，都有着必须遵循的原则。只有沟通双方都承认并尊重这些原则时，沟通才有可能协调、顺利地进行。

1. 尊重原则

受尊重是人的高层次需要。心理学研究表明，人都有自尊心，都有受尊重的需要，都期望得到别人的认可、注意和欣赏，包括给予尊重、赞美、赏识和承认地位。美国心理学家威廉·詹姆斯说："人性中最强烈的欲望便是希望得到他人的敬慕。"这种需要如果得到满足，就会增强人的自信心和上进心；反之则会使人失去自信，产生自卑，甚至影响人际交往。因此，在沟通中首先要遵循相互尊重的原则。

尊重原则要求沟通者讲究言行举止的礼貌，尊重对方的人格和自尊心，尊重对方的思想与言行方式，要把对方放在平等的地位，以诚相待，摈弃偏见，要讲真话。正如古人所言："以诚感人者，人亦诚而应。"

2. 相容原则

沟通中要心胸开阔、宽宏大量，把原则性和灵活性结合起来至为重要。只要不是原则性的重大问题，应力求以谦恭容忍、豁达超然的大家风度来对待各项工作中的分歧、误会和矛盾，以谦辞敬语、诙谐幽默、委婉劝导等与人为善的方式，来缓解紧张气氛，消除隔阂。"忍人所不能忍，容人所不能容，处人所不能处"，沟通中得理且让人，态度宽容、谦让得体、诱导得法，会使沟通更加顺畅并赢得对方的配合与尊重。

3. 理解原则

理解是人际沟通的基本途径和润滑剂。由于人们在社会上所处的地位各异，其人生经历、思想观念、性格爱好、心理需要、行为方式、利益关系等不同，因此，在沟通中对同一事物常会表现出不同的看法，从而必定会给沟通带来许多复杂的矛盾和冲突。理解原则就是强调沟通者要善于进行心理换位，尝试站在对方的处境上设身处地考虑、体会对方的心理状态、需求与感受，以产生与对方趋向一致的共同语言。

（二）沟通的过程

沟通的过程就是信息的发送者将要发送的信息通过一定的渠道传送，信息的接收者在接收到信息之后，对信息进行理解，采取行动，并给予信息反馈。沟通的过程如图 11－1 所示。

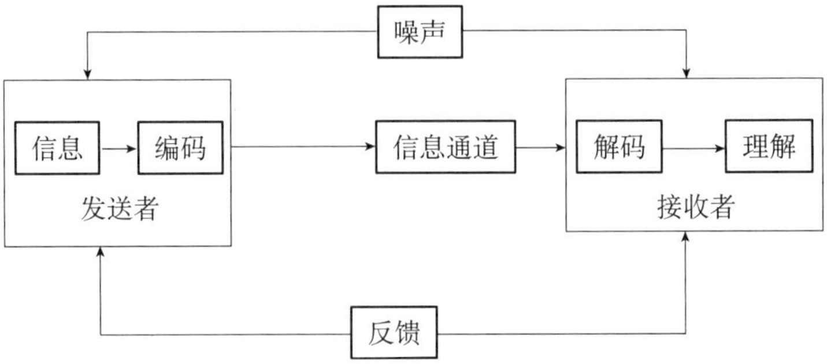

图 11－1　沟通的过程

1. 信息的发出

信息沟通过程是从信息的发出和发送开始的。发送者具有某种意思或想法，但需要纳入一定的形式之中才能传送，此即为编码。编码中常用的符号有语言、文字、图片、照片、手势等。编码最常用的是口头语言和书面语言，除此之外，还有身体语言，如表情、手势等。

2. 信息的传递

这是指通过一条连接信息发送者与接收者双方的渠道、通道或路径而将信息发送出去。传送信息可以通过谈话、演讲、信函、报纸、电话、电视节目等来实现。不同的沟通渠道适用于传递不同的信息。比如生产主管布置生产作业，使用报纸或电视节目传递信息显然不合适。

沟通过程有时需要兼用两种甚至更多的沟通渠道。例如面对面交谈可以同时使用口头语言和身体语言；下级向上级汇报工作时，可以口头汇报之后再提供一份书面材料。在现代通信技术迅速发展的今天，一种沟通渠道通常可以同时传送多种形式的信息，例如计算机网络可以把语言、文字、图像、数字等融合在一起传送，这大大方便了复杂信息的传送。同时也应注意到，信息传送中的障碍也是经常会出现的，例如电话中断。沟通渠道选择不当，或者沟通渠道超载，或者沟通手段本身出现问题等，都可能导致信息传递中断、失真或根本无法传送至接收者。

3. 信息的接收

信息的接收是指从沟通渠道传来的信息，需要经过接收者接收并接受之后，才能达到共同的理解。信息的接收包括三个步骤：

第一，接收。即接收信息的人必须处于接收准备状态才可能收到传来的信息。例如，某个员工外出办事，随身未带通信工具，领导急需找他了解情况，但联系不上，就可能沟通失败。

第二，解码。即将收到的信息符号理解、恢复为思想，然后用自己的思维方式去理解这一思想。

第三，理解。只有当信息接收者对信息的理解与信息发送者传递出的信息的含义相同或相近时，才可能产生正确的信息沟通。缺乏共同语言、先入为主和心理恐惧等，都可能导致接收者对信息产生错误的理解。

4. 信息的反馈

反馈是指接收者把收到并理解了的信息返送给发送者，以便发送者对接收者是否正确理解了信息进行核实。在没有得到反馈以前，信息发送者无法确认信息是否已经得到有效的编码、传递、解码与理解。只有通过反馈，信息发送者才能最终了解和判断信息的传递效果，但并不是所有的沟通都会伴随着信息的反馈。不出现信息反馈的沟通被称为单向沟通，出现了信息反馈的沟通被称为双向沟通。

5. 噪声

噪声被认为是扭曲目标信息的因素，它会破坏沟通的有效性。所谓噪声是指一切干扰、混淆或模糊沟通的因素，它既包括来自沟通过程系统外在因素的影响，也包括系统内部的功能上的扰动因素。如由于发送者、接收者自身的知识和能力不足，会造成对有效沟通的干扰等。噪声会发生在沟通过程的任意一个环节中。

专栏 11－1

秀才买柴

有一个秀才去买柴，他对卖柴的人说："荷薪者过来！"卖柴的人听不懂"荷薪者"（担柴的人）三个字，但是听得懂"过来"两个字，于是把柴担到秀才前面。秀才问他："其价如何？"卖柴的人听不太懂这句话，但是听得懂"价"这个字，于是就告诉秀才价钱。秀才接着说："外实而内虚，烟多而焰少，请损之。"（木柴外表是干的，里头却是湿的，燃烧起来，会浓烟多而火焰小，请减些价钱吧。）卖柴的人因为听不懂秀才的话，于是担着柴走了。

启示：买卖不成交的原因是秀才用了太多修饰的词语，而卖柴的人根本听不懂，所以达不到买到柴的目的。如果秀才用简单易懂的词语来传达信息，掌握好说话的对象和时机，做好沟通工作，可能就达到目的了。

第二节 人际沟通与组织沟通

人际沟通与组织沟通

一、人际沟通及其类型

人际沟通是指人与人之间的信息传递与交流。由于信息载体的不同，人际沟通可分为语言沟通和非语言沟通，如图 11－2 所示。

（一）语言沟通

组织中最普遍使用的语言沟通方式有口头沟通、书面沟通和电子媒介沟通。

1. 口头沟通

最常见的交流方式是交谈，也就是口头沟通。它的形式十分灵活多样，包括交谈、讲

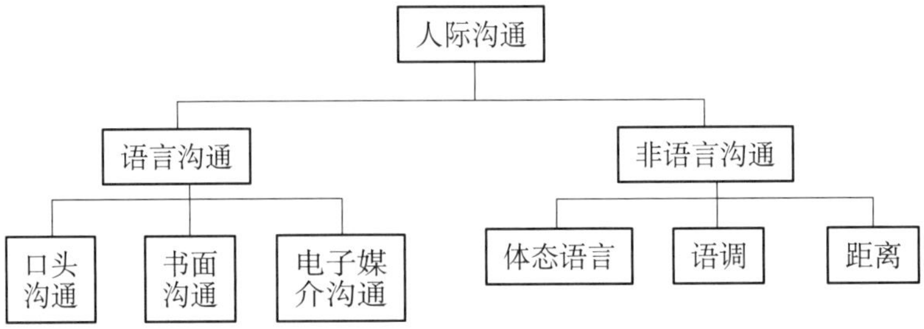

图 11－2　人际沟通的分类

座、讨论会、辩论会、演讲、打电话、语音聊天、传闻或小道消息的传播等。

口头沟通的优点是用途广泛，比较灵活，信息量大，速度快，信息会在最短的时间里被传送，并得到对方的回复。

口头沟通的主要缺点是信息失真率大，不能同时与多人双向沟通，受个人情绪影响较大，有的时候反馈和核实也比较困难。

2. 书面沟通

书面沟通是以文字为媒体的信息沟通，包括文件、报告、信件、书面合同、备忘录、组织内发行的期刊、公告栏及其他任何传递书面文字或符号的手段。

书面沟通的优点是比较规范、信息传递准确度高、传递范围广、有据可查、便于长期保存等。

书面沟通的缺点是耗费了更多的时间，缺乏及时反馈。

3. 电子媒介沟通

电子媒介沟通的形式只存在于工业革命之后，是指将包括图表、图像、声音、文字等在内的书面语言性质的信息通过电子信息技术转化为电子数据进行信息传递的一种沟通方式或形式。它的主要特点和优势是：可以将大量信息以较低成本快速地进行远距离传送。其缺点是有时手段受技术因素影响较大，很多交流需要技术、成本来支撑，需要具有一定的专业知识、操作技能才能进行。

（二）非语言沟通

非语言沟通是相对于语言沟通而言的，是指通过身体动作、体态、语气语调、表情、空间距离等方式交流信息、进行沟通的过程。如人们通过身体的朝向表明交流态度，如果人们不想和他人进行交流，可能会采取背对他人的方式；通过目光的接触表明建立联系、投入、兴趣和注意力等；除此之外，人们的生理吸引力、沟通的环境、沟通的距离、时间因素、情绪表情等也属于非语言沟通的范畴。所以，非语言沟通的类型包括身体动作、表情和眼神、触碰、外貌、物理空间和物理环境等。

二、组织沟通及其类型

所谓组织沟通是指在管理活动中，组织围绕既定的目标，通过各种信号、媒介和途径有目的地交流信息、意见和情感的信息传递行为，它是组织内部和外部沟通的有机整合。组织沟通的目的就是协调好组织内部和外部的各种关系，为组织的发展创造良好的沟通环境。

组织沟通包括许多类型，主要如下。

（一）正式沟通与非正式沟通

在一个组织中，既有正规的权力系统，又有非正式的人际关系存在。因此，组织沟通可分为两大类，即正式沟通和非正式沟通。

1. 正式沟通

正式沟通就是按照组织设计中事先规定好的结构系统和信息系统的路径、方向、媒体等进行的信息沟通，如组织之间的信函来往、文件、召开会议、上下级之间的定期信息交换以及组织正式颁布的法令、规章、公告等。

正式沟通的优点主要是正规、严肃、富有权威性；参与沟通的人员普遍具有较强的责任心和义务感，从而容易保持所沟通信息的准确性及保密性。

正式沟通的缺点主要是对组织机构依赖性较强，造成沟通速度迟缓，存在信息失真或扭曲的可能性。由于缺乏灵活性，沟通形式刻板，信息传播范围受限制，传播速度比较慢。

2. 非正式沟通

非正式沟通是指除正式组织途径以外的沟通方式。组织除了正式沟通外，需要并且客观上存在着非正式沟通。这类沟通主要是通过个人之间的接触，以小道消息传播方式来进行。它一方面满足了员工的需求，另一方面弥补了正式沟通的不足，它带有一种随意性和灵活性，并没有一个固定的模式或方法。

非正式沟通的主要功能是传播员工（包括管理和非管理人员）所关心的与他们有关的信息，它取决于员工的个人兴趣与利益。

非正式沟通的优点是速度快，形式不拘，效率高，而且能够满足员工的社会需要。

非正式沟通的缺点就是难以控制，信息容易失真，容易导致拉帮结派，影响组织的凝聚力和人心的稳定。

（二）下行沟通、上行沟通与平行沟通

按组织内信息沟通流向，可将沟通分为以下几种。

1. 下行沟通

下行沟通即自上而下的沟通，指管理者传送各种指令及政策给组织的下层。常见的下行沟通方式有工作指示、命令、谈话、会议纪要、广播、年度报告、政策陈述、程序、手册和公司出版物等。

下行沟通的优点是：可以使下级主管部门和团体成员及时了解组织的目标和领导意图，增加员工对所在团体的向心力与归属感。

下行沟通的缺点是：如果下行沟通使用过多，管理者会在下属中形成高高在上、独裁专横的印象，使下属产生心理抵触情绪，影响团体的士气。

2. 上行沟通

上行沟通即自下而上的沟通，是指在组织中，信息由下层向上层流动，如下级向上级提出自己的意见和建议。常见的上行沟通方式有设置意见箱、汇报会、接待日、信访

制等。

上行沟通的优点：管理者可以利用这种方式了解组织的管理状况，与下属形成良好的关系。例如，召开员工座谈会，设立意见箱，建立定期的汇报制度等，都是保持上行沟通渠道通畅的方法。

上行沟通的缺点：下属会形成一些心理障碍，或害怕“穿小鞋”，受打击报复，不愿反映意见等。同时，向上沟通常常效率不佳。有时，由于特殊的心理因素，经过层层过滤，易导致信息被曲解，出现适得其反的现象。

3. 平行沟通

平行沟通是指组织结构中处于同一层级的人员或部门间的信息沟通。

平行沟通的优点：

（1）它可以使办事程序和手续简化，节省时间，提高工作效率；

（2）它可以使组织各个部门之间相互了解，有助于培养整体观念和合作精神，克服本位主义倾向；

（3）它可以增加员工之间的互谅互让，培养组织成员之间的友谊，满足成员的社会需要，使成员提高工作兴趣，改善工作态度。

平行沟通的缺点：平行沟通头绪过多，信息量大，容易造成混乱；此外，平行沟通尤其是个体之间的沟通也可能成为员工发牢骚、传播小道消息的一条途径，造成涣散组织士气的消极影响。

（三）单向沟通与双向沟通

按照是否执行反馈，沟通可分为单向沟通与双向沟通。

1. 单向沟通

单向沟通是指没有信息反馈的沟通。单向沟通比较适合下列几种情况：

（1）问题较简单，且时间较紧；

（2）下属易于接受解决问题的方案；

（3）下属没有解决问题的足够信息，在这种情况下，反馈不仅无助于澄清事实，反而容易混淆视听；

（4）上级缺乏处理反馈意见的能力，容易感情用事。

2. 双向沟通

双向沟通是指有反馈的沟通，即信息发送者和接收者之间相互进行信息交流的沟通。双向沟通比单向沟通需要更多时间，但双向沟通中接收者对信息和对发送者理解的准确程度会大大提高。由于与问题无关的信息容易进入沟通渠道，因此，双向沟通的噪声要比单向沟通大得多。

双向沟通比较适合下列几种情况：

（1）时间比较充裕，但问题比较棘手；

（2）下属对解决方案的接受程度至关重要；

（3）下属能提供有价值的信息和建议；

（4）上级习惯于双向沟通，并且能够有建设性地处理反馈意见。

（四）沟通网络

沟通网络是指一群人建立和保持联系，以便相互沟通的一种形式。一般来讲，沟通网络具体表现为以下五种沟通形态：链式、轮式、Y式、环式、全通道式，如图11－3所示。

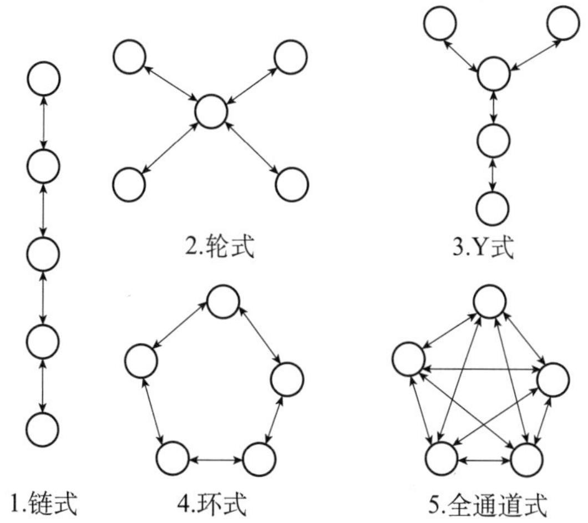

图11－3 沟通网络

1. 链式沟通

链式沟通又称为直线型沟通，是指若干沟通参与者，从最初的发信者到最终的收信者，环环衔接，形成信息沟通的链条，属于控制型结构。

链式沟通的优点是传递信息的速度最快，解决简单问题的时效最高。主要缺点是信息经过层层筛选，容易失真；每个成员的沟通面狭窄，不易形成群体意见，不利于培养群体凝聚力。

2. 轮式沟通

轮式沟通网络中的信息是经由中心人物而向周围多线传递的，其结构形状因为像轮盘而得名，也叫做辐射型沟通网络。轮式沟通属于控制型沟通网络，其中只有一个成员是各种信息的汇集点与沟通中心。沟通中心和其他每个人之间都有双向的沟通渠道。如一个主管领导直接管理几个部门的权威控制系统，所有信息都是通过他们共同的领导人进行交流的。

轮式沟通的主要优点是集中化程度高，解决问题的速度快，精确度高；缺点是沟通渠道少，平行沟通不足，不利于提高士气。

3. Y式沟通

Y式沟通是一个纵向沟通网络，实际上是"链式""轮式"的结合，其速度、满意度、失真度等也介于链式沟通与轮式沟通之间。

Y式沟通只有一个成员处于沟通中心，成为网络中拥有信息且具有权威和满足感的人。在现实中，我们常看到的是倒Y形沟通形式，例如，主管、秘书和几位下属构成的倒Y形沟通。

Y式沟通的优点是集中化程度高，信息传递速度快；缺点是增加了中间环节，容易导致信息扭曲或失真。

4. 环式沟通

环式沟通也称圆周式沟通，类似链式沟通，但信息链首尾相连形成封闭的信息沟通环状。每个人都可以同时与两侧人沟通信息，地位平等，属封闭式控制结构。

环式沟通的优点是组织内民主气氛较浓，团体的成员具有一定的满意度，利于创造高昂的士气；缺点是集中化程度低，信息速度和准确度难以保证。

如果在组织中需要创造出一种高昂士气来实现组织目标，同时追求创新和协作，加强组织中的决策机构、咨询机构、科研开发机构以及小规模独立工作群体，采用环式沟通是一种行之有效的措施。

5. 全通道式沟通

全通道式沟通是一个全方位开放式的网络系统，沟通渠道多，高度分散，组织内的每一个成员都能同其他任何人进行直接交流，没有限制。所有成员是平等的，成员能够比较自由地发表意见。

全通道式沟通的主要优点是由于沟通通道多，组织成员的平均满意程度高且差异小，士气高昂，合作气氛浓厚。有利于集思广益，提高沟通的准确性，这对于解决复杂问题、增强组织的合作精神、提高士气均有很大作用。缺点是沟通渠道太多，易于造成混乱；信息传递费时，影响工作效率。

第三节　沟通管理

沟通管理

一、沟通的障碍

所谓沟通障碍，是指信息在传递和交换过程中，由于信息意图受到干扰或误解而导致沟通失真的现象。在人们沟通信息的过程中，常常会受到各种因素的影响和干扰，使沟通受到阻碍。

在管理实践中，沟通障碍是普遍存在的。这些障碍包括信息沟通过程中的障碍，也有沟通环境方面的障碍。

（一）信息沟通过程中的障碍

沟通过程中的障碍主要是指信息从发送者到接收者的传递过程中遇到的种种干扰或问题，使信息失真，影响了沟通的效果。这些障碍主要体现在以下几方面。

1. 发送者方面的障碍

主要体现为信息发送者对信息表达的障碍。发送者要把自己的观念和想法传递给接收者，必须通过整理变成双方都能理解的信号，这方面容易出现障碍的情况主要有：

（1）过滤。指发送者有意操纵信息，以使信息显得对接收者更为有利。比如，一名管理者告诉上级的信息都是上级想听到的东西，这名管理者就是在过滤信息。

（2）错觉。即歪曲的知觉，也就是把实际存在的事物歪曲地感知为与实际完全不相符合的事物。

（3）语言障碍。发送者采用不当的语言符号来表达自己的意思，如接收者听不懂的语言或行话，或口头语言和身体语言表达不一致时导致了接收者的误解等。

2. 信息传递过程中的障碍

在信息传递过程中，常出现以下障碍：

（1）渠道或媒介选择不当的障碍。例如：向不懂英语的员工讲英语。

（2）时机不当的障碍。时间的耽搁或拖延，会使信息过时无用。

3. 接收者方面的障碍

在沟通过程中，接收者接到信息符号后，要进行解码，变成对信息的理解，在这个过程中，往往会出现的障碍有：

（1）选择性知觉的障碍。由于种种原因，人们总是习惯接收部分信息，而摒弃另一部分信息，这就是知觉的选择性。比如：接收者会根据自己的需要、动机、经验、背景及其他个人特点有选择地去看或去听信息。解码的时候，接收者还会把自己的兴趣和期望带进信息之中。

（2）情绪的障碍。不同的情绪感受会使个体对同一信息的解释截然不同。极端的情绪体验，如狂喜或悲痛，都可能阻碍有效的沟通。这种状态常常使人无法进行客观而理性的思维活动，代之以情绪性的判断。

（3）信息过量的障碍。如一些管理人员经常埋怨他们被淹没在大量的信息传递中，因而，对过量的信息采取不予理睬的办法，这在一定程度上对沟通产生了障碍。

4. 反馈过程中的障碍

信息只有通过反馈，才能建立有效的沟通过程。反馈渠道本身的特点以及反馈过程中可能出现的信息失真等，都会能给有效沟通带来障碍。例如，企业中虽然设置有意见箱，但领导从未打开过，这种反馈形同虚设。

专栏 11－2

猫兄和狗弟

猫兄和狗弟在一起生活，衣食无忧，却总不能和平相处。鸡大姐看在眼里，急在心上，决定当一回和平大使。

鸡大姐首先找到猫兄，说明来意，猫兄说：“你不知道，我和狗一见面，就主动向他打招呼。可他却摇动那条尾巴，明明是在向我挑衅！”

鸡大姐听罢，找到狗弟想问个清楚。谁知狗弟一听便急：“不是那回事，我们一见面，他就朝着我直叫，那么不耐烦。我不和他计较，礼貌地摇尾向他示意，他却更加生气。”

鸡大姐这回明白了，原来是一场误会。

启示：有效沟通取决于个人有选择地接收个人喜好的信息、沟通双方的相互信任程度及相似程度等。

（二）沟通环境方面的障碍

信息沟通，除了受沟通过程本身各因素的影响外，还受环境因素的影响，主要表现在以下几方面。

1. 组织结构方面的障碍

在管理中，合理的组织结构有利于信息沟通。但是，如果组织机构过于庞大，中间层次太多，那么，信息从最高决策层传递到下属单位不仅容易产生信息的失真，而且还会浪费大量时间，影响信息的及时性。一项研究表明，如果一个信息在高层管理者那里的正确性是100%，到了信息的接收者那里可能只剩下20%。信息损失平均达80%。例如，企业董事会的决定通过五个等级，副总裁一级的保真率为63%，部门主管为56%，工厂经理为40%，第一线工长为30%，职工为20%，如图11－4所示。

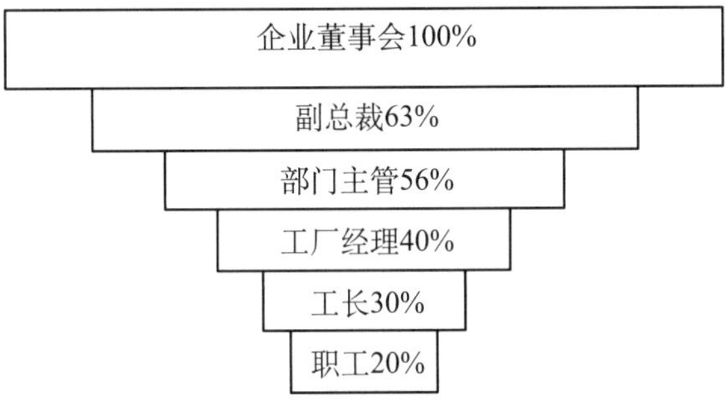

图11－4　信息传递失真现象实例

2. 组织文化方面的障碍

由于组织文化是组织中员工价值观的根本体现，在很大程度上影响着员工的行为，因此，它对组织中的信息沟通也有着深刻的影响。例如，在一个崇尚等级制度、强调独裁式管理方式的组织里，信息常常被高层管理者垄断，有用的信息得不到传递，人与人之间的沟通缺乏互动性和开放性，自下而上的沟通行为通常不受重视。另外，若组织缺乏一定的物质文化，如缺乏员工进行正式和非正式沟通的场所等，也不利于组织的有效沟通。

3. 社会环境方面的障碍

不同的社会环境有不同的文化价值观，各种不同的文化价值观影响下的沟通行为有很大的不同。例如，有的组织中的上下级关系的沟通显得较为民主，下级可以直接向上级或上级的上级提出自己的意见。而有的公司中，等级森严，沟通一般都是逐层进行的，因此，日本公司中员工之间的交往较为慎重。如果组织中人们的沟通行为更多地受社会关系的影响，那么，组织中非正式渠道的沟通作用更加重要，人际关系的作用在组织沟通中至关重要。特别是在跨文化的组织里，不同价值观影响下的跨文化沟通障碍显得更加明显和复杂。

二、如何克服沟通障碍

要实现有效沟通，必须消除上述沟通障碍。在实际工作中，可以通过以下几个方面来努力。

（一）沟通要有认真的准备和明确的目的性

沟通者自己首先要对沟通的内容有正确、清晰的理解。重要的沟通最好事先征求他人的意见。沟通之前应对问题的背景、解决问题的方案及其依据和资料、决策的理由和对组织成员的要求等做到心中有数。

（二）沟通的内容要确切

沟通内容要言之有物，有针对性，语意确切、准确；要避免含糊的语言，更不要讲空话、套话和废话。

（三）沟通要有诚意

有人对经理人员的沟通做过分析，一天用于沟通的时间占70%左右，其中撰写占9%，阅读占16%，言谈占30%，聆听占45%。但一般经理都不是一个好听众，效率只有25%。究其原因，主要是缺乏诚意。缺乏诚意大多发生在自下而上的沟通中。所以，要提高沟通效率，必须诚心诚意地去倾听对方的意见，取得对方的信任，这样对方也才能把真实的想法说出来。

（四）沟通方式要适合

曾有人调查经理们认为良好的沟通方式，55%的经理认为直接听口头汇报最好，37%的经理喜欢下去检查，18%的经理喜欢定期会议，25%的经理喜欢下属给写汇报。另外一项调查是部门经理们在传达重要政策时认为哪种沟通最有效，51 人中选择召开会议口头说明的有 44 人，面见重要工作人员的有 27 人，在管理公开会上宣布政策的有 16 人，在内部备忘录说明政策的有 14 人（可多项选择）。这些都说明不同的沟通方式会有不同的效果。一般来讲，面对面的直接沟通、口头沟通、双向沟通效果较理想。

（五）沟通渠道要拓宽

一是尽量缩短信息传递链，减少信息的失真率；二是保障信息的双向沟通。因此，要减少组织机构重叠，拓宽信息渠道。在利用正式沟通渠道的同时，可以开辟非正式的沟通渠道。

第四节 有效沟通的技巧

有效沟通的技巧

一、下行沟通的技巧

这里的下行沟通主要针对管理者下达指令而言。下达管理指令的技巧很重要，关系到下属是否能有效地接收组织信息。主要考虑下述几个方面。

（一）一般指令与具体指令

一项指令应该是一般的还是具体的，这要根据管理者对周围环境的预见能力以及下级响应的程度而定。在集权程度较高的组织中，通常需要较为具体的指令去严格地指导下属，反之在较为分权的组织中，或对远离上级的分支机构，主管对下属所处环境不能充分了解和具体监督时，就应采用一般性的指令指导下属。

（二）书面指令与口头指令

如果上下级关系较为稳定，则指令应采取口头下达的方式；如果人员流动多，职务变动频繁，为保证组织指令的效力，就应当用书面形式下达，尤其是对那些需要有较长的时间去实施的指令更应如此。

上下级之间相互信任的程度也是一个重要因素。如果上下级未建立起充分的信任，下级往往就更希望指令书面化并以此作为依据，以免当“替罪羊”。

（三）正式指令与非正式指令

在绝大多数组织中，管理者习惯于用非正式的指令来领导，例如：“让我们做这个”“你们似乎应这样进行”，等等。外人可能不认为这些是指令，但下属则很少会误解他们的指令意义。然而，某些时候也需要军队式的严厉措辞的正式指令，以表明紧迫性和坚决性。有些下属任何时候都可以接收这种指令，而有些下属则认为是不礼貌的，有伤自尊心，经常遇到这种不客气的命令就会产生对抗情绪，有的甚至会辞职。对每个下属准确地选择适当的指令是一个微妙的艺术。

专栏 11－3

沟通的艺术

（1）沟通首先将概念澄清，妥善计划、安排沟通的内容；（2）明确沟通目的，确定在此次沟通中想得到什么；（3）听取对方意见，得到对方的理解与支持；（4）沟通时注意环境、对象，并注意与之结合；（5）注意内容，也注意语调、表情、词句的选用；（6）尽量传送有效的资料；（7）应有必要的“跟踪”；（8）着眼于现在也着眼于将来；（9）言行一致；（10）成为一位好“听众”。

二、上行沟通的技巧

对组织的中下层管理者来说，除了要注意信息下达的技巧外，还要注意纵向的向上沟通技巧。

（1）要正确接受有效的指令，这需要领会上级的真正意图，主要应依据长远的目标和组织的根本利益，这样就不会被上级因各种原因（如口误、笔误、一时错觉、信息时差）而失误的指令所左右，避免因执行这样的指令而造成上下不讨好的被动挨“夹”局面。

（2）要及时反映情况，发挥反馈作用，为上级做出正确决策提供有关信息，反馈情况要选择合理的时机。构成这样时机的要素主要有上级的情绪和态度如何，地点是否合适，参与人员是否有关联，时间是否充分，事情的轻重缓急程度，等等。

三、非正式沟通的技巧

非正式沟通在信息沟通方面具有特殊的功效。由于正式沟通往往不及时、不全面，且带有一定范围的保密性，因而，产生了非正式沟通。

非正式沟通的重要方式是“小道消息”。任何组织中都有“小道消息”，而当正式沟通不畅时，或组织面临重大变革时，小道消息尤为盛行。管理者如果不善于利用小道消息，就会被小道消息搞得十分被动。而巧妙地利用小道消息，对加速信息沟通是非常有效的。

为此，管理者要学会合理应用非正式沟通，采取双轨制的形式发布信息，即正式渠道和非正式渠道。可以利用小道消息作为探测器，试探组织中对某些决策的反应，同时，建立获取信息的“热线”——小报告制度，允许越级汇报，其方式如意见箱、专线电话、专门访谈制度，这些都是“短路沟通”的方法。小报告具有直接、迅速、机动、完整等功能，能保证信息的时效性。但必须注意副作用，即偏见、别有用心、失真等，以致影响管理者的威信，防止副作用的办法是多方查证和核对。

四、排除信息噪声干扰的技巧

噪声在物理学上是指不同频率和不同强度的声音，无规律地组合在一起形成的，听起来有嘈杂的感觉，一般也常指一切对人们生活和工作有妨碍的声音，称为“噪声污染”。这不单是由声音的物理性质决定的，还与人们的生理和心理状态有关。

在管理实践中，一些信息不是根据实际需要而产生与流动的，这些信息构成了信息噪声，会妨碍组织中正常的信息沟通，因此必须尽量清除这种信息污染。那种认为信息越多越好的看法显然是偏颇的。所以，在排除信息噪声干扰的过程中，作为组织管理基本资源的信息应该符合以下条件：

（1）这些信息对组织的存在非常重要；

（2）使用这种资源要有成本概念；

（3）必须适当地送达到特定地点；

（4）必须能有效地用来为组织谋取与其费用相称的最优收益。

五、与人交谈的技巧

管理者的工作主要是管人，与人交谈是主要管理手段。与人交谈的技巧包括两大方面，即“听”与“说”的技巧。管理者能言善辩固然重要，但善于倾听更为重要。如果一个管理者善于倾听别人的谈话，即使不赞成对方的观点，即使不能对他提出的问题给予满意的解决，但只要以一种理解的态度去听，也能够获得对方的好感，缩短彼此间的距离。因此，倾听不只是一种艺术，而且也是一种管理。倾听的艺术很重要，大致可归纳为十条：

（1）听人说话时，不随意打断对方。

（2）要让对方有安全感，不论讲对讲错都不给对方带来不利。

（3）要有耐心，给予对方充分的时间，不然就另约时间。

（4）要有适当表现，让对方感到你对他谈的内容很感兴趣，是乐于倾听的。

（5）不要过早地下结论，否则会中止谈话，由此而错失可能有用的信息。

（6）不要轻易与对方争辩，否则，会伤害对方的自尊心，产生不良后果。

（7）换位思考，设身处地地站在对方立场和行为环境中，考虑讲话的真正含义，这是有效沟通的最重要技巧之一。

（8）学会控制感情。感情对人的行为影响很大，感情用事往往会导致急躁、不理智，常使语言和行为背离本意或片面理解别人谈话的意思。

（9）把倾听看成是一种积极的过程。听人谈话时，要进行积极思考，既要思考对方传递信息的内容，也要观察在传递这些信息时的态度、情绪，这往往就是更为重要的信息。

（10）要少说多听，又要善于引导，但适可而止。

高层管理者一天的工作时间，有70%用于沟通，在沟通中“听”的时间又高达45%。可见，高层管理者用于“听”的时间最多，掌握听的艺术是十分必要的。

专栏11－4

哪个金人最有价值？

甲国使者到乙国来，进贡了三个一模一样的漂亮金人，乙国的皇帝非常高兴。可是甲国使者同时出了一道题目：这三个金人哪个最有价值？

皇帝想了许多的办法，请来珠宝匠检查，称重量，看做工，都是一模一样的。怎么办？使者还等着回去汇报呢。泱泱大国，不会连这个小事都不懂吧？

最后，有一位老大臣说他有办法。

皇帝将使者请到大殿，老臣胸有成竹地拿着三根稻草，分别插入金人的耳朵里。第一个金人的稻草从另一边耳朵出来了，第二个金人的稻草从嘴巴里直接掉出来，而第三个金人，稻草进去后掉进了肚子，什么响动也没有。老臣说：第三个金人最有价值！使者默默无语，答案正确。

启示：这个故事告诉我们，最有价值的人，不一定是最能说的人。老天给我们两只耳朵、一个嘴巴，本来就是让我们多听少说的。善于倾听，才是成熟的人最基本的素质。

复习思考题

1. 什么是沟通？其要素有哪些？如何理解沟通在组织中的必要性？
2. 沟通的特点是什么？沟通在组织管理中起着什么作用？
3. 沟通的原则是什么？沟通有哪些基本类型？
4. 非正式沟通与正式沟通有何区别？
5. 信息沟通网络都有哪些形态？各有什么优缺点？
6. 常见的沟通障碍有哪些？如何克服沟通障碍？
7. 举例阐述各种沟通技巧的应用。

案例分析

案例：一次战略方案制定引起的风波

天讯公司是一家生产电子类产品的高科技民营企业。近几年，公司发展迅猛，然而，最近在公司出现了一些传闻。公司总经理邓强为了提高企业的竞争力，在以人为本、创新变革的战略思想指导下，制定了两个战略方案：一是引人换血计划，年底从企业外部引进一批高素质的专业人才和管理人才，给公司输入新鲜血液；二是内部人员大洗牌计划，年底通过绩效考核调整现有人员配置，内部选拔人才。邓强向秘书小杨谈了自己的想法，让他行文并打印。中午在公司的餐厅吃饭时，小杨碰到了副总经理张建波，对他低声说道："最新消息，公司内部人员将有一次大的变动，老员工可能要下岗，我们要有所准备啊。"这些话恰好被财务处的会计小刘听到了，他立即把这个消息告诉他的主管老王。老王听后，愤愤说道："我真不敢相信公司会做这样的事情，换新人，辞旧人。"这个消息传来传去，两天后又传回邓强的耳朵里。公司上上下下员工都处于十分紧张的状态，唯恐自己被裁，根本无心工作，有的甚至还写了匿名信和恐吓信对这样的裁员决策表示极大的不满。

邓强经过全面了解，终于弄清了事情的真相。为了澄清传闻，他通过各部门的负责人把两个方案的内容发布给全体职工。他把所有员工召集在一起来讨论这两个方案，员工们各抒己见，但一半以上的员工赞同第二个方案。最后邓强说："由于我的工作失误引起了大家的担心和恐慌，很抱歉，希望大家能原谅我。我制定这两个方案的目的就是想让大家来参与决策，一起为公司的人才战略出谋划策，其实前几天大家所说的裁员之类的消息完全是无稽之谈。大家的决心就是我的信心，我相信公司今后会发展更好。谢谢！关于此次方案的具体内容，欢迎大家向我提问。"

通过民主决议，该公司最终采取了第二个方案，由此，公司的人员配置率得到了大幅度提高，公司的运作效率和经营效益也因此大幅度增长。

分析与讨论：

案例中的沟通渠道或网络有哪些？请分别指出，并说出各自的特点。

在线自测

扫一扫 练一练

第十二章　控　制

本章导读

控制工作存在于管理活动的全过程中，与其他管理职能紧密地结合在一起，它不仅可以维持其他职能的正常活动，而且在必要时，还可以通过采取纠正偏差的行动来改变其他管理职能的活动，使管理过程形成一个相对封闭的系统。控制的目的一方面要“维持现状”，使控制系统的活动趋于相对稳定，实现组织的既定目标，另一方面要“打破现状”，即通过修改原定计划，确定新的目标和标准，使之更加合理，符合环境变化的要求。

控制是完成计划的重要保证，是实现组织目标的根本措施。按照不同的划分标准，控制可以分为前馈控制、现场控制和反馈控制，也可以分为直接控制和间接控制。确立控制标准、衡量绩效和纠正偏差是控制过程的主要环节。有效的控制还必须遵守及时性原则、适度性原则、重点性原则、经济性原则、客观性原则。控制的内容包括人员控制、时间控制、成本控制、质量控制、库存控制、审计控制等，不同的控制内容有不同的控制方法。

学习目标

通过本章的学习，掌握控制的概念、必要性与类型，了解控制的目的，以及控制与计划、组织和领导之间的关系，熟悉控制的基本内容、过程与方法，理解有效控制的原则。

关键概念

控制　前馈控制　同期控制　反馈控制　直接控制　间接控制　人员控制　成本控制

第一节　控制概述

控制概述

管理工作是一个持续的过程，总会出现这样那样的偏差，管理工作必须有控制，要不断地防止和纠正工作过程中出现的偏差，才能确保管理工作能够持续进行。控制贯穿于整个管理的过程。

一、控制的概念

关于控制的概念，管理学家们有很多不同的说法。最早给控制职能下定义的是法约尔，他认为，控制就是监视组织中的每个人是否依照计划、命令及原则执行工作。

管理大师孔茨认为，控制就是按照计划标准衡量计划的完成情况和纠正计划执行中的偏差，以确保计划目标的实现。

谢默霍恩认为，控制是衡量工作绩效、对比成果与目标，并且必要时采取纠正措施的过程。

定义表述不尽相同，但其基本含义是一致的。因此，我们可以定义为：

从狭义讲，控制就是指“纠偏”，即按照计划标准衡量计划的完成情况，针对出现的偏差情况采取纠正措施，以确保计划得以顺利实现。

从广义讲，控制并不仅限于“纠偏”，同时还包含着在必要时修改计划标准，以使计划更加适合于实际情况，因此，控制与下列两项事件有关：

第一，将现在执行情况与原来计划进行比较，以观究竟；

第二，当执行状况与原来计划有所不同时，即予以纠正督导。

所以，在管理活动中，完整的控制包括“纠偏”和“调适”这两方面的含义。控制的功能就是将实际绩效与预期绩效进行比较，如果有任何差异，即由控制予以纠正与处理，如图 12－1 所示。

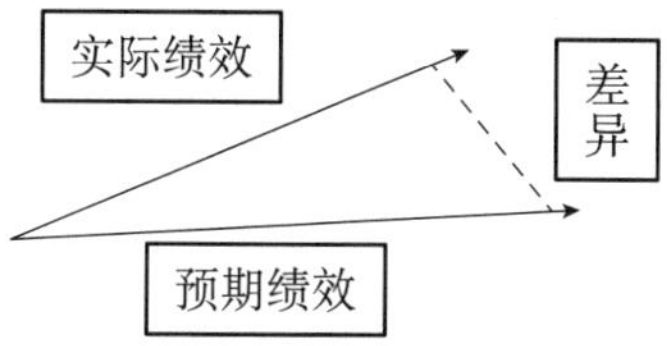

图 12－1 控制的功能

二、控制的必要性

斯蒂芬·罗宾斯曾这样说：尽管计划可以制订出来，组织结构可以调整得非常有效，员工的积极性也可以调动起来，但是这仍然不能保证所有的行动都按计划执行，不能保证管理者追求的目标一定能达到。由于各种各样的原因，人们在执行计划的活动中总是会或多或少地出现与计划不一致的现象。由此，管理控制也就成为必然。

（一）环境的变化

如果组织面对的是一个完全静态的环境，其中各个影响组织活动的因素永不发生变化，例如，市场供求、产业结构、技术水平等，那么，管理人员便可以年复一年、日复一日地以相同的方式进行各种管理活动，工人可以以相同的技术和方法进行生产作业，因而，不仅控制工作，甚至管理的计划职能都将成为完全多余的东西。事实上，这样的静态环境是不存在的，组织外部的一切每时每刻都在发生着变化，这些变化必然要求组织对原先制订的计划作相应的调整。

（二）管理权力的分散

只要组织达到一定规模，管理者就不可能直接地、面对面地组织和指挥全体员工的活动。时间与精力的限制要求他委托一些助手代理部分管理事务。同样，这些助手也会再委托其他人帮助自己工作，这便是管理层次形成的原因。为了使助手们有效地完成受托的部分管理事务，高一级的主管必然要授予他们相应的权限。因此，任何组织的管理权限都制度化或非制度化地分散在各个管理部门和层次中，组织的分权程度越高，控制就越有必要。

（三）工作能力的差异

按计划完成工作要求每个部门的工作严格按计划要求来协调地进行。然而，由于组织成员是在不同的时空进行工作的，他们的认知能力不同，对计划要求的理解可能发生差异。即使每个员工都能完全正确地理解计划的要求，但由于工作能力的差异，他们的实际工作结果也可能在质和量上与计划要求不符。因此，加强对这些成员的工作控制是非常必要的。

三、控制的目的

在现代的管理活动中，控制要达到的目的表现为两个层次：

第一，控制的基本目的，就是要“维持现状”。即在不断变化的内外部环境中，通过控制工作，随时将计划的执行结果与标准进行比较，若发现有超过计划容许范围的偏差时，则及时采取必要的纠正措施，以使系统的活动趋于相对稳定，实现组织的既定目标。

第二，控制要“打破现状”。在某些情况下，变化的内外部环境会对组织提出新的要求，需要管理者改革创新，开拓新的局面。这时，就势必要打破现状，修改原订的计划，确定新的现实目标和管理控制标准，从而符合新的形势。

在日常管理活动中，控制工作的目的主要是上述两个，但控制工作的最佳目的是防止问题的发生。这就要求管理人员向前看，把控制建立在前馈而不是简单的信息反馈的基础上，在不应发生的偏离计划的情况出现以前就能预测到并及时采取措施来预防。

四、控制与其他管理职能的关系

控制工作存在于管理活动的全过程中，与其他管理职能紧密地结合在一起，它不仅可以维持其他职能的正常活动，而且在必要时，还可以通过采取纠正偏差的行动来改变其他管理职能的活动，使管理过程形成一个相对封闭的系统。

（一）计划和控制是一个问题的两个方面

控制的标准来源于计划，计划是控制的前提，而控制是计划目标能够实现的保证。在一般情况下，控制工作既是一个管理过程的终结，又是一个新的管理过程的开始。

（二）要进行有效的控制，必须有组织的保证

组织为控制职能的发挥提供了人员配备和组织结构，这种结构规定了组织中的分工协作体系与职责权限，为组织的控制提供了信息系统。组织结构越明确、全面和完整，控制工作就会越有效果。

（三）领导影响着控制工作的质量

控制要有效进行，还必须配备合适的人员，必须给予正确的指导和领导，必须调动广大参与者的积极性。同样，控制也有利于改进领导者的领导工作，提高领导者的工作效率。

第二节　控制的过程

控制的过程

从管理控制的实施上看，组织的管理控制大致包括确立控制标准、衡量绩效和纠正偏差三个阶段，这构成了完整的管理控制过程，如图 12－2 所示。

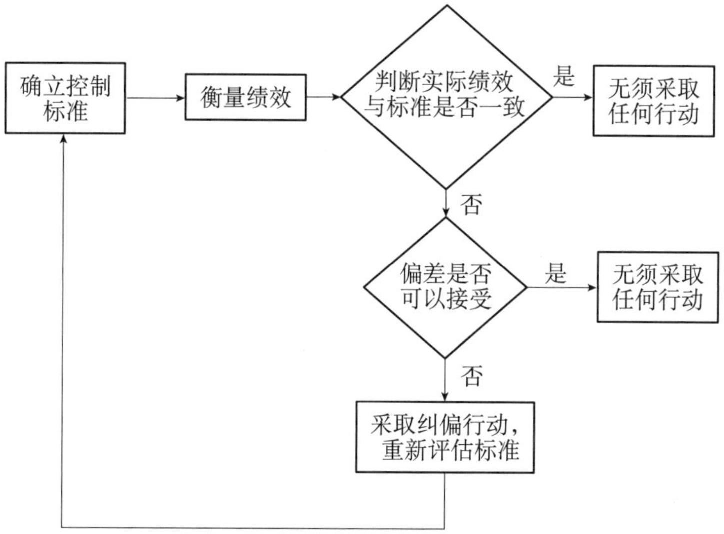

图 12－2 控制的过程

一、确立控制标准

（一）标准的重要性

标准是测定绩效的基础，确立控制标准是控制过程的起点，如果没有控制标准，衡量绩效和纠正偏差将失去客观依据。由于组织中的各项活动都要以计划为依据，计划执行情况是控制工作的重点，因此，各项计划规定的指标可作为控制的标准。由于各种计划的详尽程度和复杂程度各不相同，还需要将计划目标转换成一套更具体、可测量和考核的控制标准。

（二）标准的分类

由于控制工作贯穿于组织的各项活动中，因此，控制标准就可以有多种。如就企业来讲，因为控制的范围包括对生产过程的控制，对各部门人员、工作绩效的控制，所以，控制的标准就有：定量指标，如产量、产值、销售额、劳动生产率等；定额指标，如劳动定额、资金占用额等；质量指标，如产品技术要求、性能指标、工序质量标准等。除了这些能定量的标准外，还有以“定质”方式表示的，如职工素质的提高、产品在市场中的领导地位、企业信誉的提高等指标。一个好的控制标准体系，在内容上一般包括数量标准、质量标准、时间标准、成本和效益标准等，在文字上要求尽可能简化明了，做到具体化、数字化、客观化、容易测定、便于考核、便于执行。

需要注意的是，并不是计划实施过程中的每一步都要制定控制标准，而是要选择一些关键点作为主要的控制对象。事实上，控制住了关键点，也就控制住了全局。一般来说，关键点都是目标实施过程中的重要组成部分，它可能是计划实施过程中最容易出偏差的点，或是起制约作用的点，或是起转折作用的点，或是变化度大的点，等等，应根据具体情况进行选定。

二、衡量绩效

衡量绩效就是用确立的标准对实际工作绩效和进度进行检查和比较，发现偏离标准的情况，分析产生的原因，制定和采取相应的措施。提交需要纠正的偏差结果，形成管理控制中的纠偏依据。因此，它又可分为两个小步骤：一是衡量实际工作成绩；二是比较实际工作与控制标准，由此发现和提出问题。从管理实务的角度讲，衡量绩效才是控制工作的真正开始。

衡量绩效取决于反映实际工作的信息，所以，要求信息及时、准确、全面。信息的及时性在控制中特别重要，错误的信息会导致错误的行动。这就要求管理人员掌握多方面的信息，做到胸有全局。

三、纠正偏差

纠正偏差是在衡量工作绩效的基础上，针对被控制对象出现的偏离程度，及时采取措施予以纠正，使其恢复到正常状态上来。在这个阶段，需要做好以下工作。

（一）分清偏差的性质

偏差可分为正偏差和负偏差，正偏差是实际绩效比标准完成得还好，负偏差是实际绩效没有达到标准的要求。负偏差固然引人注目，需要纠正，但是，出现正偏差时也不一定就没有问题，也必须引起注意并正确处理。例如，由于正偏差，生产超过了计划，造成库存大量积压、资金周转不灵，也会危及企业经营目标的实现。

（二）分析偏差产生的原因

偏差产生的原因可能是多方面的，可能是未能严格按计划要求行动，如工作不负责、不认真，或不能胜任、能力有限等；也可能是外部环境发生了重大变化，而组织事先并没有估计到这些变化，如国家政策法规的变化、国际政治风云变化、市场出现了新的强大竞争对手、某个大客户或大供应商突然破产等；还有可能是计划目标本身不合理，如盲目把目标定得太高而实际能力根本达不到等。总之，弄清原因是采取措施的基础。

（三）采取措施纠正偏差

如果偏差是由于工作产生的，且偏差已超出了允许的范围，则需要采取纠偏措施，以改进工作绩效。具体采取的方式涉及各方面的管理工作，通常包括改进生产技术、改进流程、改进管理方式、调整组织结构、改进激励措施、重新配置人力物力资源、调整培训计划等。如果是控制标准脱离实际，导致多数员工、多数部门无法实现控制目标，管理部门需要修订标准。从某种意义上说，管理控制就是一个不断制定标准、实施标准、修订和完善标准的过程。值得注意的是，在修订标准时，应从实际情况分析出发，强调标准的客观性，避免管理人员主观因素的影响。

上述控制过程的三个基本步骤，实际上形成了一个完整的反馈控制系统，完成一个控制周期。管理是计划、组织、领导、控制、再计划、再组织、再领导、再控制不断螺旋上升的循环过程。

我们可以得出这样的结论：管理系统是一种典型的控制系统。控制是管理诸项职能中必不可少的一环，它使组织的整个控制过程得以有效运转，循环往复以至无穷。

专栏 12－1

好马和骑师

一个骑师，让他的马接受了全方位的训练，因此他可以随心所欲地使唤它。只要把马鞭子一扬，马就听他支配，而且骑师的话，马句句都听。“给这样的马加上缰绳是多余的。”他认为不用缰绳就可以把马驾驭住了。有一天骑马出去时，他就把缰绳解掉了。马在原野上跑，刚开始还不算太快，马仰着头，抖动着马须，雄赳赳地阔步向前，仿佛要叫他的主人高兴。但当马知道什么约束也没有的时候，英勇的骏马就越发大胆了，它的眼睛里冒着火，脑袋里充着血，越来越快地飞驰于辽阔的原野。不幸的骑师，如今毫无办法控制他的马了，他想用笨拙而颤抖的手把缰绳重新套上马头，但已经无法办到。无拘无束的马撒开四蹄，一路狂奔着。骑师从马背上摔了下来，而马还是疯狂地往前冲，像一阵风似的，很快就在骑师的眼前消失了。

启示：列宁有句名言，“信任固然好，监控更重要”。有些管理者授权后，由于过于信任下属，缺乏有效的控制手段，致使授权失败。授权管理的本质就是控制和督查。授权后，管理者要建立起一套控制程序，通过工作报告、考核、预算审计等渠道获得员工行为的反馈信息，以便及时有效地进行控制。高明的管理者无时不对自己的控制技术作细致的挑选，以使自己能在最恰当的时刻，选择最恰当的方式，把失控的“马”及时地拉回到正确的轨道上来。

第三节　有效控制

有效控制

一、有效控制的特征

所谓有效控制，就是以比较少的人力、财力和物力，较少的精力与时间使组织的各项活动处于控制状态。一旦组织的某项活动出现偏差，就能及时纠正，而且能使偏差所导致的损失降到最低限度。

控制是一项比较复杂的工作，控制机制的建立并不能保证控制工作的有效性。无效的控制会引起计划无效和组织无效，从而造成负面的影响和效果。管理者所采取的控制方法必须根据预计的对象和具体任务来设计。一般来说，有效的控制通常具有以下基本特征：

（1）目的明确。控制都是针对具体任务，并按实际情况由控制者作用于受控对象而完成的。因此，控制要有明确的目的性。控制的目的是使组织实际活动与计划活动相一致，保证完成组织在计划中提出的任务和目标。

（2）标准合理。有效控制的标准必须是先进的、合理的且能达到的，有时往往是多重的。如标准太高或不合理将起不到作用。多重标准能够更准确地衡量实际工作，如危重病人的护理质量不能用单一生活护理标准来衡量，还应包括专科医疗护理等多重标准。

（3）信息准确。有效控制依赖于准确和可靠的信息，不准确或不可靠的信息会导致管理者在采取行动时出现偏差。

（4）反馈及时。有效控制必须能够提供及时的反馈信息，以迅速引起管理者的注意，防止因未及时解决问题而给组织或个人造成损失。

（5）手段灵活。有效控制应具有足够的灵活性以适应各种变化。控制应善于利用各种机会，要随时间和条件的变化调整其控制方式。

（6）重点突出。管理者应该控制那些对组织行为有战略性影响的因素，包括组织中关键性的活动和问题。控制的重点应放在容易出现偏差的地方或放在偏差造成的危害很大的地方。

（7）效果显著。有效控制不仅可以指出一个显著偏差的发生，而且还可以建议如何纠正这种偏差，从而保证控制产生的效益与其成本比较是经济的，具有一定的经济效益与社会效益。

（8）强调例外。管理者不可能控制所有的管理活动，因此，控制手段应顾及例外情况的发生。

二、有效控制的原则

控制的目的是保证组织活动符合计划的要求，以有效地实现预定目标。但是，并不是所有的控制活动都能达到预期的目的，结合控制的特征，进行有效控制需要遵循以下原则。

（一）及时性原则

法约尔曾指出，为了达到有效的控制目的，控制应在有限的时间内及时进行。有效的控制，要求能对组织活动中产生的偏差尽可能早地发现并及时采取措施加以纠正，避免偏差的进一步扩大，或防止偏差对组织产生不利影响的扩散。要做到及时控制，信息的收集和传递必须及时。如果信息处理的时间过长，即使信息是非常客观和完全正确的，滞后的信息也可能就失去了纠偏的实际意义，还可能产生严重的后果。

（二）适度性原则

适度性原则指控制的范围、程度和频度恰到好处，防止控制过多或控制不足。因为过多的控制会对员工行为产生过多限制，从而扼杀他们的积极性、主动性和创造性。过少的控制将不能使组织活动有序地进行，不能保证各部门活动协调发展，进而有可能会造成资源的浪费。

控制程度适当与否，要受到许多因素的影响。判断控制程度或频度是否适当的标准，通常要随活动性质、管理层次以及下属受培训程度等因素而变化。一般来说，科研机构的控制程度应小于生产劳动，企业中对科室人员工作的控制要少于现场的生产作业，对受过严格训练、能力较强的管理人员的控制要少于那些缺乏训练的新任管理者或单纯的执行者。此外，组织环境的特点也会影响人们对控制严厉程度的判断。例如，在市场疲软时期，为了共渡难关，部分员工会同意接受比较严格的限制，而在经济繁荣时期则希望工作中有较大的自由度。

（三）重点性原则

任何组织都不可能对每一个部门、每一个环节的每一个人、每一时刻的工作情况进行全面的控制。这是因为并不是所有成员的每一项工作都具有相同的发生偏差的概率，也不是所有可能发生的偏差都会对组织带来相同程度的影响。全面的控制不仅代价极高，而且也是不必要的。为此，重点性原则要求控制有重点，抓主要问题，但又不能只从某个局部利益出发，“只见树木不见森林”，从而影响全局。

（四）经济性原则

任何控制都需要一定成本，同时，由于纠正了组织活动中存在的偏差，也会带来一定的效益。经济性原则强调只有控制带来的效益超出所需成本时，才是值得的。控制成本与效益的比较分析，实际上是从经济角度去分析控制程度与控制范围的问题。

要实现控制的经济性，首先，应根据组织规模的大小、所要控制的问题重要程度，以及控制费用和所能带来的收益等方面来开展控制工作，所选用的控制技术和控制方法，应当是费用最低，效果最好的。其次，实行有选择的控制，把着眼点放在组织工作最重要的方面和最关键的环节上。

（五）客观性原则

所谓客观，就是管理者不能凭个人的主观经验或直觉去判断，而应采取科学的态度，采用科学的方法进行控制。客观的控制源于对组织状况及其变化的客观了解和评价。为此，控制过程中采用的检查、测量的技术和手段必须能正确地反映组织活动在时空上的变化，准确地判断和评价组织各部门、各环节的工作与计划要求的相符或相背离程度。

三、有效控制的方式

（一）前馈控制、现场控制和反馈控制

这是按照控制点的位置或纠正措施的环节来划分的。

1. 前馈控制

前馈控制也叫事先控制，是计划实施前采取预防措施防止问题的发生，而不是在实施中出现问题后的补救。即管理人员运用最新信息，包括上一控制循环中的经验教训，对可能出现的偏差进行预测，采取措施防止偏差的发生，确保目标的实现。

前馈控制的目的是保证高绩效，它在本质上有预防的作用，因此是一种预防性控制，其工作重点不是控制工作的结果，而是克服某些干扰或适应环境的变化，提前采取各种预防性措施，以防止工作过程中可能出现的偏差，保证预期目标的实现。例如，企业为了保证工作的顺利进行而制定的一系列规章、制度，为了生产出高质量的产品而对原材料质量进行的入库检查以及对员工的岗前培训等，都属于前馈控制。

前馈控制具有许多优点：首先，能避免预期问题的出现，有防患于未然的效果；其次，适用于一切领域中的所有工作，适用范围很广，如企业、医院、学校、军队等；最后，它是在工作开始之前，针对某项计划行动所依赖的条件进行控制，不针对具体人员，因而不会造成心理抵触，易于被员工接受并付诸实施。

但是，由于未来的不确定性，要实行切实的前馈控制也不是一件容易的事情，它需要

及时和准确的信息，还要采取措施以保证最后结果合乎需要。由于管理人员不可能完全把握未来会发生的所有事件和可能导致的结果，因而，虽然前馈控制有许多优点，但在管理工作中也不能完全代替其他类型的控制工作。

2. 现场控制

现场控制又称同期控制、过程控制，是指在某项活动或工作进行过程中，在现场发现存在的偏差或潜在的偏差，及时提供改进措施以纠正偏差的一种控制方式。

现场控制一般表现为两种方式：

一是主管人员深入现场检查和指导下属的活动，它包括工作方法和工作过程的指导，监督下属工作，发现偏差督促纠正；

二是基层工作人员的日常自我工作控制，控制的对象就是自我的操作控制过程。

现场控制的优点：

能及时发现偏差，及时纠正偏差，是一种较经济、有效、效果明显、纠偏有力的控制方法，也是一种难度较大的控制方法。

现场控制的不足：

（1）运用这种管理方法容易受到管理者的时间、精力、业务水平的制约，管理者不能时时事事进行现场控制，只能在关键工作上予以使用。

（2）现场控制的应用范围较窄。一般来说生产工作容易进行现场控制，而对那些问题难以辨认、成果难以衡量的工作，如科研工作、行政管理等，几乎无法进行现场控制。

（3）现场控制容易在控制者与被控制者之间形成心理上的对立，从而影响被控制者的工作积极性和主动精神。所以，现场控制一般不能成为日常性的主要控制方法，而只能是其他控制方式的补充。

由于现场控制对已经出现的偏差要进行即时纠正，需要对实时信息做出及时的反应，因而，要求控制人员具有敏锐的判断力、快速的反应能力以及灵活多变的控制手段，同时要注意避免凭主观意志进行控制。

3. 反馈控制

反馈控制是管理控制中最常见的控制类型，其控制作用产生于行动之后，所以，也称为事后控制或成果控制。它是在活动完成之后，管理人员根据已发生的情况，分析工作的执行结果，将它与控制标准相比较，从中发现已经出现的偏差，在分析原因的基础上采取措施纠正偏差，以防止偏差继续发展或在以后的工作中再次发生。反馈控制还发生在组织内外部环境条件已经发生了重大变化，导致原定标准和目标脱离现实时，需要采取措施调整或修正计划。如企业根据业绩对管理人员实施的奖惩，企业对不合格产品进行淘汰，发现产品销路不畅而减产、转产或加强促销等，都属于反馈控制。

反馈控制的优点：

（1）反馈控制可以根据工作的实际结果对工作进行评价，既易于工作人员接受，也有利于管理人员采取有效和有力的措施改进管理工作。

（2）反馈控制可以增强员工的积极性。员工通过获得评价他们绩效的信息，调整自己未来的行为，进而达到提高工作绩效的目的。

反馈控制的不足：

反馈控制存在时间滞后性，即当管理者获取信息时，可能的失误和损失已经发生，弥补措施只能在新的工作中产生效果。成语“亡羊补牢”就是对反馈效果的很好描述。

虽然反馈控制存在这样的问题，但在实际工作中，反馈控制依然是控制活动中运用最多的一种控制方式。在管理中常用的反馈控制有财务报表分析、生产成本分析、产品质量检验和组织成员绩效测评等。

图 12－3 揭示了三种控制类型的活动可以依据控制点处于事物发展进程的哪个阶段而不同。前馈控制重在资源，包括人、财、物等；现场控制重在进行的活动，多为对工作过程的控制；反馈控制是对已结束工作进行的评价，其作用是对下一次活动的开展进行控制。在实际控制过程中，需要根据工作的重要性，结合不同控制的特点，选择恰当的控制方式。

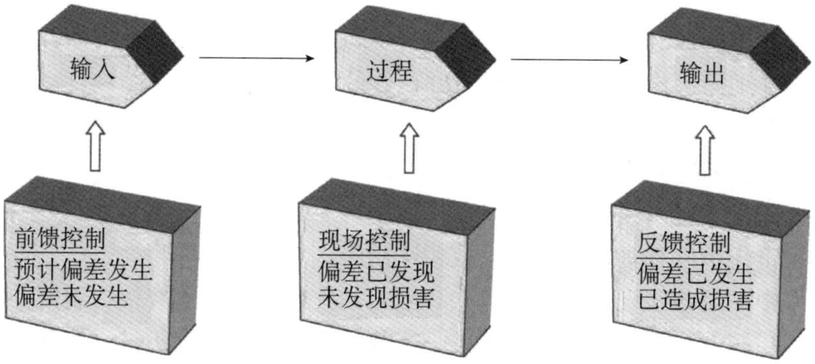

图 12－3 控制的类型

专栏 12－2

谁的医术最好？

魏文王问名医扁鹊说：“你们家兄弟三人，都精于医术，到底哪一位最好呢？”扁鹊答说：“长兄最好，中兄次之，我最差。”文王再问：“那么为什么你最出名呢？”扁鹊答说：“我长兄治病，是治病于病情发作之前。由于一般人不知道他事先能铲除病因，因此他的名气无法传出去，只有我们家的人才知道。我中兄治病，是治病于病情初起之时。一般人以为他只能治轻微的小病，所以他的名气只及于本乡里。而我治病，是治病于病情严重之时，一般人都看到我在经脉上穿针管来放血、在皮肤上敷药等大的治疗，所以以为我的医术高明，名气因此响遍全国。”

启示：“防火胜于救火”。从管理控制角度讲，事后控制不如事中控制，事中控制不如事前控制。

（二）直接控制与间接控制

1. 直接控制

直接控制是指控制者与被控制对象直接接触，由控制者直接调节、干预被控制对象，从而纠正偏差的一种形式，它是相对于间接控制而言的。

直接控制的特点是直接性，即控制指令不经过任何中间环节，直接作用于被控制对象。在管理中，直接控制的指导思想认为，合格的主管人员出的差错少，他能觉察到正在形成的问题，并能及时采取纠正措施。因此，直接控制是着眼于培养更好的主管人员，使他们能熟练地应用管理的概念、技术和原理，能以系统的观点来进行和改善他们的管理工作，从而防止出现因管理不善而造成的不良后果，即直接控制是通过提高主管人员的素质来进行控制工作的。

2. 间接控制

间接控制是指控制者与被控制对象不直接接触，而是借助中间工具作用于被控制对象。在管理中，间接控制多见于上级管理者对下级人员工作过程的控制，即管理者根据计划和标准考核员工工作的实际结果，分析出现偏差的原因，并追究责任者的个人责任以使其改进未来工作。

间接控制并不是普遍有效的控制方法，这是因为它建立在以下几方面：

（1）每个员工的工作成效是可以计量并比较的；

（2）人们对工作任务负有个人责任，个人责任是清晰的；

（3）分析偏差和追究责任所需的时间、费用等是有充分保证的；

（4）出现的偏差可以预料并能及时发现；

（5）有关责任单位和责任人将会采取纠正措施。

实际工作中，这些假设有时不能成立，因此，我们常常采取直接控制的办法。

比较两种控制方式可知，直接控制是必需的，而间接控制则不然。直接控制是提高主管人员的素质来进行控制工作的，主管人员及其下属的素质越高，就越不需要进行间接控制。

第四节　控制的内容与方法

控制的内容与方法

一、控制的内容

（一）人员控制

人员控制分为直接控制和间接控制。

（1）人员的直接控制：为了实现组织的目标，管理者使员工按照他所期望的方式去工作是非常重要的。为了做到这一点，管理者最简单的方法就是直接巡视和评估员工的表现，视察、指导员工的工作并纠正出现的问题，这些就成为管理者的日常工作。

（2）人员的间接控制：是指根据组织发展战略的要求，通过有计划地对员工进行合理配置，做好员工的培训和人力资源的开发，采取各种措施，激发员工的积极性，充分发挥他们的潜能，做到人尽其才、才尽其用，更好地促进工作效率的提高，进而确保组织战略目标的实现。

（二）时间控制

科学准确地做好时间计划是时间控制的第一步，从某种程度上说，计划首先是时间的安排。较好安排时间的计划方法有甘特图法、滚动计划法和网络计划技术等，其中网络计划技术对合理安排时间和科学分配资源起到了重要的作用。

20世纪70年代，日本丰田汽车公司首先应用的准时生产制（JIT）是一种先进的生产控制和时间控制方法。简单地讲，JIT就是在必要的时间生产必要数量的产品。即为了提高劳动生产率，不是要在劳动中再多使力气，而应是通过尽量减少生产中的各种浪费来提高生产率。这种尽量减少浪费的思想就是JIT生产方式的出发点。

（三）成本控制

成本管理的中心是成本控制，即要使经营活动的各环节、各方面达到或低于目标成本，要做好以下工作：

（1）制定控制标准，确定目标成本。其方法有计划法、预算法和定额法等。

（2）记录和统计资料，进行成本核算。成本统计所用的原始记录是反映核算期人力、物力、财力等支出的全部原始资料，是进行成本核算和控制的最基本依据。在此基础上，通过成本核算，了解实际成本，并为分析改进成本问题提供数据资料。

（3）差异分析。将实际成本与目标成本相比较，就会发现差异。分析就是通过比较，找到实际成本与目标成本差异的原因，找出控制和降低成本的措施。差异分析的主要内容有直接材料费用分析、直接人工费用分析、管理费用分析、销售费用分析。

（4）采取措施，降低成本。一旦发现实际成本高于目标成本，就应积极采取措施，控制成本的上升趋势。一般来说可采用的方法有价值工程、严格投入管理、防止跑冒滴漏、改进产品设计或生产工艺、精简机构等。

（四）质量控制

质量控制是企业生产经营活动当中一项极其重要的控制活动。质量控制涉及两个方面：一是工作质量，二是产品质量。二者既有联系，又有区别。产品质量是工作质量的体现，工作质量是产品质量的保证。质量控制既包括对企业产品或服务质量的控制，又包括对工作质量（包括制度、标准等）的控制。

控制工作质量就是企业为了保证和提高产品质量，在经营管理和生产技术方面所要达到的水平。工作质量的好坏是通过企业内各单位、各部门以及企业每一个职工的工作态度、工作绩效、产品质量等反映出来的。工作质量是产品质量的保证，在一定意义上，提高工作质量比提高产品质量更重要。

控制产品质量是企业生产合格产品和减少无效劳动的重要保障。在市场经济中，产品质量控制应达到两个方面的目标：一是使生产出来的产品达到产品质量标准；二是使企业以最低的成本生产出符合产品质量标准的产品。这两个方面是相辅相成的。企业生产出的产品符合质量标准是产品能为市场所接受的必要条件，而只有在低于社会平均劳动时间条件下生产出的合格产品才有竞争力。

（五）库存控制

库存控制是对制造业或服务业生产、经营全过程的各种物品、产成品以及其他资源进行的管理和控制，是仓储管理的一个重要组成部分。它是在满足顾客服务要求的前提下通过对企业的库存水平进行控制，力求尽可能降低库存水平、提高物流系统的效率，以提高企业的市场竞争力。

（六）审计控制

审计是常用的一种控制方法，有以下类型：

1. 根据内容分类

根据内容，审计包括财务审计和管理审计两大类。

（1）财务审计。财务审计是由专职机构和人员，依法对审计单位的财务、财政收入及有关经济活动的真实性、合法性、效益性进行审查，评价经济责任，以维护财经法纪、改善经营管理、提高经济效益的经济监督活动。

（2）管理审计。管理审计是以管理原理为评价准则，系统地考察、分析和评价一个组织的管理水平和管理成效，进而采取措施克服存在的缺点或问题。管理审计的方法与财务审计的一般方法基本一致，其中查明事实真相是管理审计工作的最基本任务。

2. 根据审计人员的来源分类

根据审计人员的来源，审计有外部审计和内部审计之分。

（1）内部审计。内部审计就是企业内部的审计人员对企业的会计、财务和其他业务经营活动所作的定期的和独立的评价。内部审计提供了检查现有控制程序和方法能否有效地保证达成既定目标和执行既定政策的手段。

（2）外部审计。外部审计是由外部机构选派的审计人员对组织财务报表及其反映的财务状况进行独立的评估。

专栏 12－3

地毯下的蛇

从前有一位经营地毯的阿拉伯商人，对自己地毯商店的外观陈设非常在意。他每天总要在店内四处巡视，看看有没有什么不妥当的地方，如果有的话赶紧纠正。

一天，他照例巡视店面，意外地看见自己布置的地毯中央鼓起一块，就上前用脚将它弄平；可过了一会儿，别处又隆起一块，他再次去弄平；然而，似乎有什么东西在专门和他作对，隆起接连在不同的地方出现，他不停地去弄，可总有新的地方隆起。一气之下，阿拉伯商人干脆拉开地毯的一角，一条蛇立刻溜了出去。

启示：管理工作是关系到方方面面的细致工作，所以我们要经常关注在哪些地方存在问题，出了问题怎么办，有什么解决问题的方案。但是当出现问题时我们并没有冷静地找出总是存在的根本原因，往往“头痛医头，脚痛医脚”，忙得焦头烂额，却并没有将问题解决好。寓言中说，蛇不出去，你没法弄平地毯。

二、控制的方法

（一）预算控制

1. 预算

就是用数字编制未来某一个时期的计划，常常用财务数字（例如在财务预算和投资预算中）或非财务数字（例如在生产预算中）来表明预期的结果。简言之，预算是量化的，以数字形式表现的计划。

预算控制是在管理控制中使用最广泛的一种控制方法，它最清楚地表明了计划与控制的紧密联系。

2. 预算的种类

根据不同的分类标准，预算可以分为不同的类型。

（1）按照预算内容的不同，可分为运营预算、投资预算和财务预算三大类。

1）运营预算（Operational Budget）：是指对企业日常发生的各项基本活动的预算，主要包括销售预算、生产预算、直接材料采购预算、直接人工预算、制造费用预算、单位生产成本预算、推销及管理费用预算等。这其中最基本和最关键的是销售预算，它是销售预测正式的、详细的说明。由于销售预测是计划的基础，因而，销售预算也就成为预算控制的基础。

2）投资预算（Investment Budget）：是对企业的固定资产的购置、扩建、改造、更新等，在可行性研究的基础上编制的预算。它具体反映在何时进行投资、投资多少、资金从何处取得、何时可获得收益、每年的现金净流量为多少、需要多少时间回收全部投资等。由于对厂房和设备等固定资产的投资往往需要很长时间才能回收，因此，投资预算应当力求和企业的战略以及长期计划联系在一起。

3）财务预算（Financial Budget）：是指在计划期内反映有关预计现金收支、经营成果和财务状况的预算。它主要包括"现金预算""预计收益表""预计资产负债表"。必须指出的是，前述的各种运营预算和投资预算中的资料，都可以折算成金额反映在财务预算内，这样，财务预算就成为各项经营业务和投资的整体计划，故亦称"总预算"。

（2）从财务角度，预算可分为收入预算、支出预算和现金预算。

1）收入预算：由于企业收入主要来源于产品销售，因此，收入预算的主要内容也是销售预算。销售预算直接决定着企业的收入预算。

2）支出预算：企业进行生产经营活动就必然要利用和消耗一定的资源，因此，也就需要编制能够保证经营活动得以进行的各种支出预算，一般都包括直接材料预算、直接人工预算和附加费用预算。

3）现金预算：是对企业未来生产与销售活动中现金的流入与流出进行预算，通常由财务部门编制。通过现金预算，可以帮助企业发现资金的闲置或不足，从而指导企业及时利用暂时过剩的现金，或及早筹齐维持营运所必需的资金。

（3）根据预算编制的基础，预算可分为零基预算和增量预算。

1）零基预算：是指在编制成本费用预算时，不考虑以往会计期间所发生的费用项目或费用数额，而是以所有的预算支出为零作为出发点，一切从实际需要与可能出发，逐项审议预算期内各项费用的内容及其开支标准是否合理，在综合平衡的基础上编制费用预算的一种方法。

2）增量预算：是指以基期的业务量水平和成本费用消耗水平为基础编制的预算，又称调整预算。

（二）质量控制的方法

质量有广义和狭义之分，狭义的质量指产品质量，而广义的质量除了涵盖产品质量外，还包括工作质量。产品质量主要指产品的使用价值，即满足消费者需要的功能和性质。这些功能和性质可以具体化为下列五个方面：性能、寿命、安全性、可靠性和经济性。工作质量主要指在生产过程中，围绕保障产品质量而进行的质量管理工作的水平。常见的质量控制的方法是全面质量管理。

1. 全面质量管理的特点

从20世纪50年代开始的全面质量管理是以保证产品质量和工作质量为中心，企业全体员工参与的质量管理体系，它具有多指标、全过程、多环节和综合性的特征。如今，全面质量管理已经形成了一整套管理理念，风靡全球。

全面质量管理的特点是：

（1）管理的对象是全面的。不仅要管理好产品质量，而且要管理好产品赖以形成的工作质量。产品的质量不仅应符合企业确定的标准，更重要也是最关键的是要符合消费者的标准。

（2）质量管理的过程和范围是全面的。即实行过程的质量管理，要把形成产品质量的全过程都管理起来。全面质量管理的重点不是单纯的事后检验，而是事先控制不合格的产品生产及产品设计。

（3）参加质量管理的人员是全面的。它要求企业各业务部门、各环节的全体职工都要参加质量管理。要求企业内所有人员都重视质量，关心质量，切实做好各项质量责任范围内的本职工作。

（4）管理质量的方法是全面的。在质量分析和质量控制时必须以数据为科学依据，全面综合运用各种质量管理方法，并将这些方法与改善组织管理、改进生产技术和提高人员素质结合起来。

2. 全面质量管理的基本方法

全面质量管理的基本方法可以概括为四句话十八字，即一个过程，四个阶段，八个步骤，数理统计方法。

一个过程：即企业管理是一个过程。企业的每项生产经营活动，都有一个产生、形成、实施和验证的过程。

四个阶段："计划（Plan）—执行（Do）—检查（Check）—处理（Act）"四阶段的循环方式，简称PDCA循环。

八个步骤：为了解决和改进质量问题，PDCA循环中的四个阶段还可以具体划分为八个步骤。在计划阶段：（1）分析现状，找出存在的质量问题。（2）分析产生质量问题的各种原因或影响因素。（3）找出影响质量的主要因素。（4）针对影响质量的主要因素，提出计划，制定措施。在执行阶段：（5）执行计划，落实措施。在检查阶段：（6）检查计划的实施情况。在处理阶段：（7）总结经验，巩固成绩，工作结果标准化。（8）提出尚未解决的问题，转入下一个循环。

PDCA循环是美国质量管理专家戴明博士首先提出的，因而又叫戴明环。PDCA循环就是按照四个阶段的顺序进行质量管理，并且循环不止地进行下去的科学程序。

PDCA循环的特点：一是程序化，即必须按照P→D→C→A的顺序转动，不可逆转；二是层次化，即PDCA循环不仅适用于整个企业，而且适用于各个部门、各个环节、各个人，大环套小环，小环保大环，推动大循环（见图 12－4）；三是高效化，即 PDCA 循环每循环一次，就可以解决一些质量问题，质量管理水平就得到新的提高。不断循环，质量管理水平就像爬楼梯一样逐步上升（见图 12－5）。

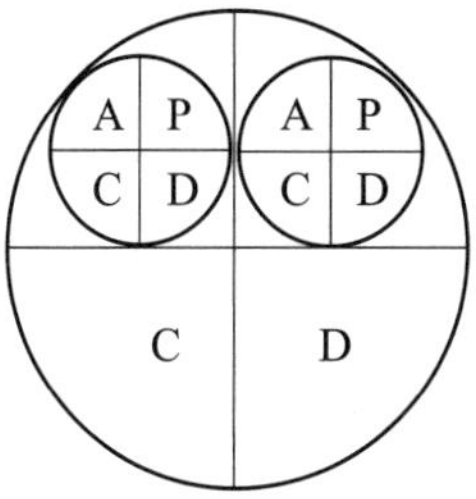

图 12－4　PDCA 循环的层次化

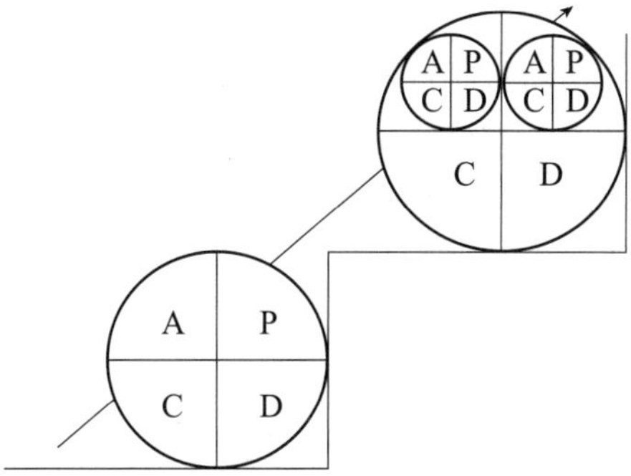

图 12－5　PDCA 大循环

（三）库存控制的方法

对库存的控制主要是为了减少库存，降低各种占用，提高经济效益。常见的库存控制方法有 ABC 分类法、经济批量法、订货点法和定期补充法。

1. ABC 分类法

ABC 分类法是根据企业不同库存物资的重要程度，对企业所有库存物资进行分析、计算，把物资分成 A、B、C 三类，然后对不同类别的物资实施不同的管理。

通常，一家公司有几千种库存物资并不少见，对这些物资都进行严格的控制显然是不可能的，也是不必要的。事实证明，大多数组织库存中的大约 20％的物品占年度库存总价值的 80％，我们把这类物资通常称为 A 类；另外 20％的物资占了价值的 15％，通常称为 B 类；其余 60％的物资只占 5％的价值，通常称为 C 类。一般来讲，对 A 类物资要进行最严格的控制，因为 A 类物资的数量非常少，却占用了大量的投资金额；B 类进行一般的控制；C 类进行最少的控制，因为它们占用的资金很少，可以通过简单设置订货点的方式进行控制（见图 12－6）。

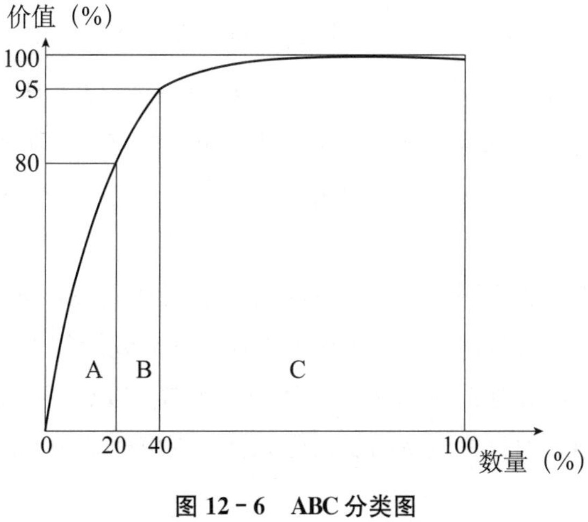

图 12－6　ABC 分类图

2. 经济批量法

经济批量法（Economic Order Quantity）是企业在保证满足均衡生产需要的条件下，通过费用计算来确定最低的合理生产批量的数学方法。当企业在一定期间内总需求量或订购量一定时，每次订购的量越大，所需订购的次数就越少，其结果是订购费用较低，但存储费用较高；而每次订购的量越小，所需订购的次数就越多，其结果是存储费用较低，但订购费用较高。而经济批量模型就是在订购费用和存储费用之间取得平衡，使总费用最低，由此计算出订购的数量，即经济批量（见图 12－7）。

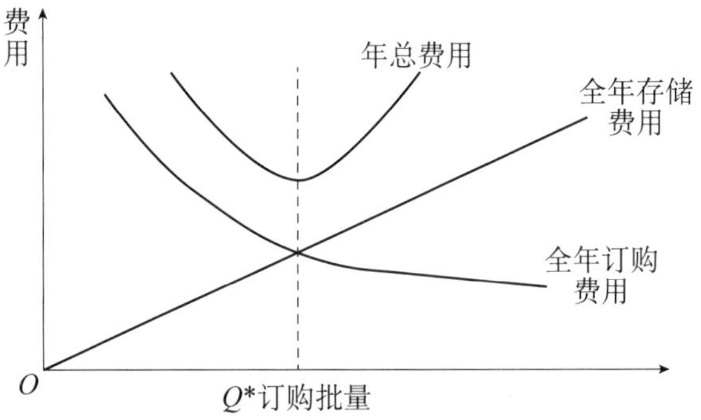

图 12－7　经济订购批量模型图

假设企业在一定期间内物资总需求量为 Q，每次订购所需的费用为 O，库存物资单价为 P，存储费用与全部库存物资价值之比为 C，则每次的经济订货批量（EOQ）为：

$$EOQ=\sqrt{\frac{2\times Q\times O}{P\times C}}$$

经济批量法作为最古老、最通用的库存控制技术，得到了非常广泛的应用，并成为其他库存控制的重要基础。

3. 订货点法

订货点法是设置一个订货点，当现有库存量降低到订货点时，就向供应商发出订货请求，每次的订货量均为固定的值，如经济订购批量。而订货点（Q_O）的确定，则是根据订货提前期（T）、该物资平均的日消耗量（q）和安全库存（Q_S）来确定，即 $Q_O=T\times q+Q_S$。订货点法需要随时检查库存，随时发出订货请求，显然增加了管理工作量，也对供应商提出了较高要求，但它对库存量的控制相对比较严密（见图 12－8）。

4. 定期补充法

定期补充法与订货点法不同，它采用固定的订货时间间隔，如每周、每月或每 90 天发出一次订货请求，每次订货的数量为将现有库存量补充到期望水平库存量所需订购的数量。定期补充法由于不需要随时检查库存，不同的物资可以同时订货，因此，简化了管理，也节省了订货费用，但订货数量的变化可能会给供应商带来不便。

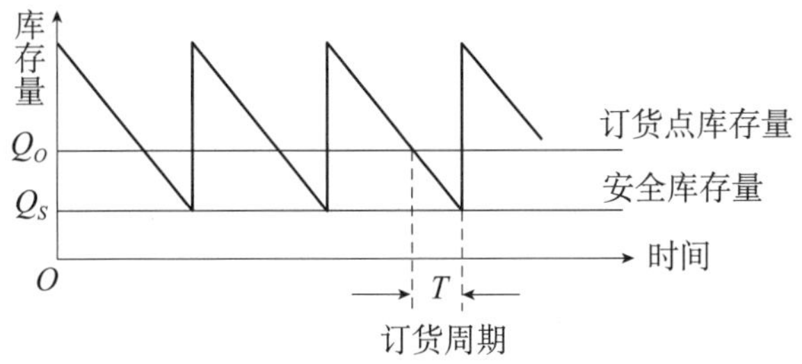

图 12-8 订货点法库存量变化示意图

复习思考题

1. 怎样理解控制的含义？现代组织管理中，为什么要加强控制？
2. 控制职能和其他管理职能之间有什么关系？
3. 控制过程一般由哪几个基本步骤构成？
4. 有效控制的特征与基本原则是什么？
5. 有效控制的类型有哪几种？它们各适用于什么场合？
6. 控制包括哪些内容？
7. 什么是预算控制？预算有哪些种类？
8. 库存控制常用的方法有哪些？
9. 全面质量管理有什么特点？什么是 PDCA 循环？

案例分析

案例：甲公司的控制系统

甲公司是由李先生用 3 000 元创建起来的一家化妆品公司，开始只是经营指甲油，后来逐步发展成为颇具规模的化妆品公司，资产已达 6 000 万元。随着公司规模的扩大，李先生对公司的发展采取了两个重要措施：(1) 制定公司要向科学医疗卫生行业发展的目标；(2) 高薪聘请雷先生接替自己的职位，担任董事长。

雷先生上任后采取了一系列措施，推行李先生为公司制订的进入医疗卫生行业的计划：在特殊医疗卫生领域开辟一个新行业，同时开设一个凭处方配药的药店，并开辟上述两个新部门所需产品的货源、运输渠道。与此同时，他在全公司内建立了严格的控制措施，具体包括：

要求各部门制定出每月的预算报告；

要求各部门在每月初都要对本部门的问题提出切实的解决方案；

每月定期举行一次由各部门经理和顾客代表参加的管理会议，要求各部门经理在会上提出自己本部门在当月的主要工作目标。

雷先生特别注意资产回收率、销售边际及生产成本等经济指标，他也注意人事、财务收入和降低成本费用方面的工作。

由于实行了上述措施，该公司获得了成功，年销售量提高了 20%。但随着外部环境的变化，公司的发展出现了产品滞销、价格下跌、销售收入下降的问题。雷先生计划要对市场方面进行总结和调整，通过研制新产品改变公司现状。

分析与讨论：

雷先生在甲公司里采取了哪些控制方法？这些方法中属于前馈控制的有哪些？

在线自测

扫一扫　练一练

参考文献

1. 哈罗德·孔茨，海因茨·韦里克．管理学［M］．郝国华，等译．北京：经济科学出版社，2014.

2. 彼得·德鲁克．卓有成效的管理者［M］．许是祥，译．北京：机械工业出版社，2022.

3. 斯蒂芬·罗宾斯．管理学：第15版［M］．孙健敏，等译．北京：中国人民大学出版社，2022.

4. 琼·玛格丽塔，南·斯通．什么是管理［M］．王建民，译．北京：中国青年出版社，2013.

5. 吉姆·柯林斯，杰里·波勒斯．基业长青［M］．真如，译．北京：中信出版社，2019.

6. 弗雷德里克·泰勒．科学管理原理［M］．马风才，译．北京：机械工业出版社，2022.

7. 西蒙．管理行为［M］．詹正茂，译．北京：机械工业出版社，2020.

8. Henri Fayol. Administration Industrielle et Generale. Paris：Dunod，1916.

9. Michael J Marquardt，Nancy O. Berger Global Leader. New York：State University of New York Press，2000.

10. 法约尔．工业管理与一般管理［M］．曹永先，译．北京：团结出版社，1999.

11. 周三多．管理学［M］．5版．北京：高等教育出版社，2018.

12. 邢以群．管理学［M］．5版．杭州：浙江大学出版社，2019.

13. 张小红，白瑗峥，黄津孚，等．管理学［M］．北京：清华大学出版社，2014.

14. 张小红，成思思．管理学基础［M］．北京：经济科学出版社，2020.

15. 王利平．管理学原理［M］．北京：中国人民大学出版社，2023.

16. 黄津孚．现代企业管理原理［M］．8版．北京：首都经济贸易大学出版社，2022.

17. 芮明杰．管理学：现代的观点［M］．上海：上海人民出版社，2021.

18. 丰舟，周健临．管理学教程［M］．上海：上海财经大学出版社，2017.

19. 席酉民．管理何为［M］．北京：北京大学出版社，2022.

20. 卢润德，严宗光，袁泉，等．管理学［M］．2版．北京：机械工业出版社，2014.

21. 李维刚，李冰．管理学原理［M］．2版．北京：清华大学出版社，2022.

22. 郭咸纲．西方管理学说史［M］．3版．北京：中国经济出版社，2023.

23. 王关义，刘益，刘彤，等．现代企业管理［M］．6 版．北京：清华大学出版社，2023.
24. 陈传明，周小虎．管理学［M］．北京：清华大学出版社，2008.
25. 王凯，陈超．管理学基础［M］．北京：高等教育出版社，2015.
26. 王凤彬，李东．管理学［M］．北京：中国人民大学出版社，2021.
27. 宋瑞卿，杨菊兰．优秀企业的逻辑［M］．北京：企业管理出版社，2018.
28. 任志宏，杨菊兰．企业文化［M］．北京：清华大学出版社，2013.
29. 赵丽芬．管理理论与实务［M］．北京：清华大学出版社，2022.
30. 张弘．人力资源管理与企业绩效［M］．北京：企业管理出版社，2023.
31. 冯俊华．企业管理概论［M］．北京：化学工业出版社，2011.
32. 白瑗峥，张晓霞，张小红．管理学原理［M］．北京：中国人民大学出版社，2014.
33. 杨俊青．管理学［M］．北京：经济科学出版社，2019.

后　记

经全国高等教育自学考试指导委员会同意，由经济管理类专业委员会负责高等教育自学考试《管理学原理（中级）》教材的审定工作。

《管理学原理（中级）》自学考试教材是由北京石油化工学院白瑷峥副教授任主编，山西财经大学张晓霞副教授、北京石油化工学院张小红教授任副主编，共同写作完成的，其中，第一章、第二章、第三章、第四章、第六章、第九章由白瑷峥编写，第七章、第八章、第十章由张晓霞编写，第五章、第十一章、第十二章由张小红编写。全书由白瑷峥副教授修改定稿。全书在写作过程中得到了山西财经大学公共管理学院白凤峥教授的大力支持，并负责组织完成了相应的数字教材编写工作。

参加本教材审稿讨论会并提出修改意见的是中央民族大学黄锐教授和中央财经大学刘小元教授。

对于编审人员付出的辛勤劳动，在此一并表示感谢！

全国高等教育自学考试指导委员会

经济管理类专业委员会

2023 年 5 月

图书在版编目（CIP）数据

管理学原理：中级 / 白瑗峥主编. --北京：中国人民大学出版社，2023.12
全国高等教育自学考试指定教材
ISBN 978-7-300-32214-8

Ⅰ.①管… Ⅱ.①白… Ⅲ.①管理学-高等教育-自学考试-教材 Ⅳ.①C93

中国国家版本馆 CIP 数据核字（2023）第 183245 号

全国高等教育自学考试指定教材
管理学原理（中级）
［含：管理学原理（中级）自学考试大纲］
（2023 年版）
全国高等教育自学考试指导委员会　组编
主　编　白瑗峥
副主编　张晓霞　张小红
Guanlixue Yuanli

出版发行	中国人民大学出版社		
社　　址	北京中关村大街 31 号	**邮政编码**	100080
电　　话	010－62511242（总编室）		010－62511770（质管部）
	010－82501766（邮购部）		010－62514148（门市部）
	010－62515195（发行公司）		010－62515275（盗版举报）
网　　址	http：//www.crup.com.cn		
经　　销	新华书店		
印　　刷	北京市鑫霸印务有限公司		
开　　本	787 mm×1092 mm　1/16	**版　　次**	2023 年 12 月第 1 版
印　　张	17.5 插页 1	**印　　次**	2024 年 11 月第 6 次印刷
字　　数	408 000	**定　　价**	52.00 元